Alle Menschen sind Ausländer.
Fast überall.
Ein Aktionshandbuch

Manfred Budzinski (Hg.)

Alle Menschen sind Ausländer. Fast überall.

Ein Aktionshandbuch

Mit Beiträgen von Peter Bick, Manfred Budzinski, Günter Burkhardt, Hartmut Dreier, Marianne Hunziker, Theo Lampe, Cornelia Mansfeld, Sybille Mauz, Jan Niessen, Victor Pfaff, Peter Ruf, Hans Rudolf Schär, Daan B. van Heere, Rosi Wolf-Almanasreh, Hartmut Winde u.a.

Lamuv Taschenbuch 57

CIP-Titelaufnahme der Deutschen Bibliothek

Alle Menschen sind Ausländer, fast überall:
e. Aktionshandbuch / Manfred Budzinski (Hg.). –
Göttingen : Lamuv Verl., 1988
    (Lamuv-Taschenbuch ; 57)
    ISBN 3-88977-144-0

NE: Budzinski, Manfred (Hrsg.); GT

**Bitte fordern Sie unser kostenloses Gesamtverzeichnis an:
Lamuv Verlag, Düstere Straße 3, D-3400 Göttingen**

Originalausgabe
1. Auflage, Oktober 1988
© Copyright Lamuv Verlag GmbH, Düstere Straße 3,
D-3400 Göttingen

Alle Rechte, insbesondere das Recht der Übersetzung, Vervielfältigung und Verbreitung, vorbehalten. Kein Teil des Werkes darf in irgendeiner Form (durch Fotokopie, Mikrofilm oder ein anderes Verfahren) ohne schriftliche Genehmigung des Verlages reproduziert oder unter Verwendung elektronischer Systeme verarbeitet, vervielfältigt oder verbreitet werden.

Umschlaggestaltung: Klaus Staeck/Gerhard Steidl
Gesamtherstellung: Steidl, Göttingen
ISBN 3-88977-144-0

Inhaltsverzeichnis

9   **Ausländer in der Bundesrepublik**
9   Einleitung
12 Ausländer: Eine Begriffsbestimmung
14 Einige Daten über Ausländer
17 Die rechtliche Situation von Ausländern
24 Einmeterachtzig – Eine Satire

25 **Unser Verhältnis zu Ausländern – Information und Diskussion**
25 Eine Geschichte aus unserer Welt?
29 AIDS: Kein Rassismus in Bayern, nur Gedanken breiten sich aus
31 Der tägliche Rassismus in Großbritannien und der Bundesrepublik
36 Schule des Rassismus
40 Argumente gegen Vorurteile
48 Die Situation von Ausländern in anderen europäischen Staaten
61 Die Bundesrepublik, eine »Gemeinschaft der Gemeinschaften«: Konkrete Utopien für die neunziger Jahre

69 **Aktionen von Ausländern und Deutschen**
72 Aktionen gegen Wandschmierereien/Übermalaktionen
73 Plakataktionen gegen Ausländerfeindlichkeit
75 Bündnis gegen neofaschistische ausländerfeindliche Postwurfsendungen im Wahlkampf
79 »Du Deutsch?« – Theaterstück und Aktion zum Thema Ausländerfeindlichkeit
83 Aktionen gegen Diskriminierung in Lokalen
86 Aktionen gegen Volksverhetzung

88 **Aktionen zum Thema »Kommunalwahlrecht für Ausländer«**
89 DGB- und IG-Metall-Kampagne
90 Aktionen des Initiativausschusses Ausländische Mitbürger in Niedersachsen

- 92 Symbolischer Wahlakt in Wolfsburg
- 94 Gemeindeabend zum Thema »Kommunalwahlrecht für Ausländer«

97 Bundesweite und regionale deutsch-ausländische Aktionskreise und Initiativen
- 98 Verband der Initiativgruppen in der Ausländerarbeit e.V. (VIA)
- 99 Mach meinen Kumpel nicht an!
- 101 Interessengemeinschaft der mit Ausländern verheirateten Frauen e.V. (IAF)
- 103 WIR e.V. – Forum für besseres Verständnis zwischen Deutschen und Ausländern

105 Örtliche deutsch-ausländische Aktionskreise und Initiativen
- 107 Die unglaubliche Geschichte einer Initiative
- 110 Deutsche und Ausländer zusammen (D. A. Z.) Ludwigsburg
- 111 Verein zur Förderung der Ausländerarbeit in Hattingen
- 112 Arbeitsgemeinschaft für Ausländerfragen in Sindelfingen e.V. (ARGE)
- 114 Internationales Begegnungszentrum Friedenshaus e.V. in Bielefeld
- 119 Intercent Marl und christlich-islamischer Dialog

123 Initiativen im Stadtteil
- 123 Internationaler Treffpunkt Karolinenstraße e.V.
- 125 Verein für internationale Zusammenarbeit Dortmund
- 126 Lernstatt im Wohnbezirk, Berlin
- 128 Nachbarschaftsladen ELELE e.V., Berlin-Neukölln
- 132 FC St. Pauli Hamburg
- 134 Vorurteile mit Fußball abbauen

135 Interkulturelle, spielerische Aktivitäten
- 135 Modellprojekt Kulturarbeit
- 136 Auf der Spur der fremden Freunde
- 137 Türkeireise des Internationalen Jugendtreffs Reutlingen
- 140 Hacivat und Karagöz – Türkisches Schattentheater
- 143 Musikkurse mit türkischen und deutschen Frauen
- 144 Spiele zum interkulturellen Lernen

147 **Ausländische Frauen**
147 Internationales Frauenfest
149 Das Mittwochscafé
151 Interkulturelle Bildungsarbeit mit Frauen
155 Ernährung und Umwelt
156 Dritte-Welt-Frauen-Informationszentrum

158 **Kurse, Seminare, Vorschläge für Gruppenarbeit und Schule**
158 BALD – Ein Projekt des DGB-Bildungswerks
158 Schulprojektwoche in Oldenburg
162 Schülerprojektwoche in Leverkusen-Opladen
162 Altennachmittag
166 Begegnungen zwischen Einheimischen und Ausländern
167 Einsatz von Karikaturen in Seminaren
167 Deutschkurse in der Vollzugsanstalt Mannheim
168 Deutsch-ausländische Jugendzeitungen
170 Ausländerfreundliche Maßnahmen
172 Schüler, ein Riesenpuzzle und ein Riesenfest

174 **Kulturveranstaltungen, Wochen, Feste**
174 Woche der ausländischen Mitbürger
176 Checkliste zur Organisation einer Woche der ausländischen Mitbürger oder ähnlicher Veranstaltungen

180 **Schutz und Beratung**
180 Katastrophenschutz
182 Verbraucherberatung
185 Rechtshilfe

186 **Zur weiteren Information**

Wenn ich könnte
gäbe ich jedem Kind
eine Weltkarte ...
Und wenn möglich,
einen Leuchtglobus,
in der Hoffnung,
den Blick des Kindes
auf's äußerste zu weiten
und in ihm
Interesse und Zuneigung zu wecken
für alle Völker,
alle Rassen,
alle Sprachen,
alle Religionen –
an allen Orten!

Dom Helder Camara,
brasilianischer Erzbischof

Ausländer in der Bundesrepublik

Einleitung

Im Juni 1983 erschien das »Aktionshandbuch Ausländer«, das inzwischen vergriffen ist. Die große Nachfrage einerseits, aber vor allem die Übernahme und Anwendung verschiedener Teile des Buches durch örtliche und regionale Initiativen veranlaßten den Verlag und den Herausgeber zur Herstellung des vorliegenden zweiten Aktionshandbuches. Aus dem alten Buch wurden nur wenige Teile übernommen und diese auf den neuesten Stand gebracht. Die Nachfrage bei verschiedenen Initiativen im Bundesgebiet, die ein breites Spektrum der Ausländerarbeit, das heißt der Arbeit und Aktivitäten von Ausländern und Deutschen für Deutsche und Ausländer, abdecken, ergab ein so positives Echo, daß aus Platzgründen nicht wenige Berichte gekürzt werden mußten, manche Initiativen nur erwähnt werden und andere ganz herausgefallen sind.

Mit dem vorliegenden Buch wird versucht, Aktionsmöglichkeiten aus möglichst vielen Bereichen darzustellen. Die darin tätigen Initiativen haben es in der Regel nicht leicht, arbeiten sie nun mit ausgebildeten Fachkräften (meist auf ABM-Basis) oder ehrenamtlich beziehungsweise mit einigen Honorarkräften. Deshalb soll an dieser Stelle stellvertretend für alle hier erwähnten, aber auch die hier unerwähnt gebliebenen Initiativen in der Ausländerarbeit die Notwendigkeit von Spenden hervorgehoben werden.

Drei Punkte konnten in diesem Buch nicht zufriedenstellend gelöst werden. Es werden sich viele fragen, wieso hier meistens von Ausländern die Rede ist. Von Menschen, die seit zehn, zwanzig oder gar dreißig Jahren in der Bundesrepublik leben, die hier geboren und aufgewachsen sind, die den größten Teil ihres Lebens beziehungsweise ihr ganzes bisheriges Leben hier verbracht haben. Nur von der Behandlung durch Politik und Recht sind sie noch »Ausländer«. Aber sonst? Zumindest eine Antwort auf die Frage gibt der folgende erste Sachbeitrag. Aber auch er kann uns nicht die Antwort geben, um hier das Wort Ausländer als Bezeichnung für eine bestimmte Personengruppe durch einen anderen Begriff zu ersetzen. Deshalb verwenden auch die meisten Beiträge und Selbstdarstellungen der Initiativen weiterhin den Begriff Ausländer, wenn auch mit immer größerem Unbehagen.

Mehrfach wurde an den Herausgeber die Aufforderung oder Bitte herangetragen, Berichte und Aktionen zugunsten von und mit Asylbewerbern ebenfalls in dieses Buch aufzunehmen. Der Hauptgrund, warum dies nicht geschehen ist, liegt darin, damit den zahlreichen Initiativen, die sich in den vergangenen Jahren im Asylbereich gebildet haben, ebenso wenig gerecht zu werden wie den Initiativen im Zusammenhang mit ausländischen Arbeitnehmerfamilien. Dies mag eine künstliche Trennung sein, zumal manche Initiativen sowohl mit ausländischen Arbeitnehmerfamilien als auch mit Asylbewerbern zusammenarbeiten. Aber das Ziel einer Darstellung weit gefächerter und immer neuer entwickelter Arbeitsgebiete und Aktionsmöglichkeiten in dem einen Bereich schien sinnvoller zu sein. Informationen, Materialien, Anschriften von örtlichen Initiativen im und über den Asylbereich sind über fast alle am Schluß dieses Buches genannten Institutionen erhältlich. Besonders soll an dieser Stelle auf die bundesweite Aktionsgruppe PRO ASYL (Anschrift: Neue Schlesingergasse 22–24, 6000 Frankfurt 1) hingewiesen werden. Am Ende dieses Beitrags sind noch einige, besonders zu empfehlende Materialien zum Asylbereich aufgelistet.

Als drittes sind die Argumente gegen Vorurteile zu erwähnen. Das entsprechende Kapitel hierzu im früheren Aktionshandbuch wurde in den vergangenen Jahren besonders häufig in Schulen, Jugendgruppen und so weiter eingesetzt. Es spricht einiges gegen den weiteren Einsatz solcher Argumente, weil damit gerade im emotionalen Bereich in der Regel kaum eine Wirkung zu erzielen ist und man sich gleichzeitig damit in die Situation begibt, die Anwesenheit von und das »wohlwollende Verhalten« gegenüber Ausländern von Statistiken oder Kosten-Nutzen-Rechnungen abhängig zu machen. Als Kompromiß sind in dieses Buch wieder einige Argumente gegen Vorurteile aufgenommen, gekürzt, auf den aktuellen Stand gebracht, die eher als Informationen, auch als Ergänzung zum Kapitel »Einige Daten über Ausländer« und nicht ohne die Erläuterungen zu Beginn des Kapitels »Argumente gegen Vorurteile« zu verstehen sind.

Wenn sich seit der Herausgabe des ersten Aktionshandbuches im Jahre 1983 viele Initiativen neu gebildet, ausgeweitet oder ihre Arbeitsfelder weiter abgesteckt haben, so läßt sich dies im positiven Sinne weder vom Ausländerrecht – siehe dazu das entsprechende Kapitel – noch von der Ausländerpolitik der vergangenen Jahre sagen. Anti-Ausländer-Initiativen, Morddrohungen, Brandanschläge und Morde gegen Ausländer sind 1983 wie 1988 zu vermelden. Parteien, die Stimmung gegen Ausländer machen und damit Wählerstimmen gewinnen, gibt es weiterhin beziehungsweise immer aufs Neue – wie der Beitrag über die Wahl zur Bremer Bürger Bürgerschaft belegt. Vielleicht kann die Vision einer in diesem Sinne besseren Gesellschaft in eine konkrete Utopie umgewandelt werden, hin zu einer »Gemeinschaft der Gemeinschaften« (siehe Seite 61). Nötig hätten wir sie jedenfalls – Ausländer wie Deutsche.

Der Entstehungsprozeß dieses Buches über neun Monate war mit zahlreichen Irritationen, Sprüngen, Phasen des Zweifelns und der Freude verbunden. Diese Situation des Entstehens, Werdens und der Entwicklung ähnelt in vielem der Geschichte zahlreicher Initiativen und Aktionsgruppen wie auch dem Umgang von Ausländern mit Deutschen und von Deutschen mit Ausländern. Als Kahlil Gibran Anfang dieses Jahrhunderts seine jetzt häufig in Geburtsanzeigen wiedergegebenen Gedanken über Kinder und Eltern niederschrieb, hatte er gewiß nicht an das Verhältnis von Deutschen und Ausländern gedacht, obwohl die ersteren sich häufig in der Rolle der Eltern gegenüber den letzteren zu befinden glauben. Gibrans Gedanken gelten auch nicht nur für Eltern und Kinder, sondern ebenso für die Beziehung untereinander, wenn er sagt: »... suche nicht, sie dir gleichzumachen, denn das Leben geht nicht rückwärts und verweilt nicht beim Gestern.«

Stuttgart, November 1987 *Manfred Budzinski*

Materialien zum Asylbereich: Handreichung zum Thema Asyl »Er liebt die Fremden«, hrsg. vom Caritasverband für die Diözese Limburg und vom Bischöflichen Ordinariat Limburg, Anschrift: Bischöfliches Ordinariat und Caritasverband für die Diözese Limburg, Roßmarkt 12, 6250 Limburg 1
H. Uihlein/W. Weber, Werkheft Asyl »Denn wir sind Fremdlinge und Gäste von Dir«, Bezugsadressen: Evangelischer Oberkirchenrat, Blumenstraße 1, 7500 Karlsruhe 1, oder Caritasverband für die Erzdiözese Freiburg, Hildastraße 65, 7800 Freiburg
Flüchtlingshilfe. Asylarbeitskreise stellen sich vor, hrsg. vom Diakonischen Werk der Ev. Kirche im Rheinland, Lenaustr. 41, 4000 Düsseldorf 30

Arbeitshilfe zu Fragen des Asylrechts in der Bundesrepublik Deutschland, hrsg. vom Amt für Jugendarbeit der Ev.-luth. Landeskirche in Bayern, Postfach 450131, 8500 Nürnberg 45
Flüchtlinge und Asylsuchende in unserem Land, EKD-Texte 16, Hrsg. Kirchenamt der EKD, Herrenhäuser Str. 12, 3000 Hannover 21
Zahlreiche Materialien sind erhältlich beim Hohen Flüchtlingskommissar der Vereinten Nationen (UNHCR), Rheinallee 6, 5300 Bonn 2.

Ausländer: Eine Begriffsbestimmung

Das ganze »Ausländer- und Asylantenproblem« wäre längst vom Tische, hätten wir uns mehr um die Klärung der Begriffe gekümmert! Es gibt nämlich gar kein »Ausländerproblem«, sondern nur das ungeklärte Problem seiner Benennung.

Ein Blick über die Grenzen genügt, um festzustellen, daß man dort nicht über »ausländische Arbeiter/innen und deren Familien« oder, den Klassenunterschied elegant überwindend, »ausländische Arbeitnehmer und Arbeitnehmerinnen« spricht. Immerhin hat man dort bemerkt, daß diese Leute schon größtenteils länger als 20 Jahre im Inland leben und arbeiten. Sie sind also, außer in ihrem Paß, gar keine »Ausländer/innen« mehr. – Aber was sind sie dann? In anderen Ländern spricht man zum Beispiel von »Immigranten/innen«, »Emigranten«, »Einwanderern«, »Wanderarbeitern« oder »Migranten«. Alles Begriffe, die unsere Soziologen und wissenschaftlichen Publizisten in ihren Arbeiten einleitend diskutieren. Einige meinen, man könnte auch von »ethnischen oder nationalen Minderheiten« sprechen.

Natürlich gibt es auch noch Ausrutscher wie die von unserem Bundeskanzler, der in seiner Neujahrsansprache das Wort »Gastarbeiter« benutzt. Er pervertiert damit das deutsche Verständnis von »Gast«, indem er dem Gast die niedrigste Stellung, die dreckigste Arbeit, den schlechtesten Wohnraum und die stetige Androhung eines Rausschmisses (siehe Ausländergesetz) vorbehält. Immerhin sollen auch bei uns Gäste normalerweise nicht arbeiten, sondern zuvorkommend behandelt werden.

»Fremdarbeiter«, eine Bezeichnung, die die Funktion der »Zugewanderten« wenigstens ehrlich umschreiben würde, hören viele Menschen hierzulande ebenfalls nicht gerne. Auch die Wissenschaft mag keine »unhistorischen« Begriffe. Immerhin waren die »Fremdarbeiter« vor nicht allzu langer Zeit »Zwangsarbeiter«, die die Dreckarbeit der Deutschen unter steter Androhung der eigenen Vernichtung leisten mußten, damit die Nazis ihre Welteroberungs- und Herrenmenschenpolitik betreiben konnten.

Immerhin: Würden wir sie statt »Ausländer« und »Ausländerinnen« und »Ausländerkinder« »Immigranten« nennen, dann müßten wir auch andere Gesetze, nämlich Einwanderungsgesetze anstatt des »Ausländergesetzes«, machen. Das aber hat bisher noch jede Bundesregierung strikt abgelehnt.

Daher ist die Bezeichnung »ausländische Mitbürger und Mitbürgerinnen« eine glatte Lüge! »Ausländer« bei uns sind keine Bürger, fehlen ihnen doch die elementarsten Bürgerrechte. Sie dürfen weder wählen, noch sich politisch betätigen, und gewählt werden können sie schon gar nicht.

Ganz verloren sind die Frauen bei all dem Begriffssalat. »Ausländer« sind allemal die Männer. Und der in der letzten Zeit benutzte Schrägstrich »/in«, der dem weiblichen Anteil gerecht werden soll, ist nur wieder ein Anhängsel, das dem Mann besser stehen würde. Auch die »Emigranten« oder »Immigranten« bedürfen also der Feminisierung. Lediglich die »ethnischen Minderheiten« sind so weit gegriffen, daß Männer, Frauen, Kind und Kegel einbezogen sind. Wäre das nicht wirklich unser Wort? Das Problem ist freilich: Wie bezeichne ich dann eine Einzelperson aus einer solchen Gruppe? Oder braucht man das überhaupt, da wir ja ohnehin dazu neigen, alles, aber auch wirklich alles zu generalisieren und in einen Topf zu werfen? »Ausländer ist doch Ausländer« – oder?

Das übelste Wort ist der Begriff »Asylant«. Eine Neuschöpfung bundesdeutscher Bürokratie. Auch hier haben wir alle anderen mitteleuropäischen Völker überflügelt, denn die nennen solche Leute einfach »Flüchtlinge«. Wir haben den Vorteil, daß wir durch unsere neue Wortschöpfung gleichzeitig ein neues Schimpfwort geschaffen haben: »Du Asylant, du!« Vermutlich würde aber selbst der Versuch, von »Asylsuchenden«, »Asylberechtigten« oder eben von »Flüchtlingen« zu sprechen, das Gros der Eingeborenen dieses Landes nicht umstimmen können, eine menschlichere, menschenrechtsfreundlichere Flüchtlingspolitik zu machen.

Meine Empfehlung: Wir bekommen das ganze Problem mit den »Ausländern« am besten vom Tisch, wenn wir eine richtige »Eingeborenenpolitik« betreiben, sozusagen den Besen wieder vor die eigene Haustür stellen. Da wir keine richtigen Worte für diese Leute, diese ... finden, lassen wir sie einfach in Ruhe! Wir reden nicht mehr über sie, sondern nur noch mit ihnen und tun so, als wären sie die Mehrheit der Eingeborenen: unzivilisiert, egoistisch, undemokratisch, unpolitisch und alle Weile vom Wahn heimgesucht, sich ihre eigenen Unterdrücker selbst zu wählen. Gemeinsam die Nöte ausstehend, müßten sie es dann schon schaffen, die Probleme der Politiker und Bürokraten endlich einmal zu lösen!

Rosi Wolf-Almanasreh in: Kommune, Nr. 2, Februar 1987

Einige Daten über Ausländer

Die Statistiken, die sich anschließen, sollen einen kurzen Einblick geben, wie viele Ausländer in der Bundesrepublik leben. Weitere Angaben finden sich vor allem im Abschnitt »Argumente gegen Vorurteile«.

Bei den Zahlen sollte folgendes beachtet werden: Prozentzahlen ergeben immer nur Durchschnittswerte, zum Beispiel für das gesamte Bundesgebiet oder ein Bundesland, was nicht unbedingt etwas über die aktuelle Situation in einer bestimmten Stadt, in einem Stadtteil, in einem Dorf, in einer Schule, in einem Kindergarten, in einem Betrieb aussagt. Dort können sie erheblich niedriger oder höher liegen. Wer das genauer wissen will, muß sich dann selbst auf die Suche machen und die entsprechenden Zahlen zum Beispiel beim Statistischen Amt des Landes oder der Stadt erfragen. Dabei sollte immer sorgfältig geprüft werden, wie sich die Zahlen zusammensetzen. Zum Beispiel prüfen, welche Nationalitäten in der Statistik unter »Ausländer« gemeint sind, oder bei Vergleichen feststellen, ob sich die deutsche Vergleichsgruppe wirklich der ausländischen gegenüberstellen läßt. Wird beispielsweise von einer gegenüber den Deutschen höheren Kriminalität gesprochen, wird dann auch berücksichtigt, daß die vielen Millionen deutschen Rentner (es gibt bei uns kaum ausländische Rentner) nur geringfügig straffällig sind und bei der Errechnung der Kriminalitätsquote der Deutschen mit der Bevölkerung gezählt werden und somit die Quote der Deutschen erheblich senken?

Stelle ich fest, daß in einem Stadtteil zum Beispiel 30 Prozent Ausländer leben, so muß diese Tatsache kein Grund zum

Erschrecken sein oder zu dem Schluß führen, daß die Zahl der Ausländer zu hoch sei und reduziert werden müsse. Wir leben in einer Welt, in der Zahlen häufig zum Angstmachen benutzt werden, in der Zahlen manchmal wirklich Angst machen müssen. Letztere Zahlen beziehen sich meistens auf Sachen (zum Beispiel Waffen oder Umweltverschmutzung). Zahlen, die wir anführen, handeln jedoch von Menschen. Von Menschen, die nahe bei uns oder weiter entfernt leben. Von Menschen, vor denen wir aufgrund irgendeiner absoluten Größe oder Prozentzahl keine Angst haben müssen. Wenn wir auf Ausländer zugehen, sie kennenlernen, ja vielleicht sogar Freunde werden, werden wir häufig feststellen, daß sie empfinden, sich freuen, leiden, vom Schicksal getroffen werden – wie wir.

Die ausländische Wohnbevölkerung in der Bundesrepublik
Deutschland und die ausländischen sozialversicherungspflichtig Beschäftigten haben sich seit 1960 folgendermaßen entwickelt:

Jahr*	Gesamtzahl	Prozent der Wohnbevölkerung	sozialversicherungspflichtige Beschäftigte
1960	686 200	1,2	279 000
1968	1 924 200	3,2	1 089 900
1970	2 976 500	4,9	1 948 900
1972	3 526 600	5,7	2 352 300
1974	4 127 400	6,7	2 286 600
1976	3 948 300	6,4	1 920 800
1978	3 981 100	6,5	1 864 100
1980	4 453 300	7,2	2 013 400
1982	4 666 900	7,6	1 771 900
1984	4 363 600	7,1	1 608 100
1986	4 512 700	7,4	1 591 500**

* bis 1984 Stichtag 30.9.
 ab 1986 Stichtag 31.12. eines jeden Jahres
** II. Quartal 1986

(Aus: Daten und Fakten zur Ausländerpolitik, Bundesbeauftragte der Bundesregierung für Ausländerfragen, Bonn, April 1987, Seite 16)

Laut Statistischem Bundesamt gliederte sich die ausländische Wohnbevölkerung Ende Juni 1988 nach **Nationalitäten** wie folgt auf:

Türken	1 510 700
Jugoslawen	603 400
Italiener	547 800
Griechen	286 800
Spanier	144 900
Portugiesen	79 800
Übrige	1 215 600
Insgesamt	4 716 900
davon EG-Angehörige	1 387 200

Die 1,543 Millionen »Übrigen« stammen größtenteils aus Staaten, die nicht zu den klassischen Anwerbeländern gehören. Die Asylbewerber sind ebenfalls in dieser Zahl enthalten. Hinzu kommen noch viele Tausend Illegale, die in großer Zahl in der Bauwirtschaft, meist über Leihfirmen, beschäftigt sind und ohne jeglichen Unfall- und Sozialversicherungsschutz sowie ohne die Möglichkeit der Organisierung in einer Gewerkschaft und in einer betrieblichen Interessenvertretung sind.

Verfolgt man die **Zahl der Geburten** von Ausländern und Deutschen in der Bundesrepublik von 1961 bis 1986, so stellt man fest, daß sich das »generative Verhalten« der Ausländer bereits deutlich dem der Deutschen angepaßt hat. 1986 waren nur etwa 10 Prozent der Geburten von »nicht-deutschen« Eltern. Von 1974 ist die Zahl der Ausländergeburten mit rund 108 000 bis 1985 auf etwa die Hälfte (58 000) gesunken.

Die Gesamtzahl der ausländischen **Kinder und Jugendlichen** in der Bundesrepublik ist in den letzten Jahren gestiegen. Ende 1982 waren rund 321 000 von ingesamt 2 674 000 der unter Fünfjährigen (12 Prozent) und etwa 621 000 von insgesamt 5 590 000 der Fünf- bis 15jährigen (11 Prozent) in der Bundesrepublik Kinder ausländischer Eltern.

Doch sind inzwischen entgegen vielen Falschmeldungen und sogenannten politischen Begründungen für Restriktionen die meisten von ihnen hier geboren oder seit dem Kleinkindalter hier. Während 1973 erst 22,2 Prozent der ausländischen Kinder im Einschulungsalter von Geburt an in der Bundesrepublik waren, waren dies 1978 bereits 48,5 Prozent, 1982 73,8 Prozent und 1985 78 Prozent. Weitere 12,3 Prozent sind seit mehr als vier Jahren in der Bundesrepublik.

Ende März 1986 hielten sich fast 81 Prozent aller Ausländer über fünf Jahre in der Bundesrepublik auf, mehr als 66 Prozent über acht Jahre. Laut Bundesarbeitsministerium lag die **Aufenthaltsdauer** der 16jährigen und älteren Ausländer, also aller Aufenthaltserlaubnispflichtigen, noch höher:

Aufenthalt 10 Jahre und mehr	67,50 Prozent
Aufenthalt 8 Jahre bis 10 Jahre	12,73 Prozent
Aufenthalt 5 Jahre und mehr	85,00 Prozent

Im Vergleich zur Bundesrepublik lebten Mitte der achtziger Jahre in anderen europäischen Staaten Ausländer mit folgenden Anteilen an der gesamten Wohnbevölkerung:

Bundesrepublik Deutschland	7,1 Prozent
Belgien	9,0 Prozent
Frankreich	8,0 Prozent
Schweiz	14,0 Prozent
Luxemburg	23,0 Prozent

(Aus Bericht zur Ausländerbeschäftigung der Beauftragten der Bundesregierung für Ausländerfragen, Bonn, September 1986, Seite 22)

Die rechtliche Situation von Ausländern

Seit dem ersten Aktionshandbuch im Juni 1983 hat sich im aufenthaltsrechtlichen Bereich für Ausländer wenig geändert, obwohl die meisten von ihnen inzwischen weitere vier bis fünf Jahre mehr an rechtmäßigem Aufenthalt vorweisen können. Auf sie wird auch jetzt noch ein Ausländergesetz mit zahlreichen Verwaltungsvorschriften und bekannten wie unbekannten Erlassen angewandt, als ob sie unerwünscht und/oder durch ihren Aufenthalt eine Gefahr für die Bundesrepublik darstellten. Es bleibt abzuwarten, ob die seit 1982 angekündigte Überarbeitung des Ausländergesetzes irgendwann tatsächlich zustande kommt, und erst recht, ob sie der übergroßen Mehrheit der seit vielen Jahren hier lebenden ausländischen Arbeitnehmer/innen und ihren Familienangehörigen wirkliche Verbesserungen und Erleichterungen bringen, die nun schon lange genug fällig sind.

Die folgenden Bemerkungen sind selbstverständlich *keine* Darstellung des Ausländer- und Arbeitserlaubnisrechtes und sind kein Ersatz für eine fachkundige Beratung. Es werden lediglich einige Hinweise an Betreuer gegeben. Sie betreffen vorwiegend Nicht-EG-Ausländer.

1. Staatsangehörigkeit

Die rechtliche Lage richtet sich nach der Staatsangehörigkeit. Denn es gibt zwischen der Bundesrepublik und einer Reihe von Staaten Abkommen (EWG-Vertrag, Niederlassungs- und Fürsorgeabkommen etc.), die besondere, begünstigende rechtliche Bestimmungen für die jeweiligen Staatsangehörigen enthalten. Diese Rechtsnormen sind Völkervertragsrecht. Sie gelten unmittelbar und gehen dem innerstaatlichen Recht, also aus dem Ausländergesetz, vor.

2. Paß

Ohne gültigen Paß wird in der Regel kein Aufenthaltsrecht gewährt (wichtigste Ausnahme: Asylverfahren). Wird der Paß während des Aufenthaltes ungültig, wird kraft Gesetzes eine Aufenthaltserlaubnis oder Aufenthaltsberechtigung und damit auch die Arbeitserlaubnis ungültig. Der Paß muß deshalb rechtzeitig verlängert werden. Wird der Paß aus politischen Gründen nicht verlängert, kommt ein Asylantrag in Frage. Wird der Paß nicht verlängert, um den Ausländer zur Erfüllung seiner Wehrpflicht zu zwingen, kommt, wenn er eine Einbürgerungszusicherung hat oder mit einer deutschen Staatsangehörigen verheiratet ist, nach Richtlinien des Bundesinnenministeriums von 1978 unter bestimmten Voraussetzungen die Erteilung eines Fremdenpasses in Frage.

3. Aufenthaltserlaubnis und Aufenthaltsberechtigung

Die meisten Staatsangehörigen müssen die Aufenthaltserlaubnis für einen mehr als dreimonatigen Aufenthalt als solchen deklariert bei der deutschen Auslandsvertretung vor der Einreise beantragen. Einreise mit Besuchersichtvermerk in der Absicht, länger als drei Monate zu bleiben, führt wegen Umgehung der Einreisebestimmungen zur Ablehnung des Antrages. Ist der Entschluß zu längerem Aufenthalt erst in der BRD gefallen (hohe Anforderungen an die Glaubwürdigkeit des Vortrages), kann hier ein Verlängerungsantrag gestellt werden.

Aufenthalterlaubnispflicht besteht ab Vollendung des 16. Lebensjahres. Bis dahin genügt die polizeiliche Anmeldung.

Die Aufenthaltserlaubnis wird auf Formblättern beantragt (erhältlich bei Melde- und Ausländerbehörden). Die Verlängerung einer Aufenthaltserlaubnis kann mündlich beantragt werden; die Behörden lassen aber Formulare ausfüllen.

Ohne rechtzeitigen (Verlängerungs-)Antrag fehlt es an durchgehend *rechtmäßigem* Aufenthalt. Das ist nicht nur strafbar, sondern berechtigt die Behörde unter Umständen zur Nichtverlängerung der Aufenthaltserlaubnis oder zur Verweigerung der unbefristeten Aufenthaltserlaubnis oder der Aufenthaltsberechtigung, auch wenn die Wartezeit erfüllt ist und die übrigen Voraussetzungen vorliegen. Es berechtigt die Arbeitsämter auch zur Verweigerung einer »besonderen« Arbeitserlaubnis (siehe 4.).

Kann über einen Antrag auf Erteilung oder Verlängerung einer Aufenthaltserlaubnis nicht sofort entschieden werden, wird in den Paß gestempelt: »Aufenthaltserlaubnis beantragt am ... Der Aufenthalt gilt vorläufig als erlaubt bis zum ... (meist drei Monate, nicht zwingend), Behörde, Datum«. Das ist *keine* Aufenthaltserlaubnis, sondern nur der Nachweis, daß ein Antrag gestellt ist. Der Ausländer hat bis zur Entscheidung über diesen Antrag ein gesetzliches Aufenthaltsrecht, das unabhängig vom erwähnten Stempel im Paß und dessen Gültigkeitsdauer besteht. Der Stempel dient nur zum Nachweis dieses Rechtes gegenüber Polizei, Arbeitsamt, Grenzbehörde und so weiter. Aus diesem Grunde sollte für rechtzeitige Verlängerung gesorgt werden, solange über den Aufenthaltserlaubnisantrag selbst nicht entschieden ist.

Die *unbefristete Aufenthaltserlaubnis* wird nur auf Antrag erteilt. Die wichtigsten Voraussetzungen sind: fünfjähriger Aufenthalt, die besondere Arbeitserlaubnis, angemessener Wohnraum. Die unbefristete Aufenthaltserlaubnis ist der entscheidende Schritt zu einem festen Aufenthaltsrecht. Sie gibt den sogenannten Vertrauensschutz. Für Angehörige gibt es erleichterte Voraussetzungen. Für türkische Staatsangehörige bedeutet die unbefristete Aufenthaltserlaubnis, daß wegen Bezug von Sozialhilfe der Aufenthalt nicht beendet werden darf.

Die *Aufenthaltsberechtigung* wird auf Antrag nach achtjährigem, ununterbrochen rechtmäßigem Aufenthalt erteilt. Unter anderem müssen der Lebensunterhalt und die Wohnverhältnisse gesichert sein. Anwartschaften für die Altersversorgung müssen erworben sein. Eventuelle Vorstrafen müssen aus dem Strafregister getilgt sein (Ausnahmen sind möglich). Die Aufenthaltsberechtigung schützt in besonderem Maße gegen aufenthaltsbeendende Maßnahmen. Sie berechtigt zu selbständiger Erwerbstätigkeit.

Anträge auf unbefristete Aufenthaltserlaubnis und Aufenthaltsberechtigung sollten schriftlich gestellt werden. Das zwingt die Behörde zur Einhaltung ihrer gesetzlichen Verpflichtung, einen schriftlichen Bescheid zu geben, wenn dem Antrag nicht entsprochen wird. Der Bescheid muß begründet sein. So wird vermieden, daß der Ausländer »überfahren« wird.

Der Schriftform bedarf auch die Aussetzung der Abschiebung, die sogenannte Duldung.

Die Aufenthaltserlaubnis und die Aufenthaltsberechtigung erlöschen, wenn der Ausländer die Bundesrepublik Deutschland zu einem nicht vorübergehenden Zweck verläßt, gleichgültig, wie lange er sich im Ausland aufhält. In Zweifelsfällen, vor allem dann, wenn während des Auslandsaufenthaltes die Wohnung nicht beibehalten wird, sollte vor Ausreise der Ausländerbehörde Mitteilung gemacht werden, daß der Auslandsaufenthalt nur vorübergehend ist.

4. Arbeitserlaubnis

Erst die Arbeitserlaubnis eröffnet dem Nicht-EG-Ausländer den Zugang zum Arbeitsmarkt. Die Arbeitserlaubnisverordnung (AEVO) nennt zwei verschiedene Arten von Arbeitserlaubnis: die »allgemeine«, die entgegen ihrem Ausdruck in der Regel nur für einen bestimmten Arbeitsplatz gilt, befristet ist und vor allem abhängig von Lage und Entwicklung des Arbeitsmarktes erteilt wird unter Beachtung des Vorrangs deutscher, der EG-Ausländer und solcher Ausländer, die bereits die besondere Arbeitserlaubnis haben (Paragraph 1 AEVO).

Dagegen wird die »besondere« Arbeitserlaubnis für fünf Jahre oder – nach achtjährigem Aufenthalt – unbefristet sowie ohne Rücksicht auf den Arbeitsmarkt erteilt.

Für türkische Arbeitnehmer gibt es aufgrund des EWG-Assoziierungsabkommens rechtliche Vergünstigungen. Sie erhalten schon nach vier, nicht erst nach fünf Jahren ununterbrochen rechtmäßiger Beschäftigung die besondere Arbeitserlaubnis. Ferner: Ist die Arbeitslosigkeit unverschuldet, dann unterbricht der Bezug von Arbeitslosen*hilfe* nicht die vierjährige Anwartschaftszeit auf die besondere Arbeitserlaubnis. Gleiches gilt für nachgewiesene Krankheitszeiten von mehr als drei Monaten. Gemäß Paragraph 2 Absatz 6 AEVO kann eine besondere Arbeitserlaubnis erteilt werden, wenn die Versagung unter Berücksichtigung der besonderen Verhältnisse des Arbeitnehmers eine *Härte* bedeuten würde. Als Faustregel gilt: Je bedrängender die Existenznot einer Familie infolge der Verweigerung der Arbeitserlaubnis wäre und je länger die Aufenthaltsdauer und je höher das Maß der eigenen »Integrationsleistung« ist, desto eher ist ein Rechtsanspruch auf Erteilung dieser Arbeitserlaubnis gegeben.

Nach Paragraph 2 Absatz 6 kann auch die Arbeitserlaubnis von einem Ehegatten auf den anderen übertragen werden, wenn ersterer wegen Krankheit oder Versorgung kleiner Kinder die Arbeitnehmertätigkeit unterbrechen muß.

Für die Prüfung des Rechtsanspruchs auf die besondere Arbeitserlaubnis ist die Aufbewahrung der Entgeltbescheinigungen der Rentenversicherung sowie der Bescheinigungen über die Leistungen des Arbeitsamtes notwendig.

Wichtig: Die Durchführungsanweisungen der Bundesanstalt für Arbeit zum Arbeitserlaubnisrecht enthalten detaillierte Regelungen mit zahlreichen Erleichterungen und Vergünstigungen für ganz verschiedene Personenkreise.

5. Aufenthaltsbeendende Maßnahmen

Die wichtigsten dieser Maßnahmen sind: Ablehnung eines Aufenthaltserlaubnisantrages; nachträgliche Befristung einer Aufenthaltserlaubnis (auch einer unbefristet erteilten); Ausweisung.

Wird ein Antrag auf Erteilung/Verlängerung einer Aufenthaltserlaubnis abgelehnt, so hat der Widerspruch keine aufschiebende Wirkung. Trotz Widerspruch besteht Ausreisepflicht und die Gefahr der Abschiebung bei Nichterfüllung dieser Pflicht. Deshalb muß geprüft werden, ob ein Antrag an das Verwaltungsgericht auf Anordnung der aufschiebenden Wirkung des Widerspruchs angebracht ist. Wird eine Aufenthaltserlaubnis nachträglich befristet, hat der Widerspruch aufschiebende Wirkung. Ebenso bei Ausweisung, wenn nicht die Behörde die sofortige Vollziehung angeordnet hat. Ist letzteres geschehen, kann der Ausreisepflicht durch einen Antrag auf Herstellung der aufschiebenden Wirkung beim Verwaltungsgericht begegnet werden.

Die möglichen Gründe für aufenthaltsbeendende Maßnahmen sind zahlreich, zum Beispiel Kriminalität; Verstoß gegen ausländerrechtliche Vorschriften; unzureichende Sicherung des Lebensunterhaltes wegen Bezug von Sozialhilfe.

Zu letzterem einige Hinweise: Vorübergehender Bezug von Sozialhilfe (etwa drei Monate) rechtfertigt keine Aufenthaltsbeendigung. Bei längerem Bezug muß untersucht werden, ob das Sozialamt aufgrund der Überleitung von Ansprüchen Leistungen erhält, die eigentlich dem Ausländer zustehen (Unterhaltsleistungen von Angehörigen oder zum Beispiel Wohngeld). In Wirklichkeit wird dann weniger Hilfe zum Lebensunterhalt gezahlt, als es scheint. Gegen Aufenthaltsbeendigung wegen unzureichenden Lebensunterhaltes oder Wohnraumes schützen teilweise Rechte aus internationalen Abkommen, zum Beispiel des europäischen Fürsorgeabkommens. Bei EG-Ausländern darf der Aufenthalt wegen Sozialhilfebezug dann nicht beendet werden, wenn die Arbeitslosigkeit unfreiwillig ist. Vielmehr besteht ein Rechtsanspruch auf Verlängerung des Aufenthaltes.

Was die Ausländerbehörden häufig übersehen: Zwar benötigen Kinder unter 16 Jahren keine Aufenthaltserlaubnis. Soll aber ihr Aufenthalt beendet werden, muß eine entsprechende Verfügung erlassen und zugestellt werden. Solange dies nicht geschehen ist, haben sie ein Aufenthaltsrecht, aus dem auch die Eltern ein Aufenthaltsrecht ableiten können.

Bei aufenthaltsbeendenden Maßnahmen ist sofort rechtskundiger Rat einzuholen.

6. Familiäre Situation

Bei fast allen rechtlichen Problemen muß aufgeklärt werden: Ist der Ausländer verheiratet und wie lange, welche Staatsangehörigkeit hat der Ehegatte, welche Aufenthalts- und Arbeitserlaubnis hat er, gibt es Kinder, in welchem Land, wo sind sie geboren, wie ist der Stand der Ausbildung, der sozialen, sprachlichen Integration, gibt es sonstige Familienangehörige in der Bundesrepublik, gibt es noch familiäre Beziehungen in das Heimatland? Bestehen Verpflichtungen zur Unterhaltsleistung gegenüber Angehörigen oder zur Versorgung kranker oder behinderter Familienmitglieder?

Der Schutz von Ehe und Familie – Artikel 6 Absatz 1 Grundgesetz – gilt auch für Ausländer und nicht nur für die aus Ehegatten und minderjährigen Kindern bestehende Familie. In welchem Ausmaß aus Artikel 6 Absatz 1 Grundgesetz für einen Ausländer Rechtspositionen abgeleitet werden können, hängt im übrigen von den konkreten Umständen ab.

Der Ehegatten- und Kindernachzug ist in Ländererlassen geregelt. Für den Nachzug des Ehegatten bei der zweiten Ausländergeneration sind die Voraussetzungen: achtjähriger Aufenthalt und unbefristete Aufenthaltserlaubnis des hier lebenden Gatten, einjähriger Bestand der Ehe, ausreichend Einkommen, angemessener Wohnraum.

7. Rechtliche Bedeutung von Verwaltungsvorschriften und Erlassen

Das Ausländergesetz von 1965 räumt den Behörden ein weites Ermessen ein. Dieses Ermessen ist durch die Verwaltungsvorschriften des Bundesministers des Innern, welche verbindlich sind, und im übrigen durch die Ländererlasse eingeschränkt.

8. Rechtsberatung

Dem Ausländer sollte in allen Fällen negativer Behördenentscheidungen, insbesondere bei aufenthaltsbeendenden Maßnahmen, geraten werden, sich sofort mit Paß und allen Unterlagen an eine Ausländerberatungsstelle zu wenden (kirchliche und nichtkirchliche Wohlfahrtsverbände, DGB beziehungsweise Einzelgewerkschaften, Rechtshilfekomitees für Ausländer, Beratungsstellen für die verschiedenen Nationalitäten und so weiter). Dort wird ihm, wenn notwendig, ein fachkundiger Rechtsanwalt empfohlen. Die Kostenfrage sollte ihn nicht davon abhalten, wenigstens eine Beratung eines Anwaltes in Anspruch zu nehmen. Vom Rechtsanwalt soll er zu Beginn des Gespräches Aufklärung über die Kosten der Beratung und einer eventuellen weiteren Vertretung sowie über die Finanzierungsmöglichkeiten der Anwaltskosten nach dem Beratungs- und Prozeßkostenhilferecht verlangen.

Victor Pfaff

Einmeterachtzig – Eine Satire

Jeder hat einen Stab im Tornister: Der Soldat laut Napoleon den Marschallstab, das i-Männchen das Lineal und den Rechenstab und der deutsche Beamte der Ausländerbehörde seinen Maßstab.

Doch die Auswirkungen sind ganz unterschiedlich: Die meisten Soldaten seit Napoleon waren schon vor dem Marschallsein tot. Schulkinder brauchen Lineal und Rechenstab auch heute noch, und wenn es nur darum geht, die Größe des Schulcomputers abzumessen. Und Beamte in Ausländerbehörden setzen neuerdings mindestens zweierlei Maßstäbe an.

Der erste Maßstab besagt, daß jede Deutsche und Ausländerin das Recht hat, in einer Wohnung zu leben, deren Höhe unter 2,30 Meter liegt. Dafür ist natürlich auch Miete zu zahlen. Wer als Ausländerin in Niedersachsen eine Aufenthaltsberechtigung beantragt, gerät dann aber an beziehungsweise unter den zweiten Maßstab, den ein Erlaß des Innenministers vorschreibt. Danach ist nur eine Höhe von mindestens 2,30 Meter in der Wohnung einer Ausländerin ein Beweis dafür, daß sie sich ausreichend in das »wirtschaftliche und soziale Leben der Bundesrepublik« integriert hat. Den Kopf einziehen oder gar ducken gilt für Ausländerinnen in der Bundesrepublik nicht. Sie dürfen nur erhobenen Hauptes durch dieses Land (und ihre Wohnung) schreiten.

So geschah es jedenfalls einem türkischen Metallarbeiter in Salzgitter im Herbst 1986, dessen Wohnung nur 1,90 Meter hoch war.

Damit Ausländerinnen den Deutschen nicht auch zuviel Luft aus bestimmten Höhen wegnehmen, wird zur Zeit der dritte Maßstab vorbereitet: Für eine vollständige Integration in das wirtschaftliche und soziale Leben in der Bundesrepublik ist eine Größe von Ausländerinnen über 1,80 Meter hinaus nicht erlaubt. Wie gut, daß der Herr Bundeskanzler keine Ausländerin ist, sonst bekäme er in diesem Lande keine Aufenthaltsberechtigung mehr!

Was für Ausländerinnen gilt, trifft natürlich auch auf ausländische Männer zu. Das versteht sich.

Unser Verhältnis zu Ausländern
Information und Diskussion

Eine Geschichte aus unserer Welt?

Es war einmal eine Insel, irgendwo im weiten Ozean, auf der Menschen lebten. Einige lebten in den unteren, niedrig gelegenen Teilen der Insel in der Nähe der Strände, und der Einfachheit halber wollen wir sie »Unterländer« nennen; andere lebten in dem höher gelegenen Hauptteil, und deshalb nennen wir sie »Oberländer«.

Die Oberländer waren weniger zahlreich als die Unterländer, aber es ging ihnen allgemein gesehen viel besser. Einige waren sehr reich, niemand war extrem arm. Sie lebten in Dörfern und auf großen Bauernhöfen. Die Erde war dort sehr fruchtbar, und sie hatten sehr viel Vieh.

Seitdem die Oberländer mit all ihrer Arbeit nicht mehr fertig wurden, weil sie bestimmte Arten von Arbeit gar nicht so mochten, wie zum Beispiel den Mist auf die Felder streuen oder den Müll sammeln, hatten sie einige der Unterländer gefragt, zu ihnen zu kommen, mit ihnen zu leben und diese Aufgaben zu erfüllen.

Auf eine Art konnten diese Unterländer als glücklich betrachtet werden: Sie nahmen teil an dem Reichtum der Oberländer, obwohl sie eher in weniger attraktiven Teilen des Oberlandes untergebracht waren und sich manchmal beklagten, daß die Oberländer sie nicht immer mit Respekt und Sympathie behandelten.

Nicht sehr lange, nachdem der Brauch, Unterländer im Oberland zu beschäftigen, sich ausgebreitet hatte, verschlechterte sich die Situation auf der Insel. Aus unterschiedlichen Gründen gingen die Ernteerträge im Oberland zurück, und der Lebensstandard fiel. Auf der Suche nach einem Sündenbock begannen einige Oberländer zu klagen, daß ihre Situation besser gewesen wäre, wenn sie ihre Reichtümer nicht mit einigen Unterländern geteilt hätten, auf die man sowieso jetzt verzichten könnte, da Oberland-Ingenieure vollautomatische Maschinen für das Miststreuen und die Müllabfuhr erfunden hatten.

Eine andere Quelle der Besorgnis war, daß die Unterländer mit ihren Familien inzwischen einen beträchtlichen Teil der Oberland-Bevölkerung ausmachten, und einige Oberländer fürchteten, daß sich auf lange Sicht die edle Oberland-Kultur nicht in einer Gemeinschaft erhalten könnte, die wahrscheinlich mehr und mehr Bräuche des Unterlandes annehmen würde.

Es war klar, daß etwas darüber geschehen mußte. Deshalb erließ der Hohe Oberland-Rat eine Verordnung, daß es in Zukunft verboten sein würde, irgendwelche Unterländer anzuwerben und zu beschäftigen, abgesehen von denen, die schon gut integriert waren und mindestens zehn Jahre im Oberland gelebt hatten. Diejenigen Unterländer, die diese Kriterien nicht erfüllten, müßten sofort das Oberland verlassen.

Einige der Oberland-Bauern waren mit diesen Maßnahmen nicht sehr glücklich; auf illegale Art und Weise setzten sie die Beschäftigung neuer Unterländer fort, die jetzt ihre Arbeitskraft zu einem Lohn anboten, für den man keinen Oberland-Arbeiter mehr finden konnte...

Der Rat bemerkte dies und erließ neue Verordnungen mit Strafen für Bauern, die die Einwanderungsgesetze brachen. Darüber hinaus wurde festgelegt, daß das Oberland mit einem Zaun umgeben wurde und daß Wachen an der Grenze zwischen dem Oberland und dem Unterland, besonders an den Hauptstraßen, aufgestellt wurden.

Unglücklicherweise hatte sich die Situation im Unterland zu derselben Zeit auch verschlechtert. Die Menschen dort waren schon immer benachteiligt gewesen, aber ihre Situation war inzwischen katastrophal geworden.

Die See überflutete immer häufiger die Ufergebiete. Wahrscheinlich war der Meeresspiegel angestiegen. Normalerweise hätte dies nicht solche ernsthaften Konsequenzen gehabt, wenn nicht die großen Granitblöcke, die früher entlang der Strände des Unterlandes lagen und eine Art natürlicher Abwehr gegen das Meer gebildet hatten, noch dort gewesen wären. Unglücklicherweise hatten die Oberländer im letzten Jahrhundert das Unterland oft überfallen und diese Blocks für die Bauindustrie nach Oberland transportiert. Daß die Unterländer sich angesichts des gestiegenen Meeresspiegels immer mehr ins Landesinnere bewegen mußten, war um so schmerzhafter und mühsamer, weil ihre Zahl in den wenigen letzten Jahrzehnten erheblich angestiegen war. In der Tat konnten sie auf einem kleiner gewordenen Stück Land nicht überleben.

Was nun?

Einige der mehr unternehmungslustigeren Unterländer sahen nur einen Ausweg: die Aussiedlung nach Oberland.

Von den Briefen ihrer Angehörigen, die sich dort in früheren Jahren niedergelassen hatten, war ihnen bekannt, daß man dort gewiß seinen Lebensunterhalt bestreiten konnte.

Einige der Bürger von Unterland waren darüber hinaus der Meinung, daß die Oberländer - angesichts ihrer Aktivitäten in der Vergangenheit - eine moralische Verpflichtung hatten, um auch für sie Platz zu machen, sie aufzunehmen. Einige Oberland-Beamte hatten diese Forderung sogar anerkannt und eine Kommission gebildet, die die Möglichkeit untersuchen sollte, den Unterländern Geld und Material für den Bau von Deichen zur Verfügung zu stellen.

Aber zunächst war dies von geringem Nutzen für die Unterländer, die sahen, wie ihr Land nach und nach vom Meer weggetragen wurde.

Deshalb schnitten Unterländer im Schutze der Nacht Löcher in den Zaun um Unterland herum und schlüpften hindurch. Viele fanden Bauern, die bereit waren, sie zu beschäftigen, allerdings nur zu einem Viertel des Normallohnes.

Aber die Situation im Unterland verschlimmerte sich bald noch mehr. In der chaotischen Situation hatten einige Dorfvorsitzende begonnen, Dorfbewohner zu foltern und zu verfolgen, die ihren unvernünftigen Anordnungen nicht ohne Nachfragen gehorchen wollten. Ein Ergebnis war, daß einige Unterländer nun aus anderen Gründen kamen, um um Einlaß als Flüchtlinge nachzufragen.

Der Oberland-Rat entschied anfänglich, einige von ihnen zuzulassen, indem er erklärte, daß das Oberland immer entsprechend seinen humanitären Traditionen und Ideen gelebt hätte. Als jedoch die Zahl der Flüchlinge anstieg, verbreitete der Rat die Stellungnahme, daß man herausgefunden hätte, daß die Mehrheit der Asylsuchenden keinen guten Grund zur Flucht hätte und daß sie ihre Fluchtgeschichten nur als Vorwand nutzen, um an dem größeren Reichtum von Oberland teilzuhaben, zu dem sie nicht berechtigt wären.

Von dieser Zeit an versuchten auch die flüchtigen Unterländer illegal nach Oberland zu kommen.

Alle illegalen Unterländer hatten eines gemeinsam: Sie waren gleichermaßen verzweifelt.

Der Hohe Rat von Oberland konnte diese Situation nicht gutheißen. Er kündigte weitere strenge Maßnahmen an, verdoppelte die Zahl der Wachen an der Grenze und ordnete die intensive Suche nach illegalen Unterländern an.

Was danach geschah, weiß ich nicht. Es gibt einige Gerüchte, daß das Meer immer noch und immer mehr das Unterland überflutet und daß die Unterländer immer noch Oberland betreten. Und dies trotz der Tatsache, daß der Zaun inzwischen mit Starkstrom geladen ist.

Was können sie aber auch sonst tun?
In einem veröffentlichten Bericht des Europarates heißt es unter anderem:

- In etwa 130 der 170 Staaten der Welt werden die Menschenrechte verletzt.
- Zur gleichen Zeit finden 40 bewaffnete Konflikte auf der Welt statt, wobei die Zivilbevölkerung 90 Prozent der Opfer zu beklagen hat.
- 600 Millionen Menschen leiden unter Unterernährung; mit ökologischem Schaden durch eine wachsende Weltbevölkerung und einer kurzsichtigen wachsenden Ausbeutung der Rohstoffe.
- 60 Millionen Menschen kommen in jedem Jahr zusätzlich auf den Arbeitsmarkt der am wenigsten entwickelten Länder.

Es ist klar, daß die Situation fast hoffnungslos ist, und es ist eine Situation, für welche die europäischen Nationen ein gut Teil an Verantwortung tragen, sowohl bezüglich ihrer historischen als auch bezüglich ihrer heutigen Rolle auf der Welt.

Leben sie entsprechend ihren Verantwortlichkeiten, zum Beispiel in der Entwicklung von Hilfe und fairen Handelsbeziehungen, oder sind feierliche Erklärungen reichlicher als effektive Kooperation und Hilfe? Wenn es sich als notwendig erweist, sind wir willens und bereit, in unser eigenes Fleisch zu schneiden? Ernsthafte Zweifel herrschen vor.

Henk Glimmerveen, 'T Harde, Niederlande

(Teil eines Referats anläßlich der Vollversammlung des »Ausschusses der Kirchen für Fragen ausländischer Arbeitnehmer in Europa« im Mai 1987 in Palermo)

AIDS: Kein Rassismus in Bayern, nur Gedanken breiten sich aus

10. Dezember 1986: »Die bei uns lebenden ausländischen Arbeitnehmer und ihre Familienangehörigen sollen an unserem wirtschaftlichen, sozialen und kulturellen Leben teilhaben können. Voraussetzung dafür ist aber, daß die Zahl der Ausländer nicht weiter zunimmt und die Bundesrepublik Deutschland nicht zum Einwanderungsland wird.« (Ministerpräsident Strauß in seiner Regierungserklärung vor dem neu gewählten Bayerischen Landtag)

31. Dezember 1986: »Mein Gruß gilt auch den ausländischen Arbeitnehmern und ihren Familien. Ob sie aus den Ländern der EG, aus der Türkei oder aus Jugoslawien kommen, unser aller Wohlstand wäre ohne ihren Fleiß nicht denkbar. Ich appelliere deshalb an alle Bürger, unseren ausländischen Mitbürgern und ihren Kindern mit Toleranz, menschlicher Achtung und nachbarschaftlicher Hilfe zu begegnen.« (Ministerpräsident Strauß in seiner Neujahrsrede 1987)

31. Dezember 1986: »Es ist längst gelungen, Vorurteile abzubauen, das Interesse aneinander zu wecken, Gegensätze, die in der unterschiedlichen Nationalität und in manchen Fällen in der unterschiedlichen Religion begründet sind, zu überbrücken und zu einem gutnachbarschaftlichen Miteinander zu kommen, das für alle von Vorteil ist. Wir freuen uns darüber, daß unsere bayerische Heimat inzwischen für viele von ihnen zur Wahlheimat geworden ist.« (Ministerpräsident Strauß in einem Grußwort zum Jahreswechsel in einer türkischen Zeitung)

25. Februar 1987: Die Bayerische Staatsregierung beschließt AIDS-Zwangstests für alle Nicht-EG-Ausländer.

26. Februar 1987: »Entweder die Deutschen unterwerfen alle Ausländer diesem Untersuchungszwang, also auch die Bürger der EG-Staaten, oder keinen von ihnen«. Er halte es »für einen Blödsinn«, sagte Strauß, wenn man einreisende Sizilianer oder Südspanier nicht in diese AIDS-Untersuchung einbeziehe, wohl aber Österreicher, Schweizer, Finnen, Schweden und Norweger. Das sei »ungerecht«. Strauß versicherte, daß er erst im Gespräch mit Vranitzky darauf aufmerksam gemacht worden sei.« (Frankfurter Allgemeine Zeitung vom 27. Februar 1987)

27. Februar 1987: »Das ergebe tatsächlich keinen Sinn, sagte Strauß, denn es existiere ja, analog zum europäischen Kulturkreis, ein ›Europäischer Hygiene-Kreis‹, dem Österreicher, Schweizer, Finnen, Schweden oder Norweger angehörten – während andererseits die X und Ypsilons aus der EG frei einreisen dürften. Strauß hat natürlich nicht X und Ypsilon gesagt – der Erfinder des ›Europäischen Hygiene-Kreises‹ hat vielmehr unmißverständlich von ›Südspaniern‹ und ›Sizilianern‹ gesprochen, die unverständlicherweise (noch) frei an allen AIDS-Schranken vorbei dürfen – und welcher weiße Mitteleuropäer wüßte nicht längst, wie es dort unten zugeht!!!« (Süddeutsche Zeitung vom 28. Februar 1987)

3. März 1987: »Da man Europäer mit hoher Kultur- und Hygienestufe nicht schlechter behandeln darf als Europäer aus EG-Staaten, hat Strauß zugesagt, beim Bund anzuregen, daß diese Ungleichbehandlung aufgehoben wird.« (Auszug aus einem von der Bayerischen Staatskanzlei veröffentlichten Text, laut Stuttgarter Zeitung vom 3. März 1987)

19. Mai 1987: »Neue drastische AIDS-Maßnahmen in Bayern. Nach der heftigen Kritik Österreichs an dem ursprünglichen Plan Bayerns, von allen Ausländern aus Nicht-EG-Staaten einen AIDS-Test für eine Aufenthaltsgenehmigung zu verlangen, sollen unter anderem Österreicher und Schweizer von der Untersuchungspflicht ausgenommen werden. Aus Gründen der Gleichstellung würden Ausländer aus dem ›westeuropäischen Bereich‹ von der ärztlichen Untersuchung befreit, sagte Staatssekretär Gauweiler.« (Stuttgarter Nachrichten vom 20. Mai 1987)

19. Mai 1987: »Als ›besonderes Anliegen‹ des Ministerpräsidenten Strauß« – so Lang – werden Staatsbürger aus einer Reihe von europäischen Nicht-EG-Staaten (Österreich, Schweiz, Liechtenstein, Norwegen, Schweden, Finnland, Island) EG-Bürgern gleichgestellt. Sie brauchen zur Erteilung einer Aufenthaltsgenehmigung weder einen AIDS-Test noch überhaupt ein Gesundheitszeugnis.

Andere Ausländer dagegen, auch aus Jugoslawien, der Türkei und Osteuropa, müssen für einen längeren Aufenthalt eine Bescheinigung über eine AIDS-Untersuchung vorlegen. Liegt eine Infektion vor, gibt es keine Aufenthaltserlaubnis.« (Frankfurter Rundschau vom 20. Mai 1987)

20. Mai 1987: »Die in Bayern stationierten Soldaten der amerikanischen Streitkräfte und deren Angehörige müssen sich keinem AIDS-Zwangstest unterziehen. Der Aufenthalt von US-Soldaten und deren Angehörigen in Bayern sei durch ein eigenes NATO-Statut geregelt, teilt das Innenministerium mit. Diese Personengruppe unterliege nicht den Bestimmungen des Ausländerrechts. Auch eine Frau, die zu ihrem Ehemann, der US-Soldat ist, nach Deutschland kommt, müsse sich nicht auf AIDS testen lassen. Dagegen müssen alle Zivilamerikaner, die in Bayern eine Aufenthaltsgenehmigung beantragen, eine Bescheinigung über den AIDS-Test vorlegen.« (Süddeutsche Zeitung vom 21. Mai 1987)

Der tägliche Rassismus in Großbritannien und der Bundesrepublik

Manchmal verirren sich Meldungen über Rassismus in Großbritannien auch in bundesdeutsche Zeitungen, wie zum Beispiel »Alle 26 Minuten ein Übergriff auf Farbige« (Stuttgarter Zeitung vom 9. Januar 1987) oder »Brandanschlag auf asiatische Familie« (mit drei Toten, Süddeutsche Zeitung vom 15. November 1986). Ein paar Auszüge aus einem im Juni 1986 veröffentlichten Bericht von Paul Gordon, der auf zirka vierzig Seiten praktisch nur Vorfälle aus der Zeit von Januar 1983 bis Januar 1986 anführt, sollen die Situation in Großbritannien verdeutlichen:

»Als ein Junge schläft, wird ein Schweinekopf, dessen Augen, Ohren, Nasenlöcher und Mund mit angezündeten Zigaretten vollgestopft sind, durch das Fenster seines Schlafzimmers geworfen. Eine Familie verläßt ihr Haus nicht nach 7 Uhr abends; sie bleiben in einem großen Raum, nachdem sie das Erdgeschoß verbarrikadiert haben. Eine Familie wird als Gefangene in ihrer eigenen Wohnung durch einen Sicherheitskäfig gehalten, den weiße Nachbarn an ihrer Eingangstür befestigt haben. Ein Jugendlicher wird durch einen älteren weißen Jungen mit einem Messer zerfleischt, als er einen Schulkorridor zwischen den Klassenzimmern entlang geht. Eine Familie wird ausgebrannt, und eine schwangere Frau und ihre drei Kinder werden getötet. Ein Fahrkarteneinsammler erhält mit einer Metallsäge Stiche ins Auge und wird einfach getötet, weil er sich weigerte, rassistische Beleidigungen von einigen weißen Passagieren ohne Widerspruch hinzunehmen.«

Diese Fälle aus den vergangenen Jahren sind Teil der Erfahrungen Schwarzer in Großbritannien in den achtziger Jahren.

Teil der Realität schwarzer Menschen. Es sind keine isolierten Vorfälle, sondern Teil eines Katalogs von Handlungen von Gewalt, Beleidigung und Einschüchterung gegenüber schwarzen Menschen, einfach weil sie schwarz sind.

»Solche Angriffe gegen Schwarze in Großbritannien sind nicht neu. Schwarze sind schon immer rassistisch angegriffen worden, mindestens seit Beginn dieses Jahrhunderts. Was vielleicht neu ist, ist das Ausmaß der Gewalt und die fast beiläufige Art, in der viele Menschen zu denken scheinen, daß es ganz akzeptabel ist, rassistische Schimpfworte zu jemandem zu schreien oder auf ihn zu spucken oder ihn zu beleidigen oder Benzinbomben auf ihre Häuser zu werfen oder sie sogar zu töten, aus dem einzigen Grund der Farbe ihrer Haut.«

Der Bericht beschäftigt sich mit Bombenangriffen auf und Brandstiftung gegen Schwarze, mit dauernder Belästigung und Beleidigung, mit Angriffen in Schulen und auf junge Menschen, mit anderen ernsten Angriffen. Die Bilanz rassistischer Morde ist erschreckend. Von 1970 bis 1986 wurden mehr als 60 Schwarze als Ergebnis von Angriffen getötet, die rassistisch motiviert waren.

Gordons Schlußfolgerung verwundert deshalb nicht, wenn er sagt: »Wenige Gegenden in England können jetzt noch als völlig sicher für schwarze Bewohner angesehen werden. Selbst in Mittelschichtgegenden und in ländlichen Gebieten erhält man Berichte über rassistische Gewalt.«

Gordon befaßt sich auch mit der Reaktion der Polizei, der örtlichen Autoritäten, der Betroffenen selbst und geht danach auf den nicht zu verleugnenden Zusammenhang zwischen der extremen Rechten und rassistischer Gewalt ein: »Das antifaschistische Magazin *Searchlight* veröffentlichte kürzlich eine Liste von über 400 Gewaltangriffen von faschistischen Mitgliedern und ihren Sympthisanten in den letzten zehn Jahren. Diese Liste enthält 12 Morde, vierzehnmal bewiesener illegaler Besitz von Waffen, viele Verurteilungen wegen Bombenanschlägen, Brandstiftungen und bewaffnetem Raub und über 60 ernsthaften Angriffen auf Menschen ... Aber die Aktivitäten der Faschisten gegen Schwarze sind nicht nur auf einzelne kriminelle Handlungen beschränkt. Es gibt genügend Beweise für rassistische Beleidigung auf organisierter Basis.«

Beim Blick auf die Hintergründe und den Zusammenhang von rassistischer Gewalt sieht Gordon klar: »Rassistische Angriffe und Belästigungen finden nicht in einem Vakuum statt, sondern in einem sozialen und politischen Zusammenhang, der mehr oder weniger unterstützend sein kann ... Als bei dem Feuer in New Cross 1981 13 schwarze Jugendliche ihr Leben verloren, brauchte die Premierministerin fünf Wochen, um einen Brief loszuschicken. Und selbst dieser Brief wurde nicht an die betroffenen Familien, sondern an einen örtlichen Gemeindearbeiter geschickt. Im Gegensatz dazu schickten die Königin und die Premierministerin sofort Sympathiemeldungen an diejenigen, die nach einem Feuer in einer Disco in Dublin – nur drei Wochen nach dem Feuer in New Cross – ihre Kinder verloren hatten.«

Eine Befragung, die im Oktober 1986 veröffentlicht wurde, ergab, daß neun von zehn Menschen in Großbritannien glauben, daß es Vorurteile gegenüber Asiaten und Schwarzen gibt. Zwei Drittel glauben, daß Schwarze und Asiaten bei der Beschäftigung diskriminiert werden. Mehr als ein Drittel gab zu, selbst rassische Vorurteile zu haben. Etwa 40 Prozent glaubten, daß es jetzt mehr Vorurteile als vor fünf Jahren gebe, und 40 Prozent waren der Auffassung, daß es in fünf Jahren mehr Vorurteile geben würde.

Regelmäßige Berichte finden sich im *Bulletin* des Runnymede Trust (178 North Gower Street, London NW 1 12 NB, Tel. 387 89 43) und im antifaschistischen Magazin *Searchlight* (37 B New Cavendish Street, London W 1 M 8 JR, Tel. 928 98 01). In der epd-Dokumentation Nr. 10/87 »In Großbritannien erfahren Schwarze und Asiaten Diskriminierung und Rassismus« wird die Situation ausführlich dargestellt.

Und in der Bundesrepublik?

Wer allerdings nach der Lektüre der obigen Schilderungen und weil es in der Bundesrepublik relativ wenige Schwarze gibt, meint, so etwas »könnte es bei uns nicht geben«, der/die sollte sich einerseits mit der Situation Schwarzer deutscher Nationalität beschäftigen (vgl. epd-Dokumentation Nr. 25/84, »Erfahrungen von Rassismus in der Bundesrepublik«) und andererseits besonders nicht die frühere (etwa ab 1978/79) wie zum Teil heutige Politik und Praxis gegenüber ausländischen Arbeitnehmern und ihren Familienangehörigen sowie gegenüber Asylsuchenden in der Bundesrepublik Deutschland vergessen. (Vgl. auch epd-Dokumentation Nr. 28a/87, »Zur Situation der extremen Rechten in sechs westlichen Nachbarländern«.) In deutschen Tageszeitungen, vor allem aber im *blick nach rechts* sind ähnliche Aktivitäten und Gewalttaten, wie oben über Großbritannien beschrieben, nachlesbar. Die folgenden dargestellten Aktivitäten stammen fast alle aus dem *blick nach rechts* von 1986 oder 1987. Die Orte mit Wandschmierereien gegen Ausländer sind zahllos. Einige Beispiele:

»Ausländerfeindliche und Hakenkreuz-Schmierereien machen die Stadt Grevenbroich mittlerweile zu einer Bastion neonazistischer Umtriebe. Offen wird für die ›Wiking-Jugend‹ geworben, und es gründete sich eine ›Grevenbroicher Heimat-Initiative gegen Überfremdung und Kommunismus‹.«

»Auf dem Bahnsteig der Haltestelle Bonn-Oberkassel war tagelang der mit Schablone aufgesprühte Spruch ›Tod den Türken fürs Vaterland‹ zu lesen.«

»In der Nacht zum 1. August sprühten Unbekannte in Sachsenheim bei Ludwigsburg auf etwa 20 Schaufensterscheiben und an Häuserfassaden Hetzschriften wie: ›Türkentod löst Wohnungsnot... Siehst Du einen Türken, mußt Du ihn erwürgen, hast Du ihn erwürgt, hat er ausgetürkt‹.«

Dazu sind verstärkt auch Schmierereien gegen jüdische Einrichtungen festzustellen:

»Unbekannte Täter haben in Wiesbaden die Seitenwände des Eingangs des Gemeindezentrums der Jüdischen Gemeinde mit NS-Parolen und Hakenkreuzen beschmiert.«

Aber auch Drohbriefe und andere Aktivitäten gegen Ausländer sind immer wieder festzustellen, zum Beispiel:

»In Elmshorn erhielten sämtliche im Telefonverzeichnis aufgeführten türkischen Familien Drohbriefe, in denen sie aufgefordert wurden, die Stadt bis zum 1. März 1987 zu verlassen: ›Wenn Sie dieser Aufforderung nicht nachkommen, sehen wir uns gezwungen, Sie durch eine Sondereinheit zu vernichten‹.«

»Eine Stuttgarter Rentnerin schrieb seit 1978 Dutzende von anonymen Drohbriefen an Ausländer.«

»Ein Stuttgarter Versicherungsmakler wurde wegen Beleidigung verurteilt. Er pries sich in seinem Briefkopf an als ›Der nationaldeutsche Versicherungsmakler, der weder Ausländer noch Juden versichert – im Kampf für ein ausländerfreies Deutschland‹.«

»Das häßliche Bild der Ausländerhetze erhält seine Vervollständigung in Lokalverboten für Türken, wie zum Beispiel in Hanau, München und Hetzbach im Odenwald. Im letzteren Fall hatte der Wirt vor seiner Gaststätte ein Schild aufgehängt, auf dem stand: ›Türken dürfen dieses Lokal nicht betreten‹. Das zuständige Oberlandesgericht Frankfurt sprach den Gastwirt vom Vorwurf der Volksverhetzung frei, da es sich nach gerichtlicher Auffassung lediglich um ›... eine bloße Diskriminierung der in der Bundesrepublik Deutschland lebenden Türken‹ handele.«

»Der Bürgermeister von Vilshofen, R. Kiewitz, wandte sich in einem Interview mit der *Passauer Aktuellen Zeitung* gegen die Integration von Asylbewerbern und schlug statt dessen vor, diese zu ›konzentrieren‹. Kurz vorher schon hatte Kiewitz die CSU-Frauen gewarnt: ›Heute geben wir den Asylanten Fahrräder und morgen irgendwelche Töchter.‹«

In der Zeit von Dezember 1986 bis März 1987 berichtete die Presse von mindestens 14 Brandanschlägen, vor allem auf Asylbewerber-Unterkünfte, aber auch auf ein Wohnheim von Ausländern, ein überwiegend von ausländischen Jugendlichen benutztes Jugendzentrum und ein vorwiegend von Ausländern bewohntes Haus. Auch die Überfälle und Übergriffe sind so zahlreich, daß hier nur einige Beispiele angeführt werden können:

»Drei betrunkene Polizeibeamte wurden zu Geldstrafen verurteilt, da sie in Bonn grundlos drei Türken beschimpft und niedergeschlagen hatten.«

»Eine Gruppe von Jugendlichen überfiel in Ludwigsburg zwei Türken und verletzte sie erheblich.«

»Zwei 20jährige Frauen aus Düsseldorf überfielen einen 45jährigen Türken in einem Wohnheim für Arbeiter und verletzten ihn durch Messerstiche schwer.«

»In Ahrensburg bei Hamburg wurde ein etwa 25jähriger Asiate in der S-Bahn von fünf Jugendlichen zu Boden geschlagen und mit Schlägen traktiert. Weitere zehn Jugendliche bildeten einen Kreis und sahen den Mißhandlungen ebenso wie vorbeikommende Passanten teilnahmslos zu.«

»Am Ostersamstag überfiel eine rechtsradikale Rockergruppe ein Lokal in Neuwied, in dem die Angehörigen des ›Türkischen Kulturvereins Bosporus‹ saßen, und verletzten dabei zwei Türken schwer.«

»In Hamburg wurde ein 29jähriger Türke von drei Jugendlichen zusammengeschlagen und zusammengetreten. Dann erschlugen sie ihn mit einer 95 Kilo schweren Betonplatte.«

»Im U-Bahnhof Billstedt in Hamburg überfielen drei rechtsradikale Jugendliche den 20jährigen Türken Mustafa A., der mit Messerstichen schwer verletzt wurde. In der Nacht zuvor hatten Skinheads in Farmsen einen jungen Türken in der U-Bahn-Station niedergeschlagen.«

»Ein Schüler aus Gelsenkirchen, der in seiner Schule einen Aufkleber mit ›Ich mag meine ausländischen Mitbürger‹ angebracht hatte, wurde vor seinem Haus von drei Rechtsradikalen niedergeschlagen und mit einem Messerstich in den Bauch verletzt. Die Täter drohten ihm, er solle seine Aktivitäten einstellen, sonst würde ihm Schlimmeres passieren.«

In Tübingen mußte ein Asylbewerber nach einem Ladendiebstahl sterben, nachdem ein dort beschäftigter Lehrling vor vielen Leuten ihn mindestens zehn Minuten in den »Schwitzkasten« genommen hatte.

Ebenfalls zahllos sind die Überfälle durch Skinheads und Fußballfans auf Ausländer.

Schule des Rassismus

Die folgenden Thesen stammen von einem Europäer, der als Pfarrer einer deutschsprachigen Gemeinde zeitweise in Afrika gelebt und dort in der Gemeinde das Problem des Rassismus bearbeitet hat. Sie beziehen sich deshalb auf das Verhältnis von Europäern zu Afrikanern in afrikanischen Ländern. Doch lassen sich die dort benannten Phänomene des Rassismus in seinen wesentlichen Zügen auch auf das Verhältnis von Inländern zu ethnischen Minderheiten in europäischen Ländern übertragen.

Rassismus ist eine Geisteshaltung, die bei uns im europäischen Gebiet seit über 200 Jahren auch in wissenschaftlich verbrämter Form auftritt. Dadurch konnte der Rassismus aber erst zu einem Massenphänomen werden, da diese Geisteshaltung nun auch wissenschaftlich legitimiert war. Seit Generationen hat sich der Rassismus als »Überlegenheitsgefühl« gegenüber anderen Völkern und Gruppen in der jeweils konkreten gesellschaftlichen Situation ausgedrückt. Durch die Erfahrungen des Nationalsozialismus ist ein offenes Bekenntnis zum Rassismus weitgehend verpönt. Dies führte zu folgenden Konsequenzen:

● Auch rechtsextreme und an sich rassistische Gruppen bekennen sich nicht mehr ohne weiteres offen zum »Rassismus«. Durch die Suche nach neuen theoretischen Konstruktionen und Begriffen wird versucht, zu begründen, warum ein gleichberechtigtes Miteinander von verschiedenen Kulturen nicht möglich sei. So wird vom »Ethnopluralismus« – also von der Vielfalt der Völker – gesprochen, die es zu erhalten gilt. Und zu erhalten ist die Vielfalt nur, wenn jedes Volk in seinem eigenständigen Lebensraum in Einklang mit seinem kulturspezifischen Erbe und seiner Gegebenheit lebt. Dies bedeutet letztendlich Apartheid unter Beibehaltung der derzeitigen Herrschaftsverhältnisse – also Überlegenheit der wirtschaftlich potenten mitteleuropäischen Völker gegenüber Völkern der europäischen Hemisphäre und Völkern anderer Hautfarbe.

● Die Ablehnung von Angehörigen anderer Völker, Nationen wird von dem Einzelnen im Regelfall nicht offen »rassistisch« begründet, sondern
– mit der Angst vor »Überfremdung«,
– mit wirtschaftlichen Sorgen,
– mit der »Andersartigkeit«, die mit unserem gesellschaftlichen Leben nicht zu vereinbaren sei.

All diese Argumente lassen sich aber auf das eigene (kulturelle und/oder wirtschaftliche) Überlegenheitsgefühl gegenüber Angehörigen anderer ethnischer Gruppen zurückführen, welches letztendlich wieder rassistisch begründet ist. In Zeiten politischer oder wirtschaftlicher Krisen läßt sich dieses Gefühl schnell mobilisieren und gegen Angehörige anderer Volksgruppen richten, wie zum Beispiel besonders die Asyldiskussion bei uns in den letzten Jahren gezeigt hat.

Der Unterschied zu der Situation in Afrika, auf die sich die Thesen beziehen, ist, daß sich dort die Europäer selbst als Angehörige einer Minderheit gegenüber der Mehrheit der Afrikaner überlegen fühlen. Dies zeigt aber nur, wie ausgeprägt und tief verwurzelt die rassistische Einstellung gegenüber anderen Völkern und Hautfarben in der europäischen Kultur ist. Gerade deshalb ist es wichtig, daß wir uns mit diesen Fragen auseinandersetzen, damit wir dem nichtrassistischen Erbe unserer europäischen Kultur (vgl. zum Beispiel die Widerstandsbewegungen in ganz Europa gegenüber faschistischen, nationalsozialistischen Gesellschaftssystemen in verschiedenen Ländern Europas) zum Durchbruch verhelfen können.

Thesen

1. Rassismus ist die Haltung einer Gruppe von Menschen, die andere Menschen als minderwertig betrachtet. Dabei werden phänotypische Unterschiede (Hautfarbe, Gesichtsform) und volksmäßig-kulturelle Unterschiede unterschiedlich stark bewertet (Deutsche – Schwarzafrikaner; Deutsche – Türken).
2. Die Haltung der Überlegenheit ist kulturbedingt.
3. Das Erleben der Überlegenheit ist das Primäre. Die Deutung des Unterschiedes als rassistisch ist sekundär. Die Theorien der Unterschiedlichkeit der Rassen sind selbst Produkte einer spezifischen kulturellen Entwicklung.
4. Die Deutung des kulturbedingten Unterschiedes als rassenbedingt, damit biologisch vorgegeben, liegt deshalb nahe, weil man damit die eigene kulturelle Prägung als vorgegeben ansehen kann und deshalb weder selbst verantworten noch in Frage stellen muß.
5. Im allgemeinen Sprachgebrauch der Europäer in Lagos ist Rassismus der Begriff, auf den die Erfahrung der Überlegenheit und die damit verbundene Einschätzung der Afrikaner als minderwertig gebracht wird. Man benutzt das Wort »Rassismus« allerdings nur hinter der vorgehaltenen Hand. Die gemeingesellschaftliche negative Wertung des Begriffs aufgrund seiner Bedeutung im »Dritten Reich« wirkt nach.
6. Von den »Auswüchsen« des »Dritten Reiches« sich zu distanzieren, ist gesellschaftskonform. Aber man hat keinen anderen Begriff als »Rassismus«, um die Haltung gegenüber Afrikanern auszudrücken.
7. Rassistisches Reagieren auf Begegnungen mit Afrikanern ist für den Durchschnittseuropäer Normalverhalten.
8. Wer nicht, aus welchem Ansatz immer, gesellschaftskritisch sensibilisiert ist, reagiert hier zwangsläufig rassistisch.
9. Gesellschaftskonformes Verhalten in Europa führt notwendig zu rassistischem Verhalten in Afrika. (Am schlimmsten und tragischsten trifft das auf die enttäuschten Idealisten zu.)
10. Rassistisches Verhalten ist angelegt in der gesellschaftlich-kulturellen Prägung in Europa. In der Begegnungssituation mit Afrikanern kommt es zwangsläufig zum Ausbruch.
11. Der von der Wirtschaft her diktierte gesellschaftlich-kulturelle Rahmen ist das Beziehungsfeld der Identitätsfindung des Europäers. Man definiert sich selbst von der Leistung

her, primär im Beruf, sekundär im Familien- und Freizeitbereich, die auf das Berufliche bezogen ist.

12. Die Beziehung zu Afrikanern ist für den Europäer im primären und sekundären Bereich von der Wirtschaft diktiert.

13. Die von der Diktatur der Wirtschaft abgeleitete Wachstumsideologie hat die kolonialistischen, idealistischen, nationalistischen und imperialistischen Spielarten der Überlegenheits- und Sendungsideologen abgelöst (und darin den idealistischen Kern des Fortschrittsglaubens bewahrt), deren Triebkräfte immer wirtschaftliche Interessen waren.

14. In den Betrieben wie im Geschäftsverkehr werden europäische Maßstäbe angelegt. (Daß sie meist nicht einzuhalten sind, wird als das »Afrikanische« angesehen). Nicht nur in der Betriebshierarchie erlebt sich der Europäer (meist als Vorgesetzter) überlegen, sondern die Strukturen sind europäisch. Sie sind für Afrikaner (nicht nur technisch, sondern auch sozial) fremd. Ein Afrikaner ist immer in der schwächsten Position.

15. Wer sich nicht auf afrikanische Strukturen einläßt, erlebt Afrikaner nie von ihrer starken Seite.

16. Es besteht beim Durchschnittseuropäer kein Interesse, sich auf afrikanische Strukturen einzulassen (es sei denn – eingeschränkt – im Geschäftsleben), das heißt Afrikaner wirklich kennenzulernen.

17. Jeder, der in Afrika nach europäischem Standard lebt (auch bei gewissen Einschränkungen), reagiert rassistisch. Allein die Bedürfnisse des europäischen Wohnens und Lebens aufrechtzuerhalten, führt zum Überlegenheitsgefühl gegenüber Afrikanern (Hausangestellte).

18. Im Freizeitbereich will der Europäer sich nach seinen Bedürfnissen erholen. Afrikanische Umwelt wird dabei nur distanziert als Kulisse oder in Dienstbotenfunktionen wahrgenommen.

19. Der Durchschnittseuropäer hat keine Basis der menschlichen Gemeinsamkeit mit Afrikanern zur Verfügung und hat auch kein Interesse, eine solche zu entwickeln. In dem für ihn vorgesehenen und von ihm nicht durchbrochenen Schema erlebt er nichts anderes als seine Überlegenheit.

20. Seine Identitifizierung mit den europäischen Strukturen erlaubt ihm nicht, Afrikaner als anders, fremd ihm gegenüber, zu akzeptieren, sondern zwingt ihn, das andere als minderwertig anzusehen.

Die Thesen stammen von Pfarrer Johannes Hummel, in: Mitteilungen aus Ökumene und Auslandsarbeit, Nr. 1/2 – 1987, hrsg. vom Kirchenamt der EKD, Hauptabteilung III, der einleitende Text von Peter Ruf, Stuttgart

Argumente gegen Vorurteile

Was man bedenken sollte: Die folgenden Argumente wurden bereits für das erste Aktionshandbuch dem Heft 6 »Ausländer, Argumente gegen alltägliche Vorurteile« vom Verein für Friedenspädagogik in Tübingen (Bachgasse 22, 7400 Tübingen, Tel. 0 70 71/44 01) entnommen und inzwischen aktualisiert. Das heißt, sie wurden von den Daten her auf den neuesten Stand gebracht, und es wurden dabei Rückmeldungen über den Einsatz der Argumente in Schulen berücksichtigt. Selbstverständlich können die Argumente für Informationsblätter, für Info-Stände, für die eigene Gruppe, für Eltern, Freunde, Verwandte und Kollegen am Arbeitsplatz, für die Arbeit in der Gemeinde, im Jugendhaus und so weiter übernommen werden.

Da Zahlen und Fakten oft bereits innerhalb eines Jahres inaktuell und ungültig werden können, hierzu die folgende Anregung: Auf Meldungen in der örtlichen/regionalen Presse achten, sie – wenn nötig – hinterfragen, Zahlen aktualisieren, das heißt, nicht mit veralteten Daten agieren, sich selbst zum Beispiel um Zahlen bei Behörden und um Aussagen (zum Beispiel von Lehrern) bemühen.

Zahlreiche der heutigen Zahlen belegen, daß Ausländer beispielsweise manche Sozialleistungen in geringerem Umfang in Anspruch nehmen. Aufgrund der häufig langen Aufenthaltsdauer ist eine Änderung solcher Fakten durchaus denkbar, so daß die Deutschen nicht länger davon »profitieren« können. Solch eine veränderte Situation sollte eigentlich das Verhältnis zwischen Ausländern und Deutschen nicht beeinträchtigen beziehungsweise verändern, schon gar nicht in der Hinsicht, daß »der Mohr seine Schuldigkeit getan hat und nun gehen soll«.

Zahlen und Fakten können diejenigen, die Vorurteile und eine Ablehnung gegen Ausländer hegen, selten vom Gegenteil überzeugen. Deren emotionale Ablehnung kommt aber erst dann zutage, wenn sich ihre in Argumente gekleideten Vorurteile beim näheren Hinsehen hinsichtlich der Datenlage als falsch erweisen. Wenn man ihre Argumente nicht widerlegen könnte, hätten diese Leute dann etwa Recht? Eine Antwort wäre dann die Frage nach dem Umgang mit Minderheiten und deren Menschenrechten.

Wichtig ist bei solchen Diskussionen auch, daß man von dem Datenvergleich beziehungsweise Gegeneinanderaufrechnen wegkommt, zum Beispiel indem man darauf hinweist, daß solche Diskussionen dem sozialstaatlichen Denken unwürdig sind.

Die Daten und Fakten in den folgenden Argumenten sollen nichts beschönigen, keine verteidigende Haltung einnehmen wie etwa: »Schaut, die Ausländer sind doch nicht ganz so schlimm, wie ihr meint!« Vielmehr sollen sie zeigen, daß diejenigen, die angeblich so viele Fakten gegen die Anwesenheit von Ausländern benutzen, daß diejenigen, die diese falschen Daten laufend anwenden, etwas anderes meinen, was sie nicht sagen wollen beziehungsweise manchmal können, und daß die, die diese falschen Zahlen bewußt einsetzen, ein bestimmtes Ziel haben, und zwar sicher nicht das des (gewiß nicht konfliktfreien) Zusammenlebens von ausländischen Minderheiten und Deutschen. Wer beispielsweise meint, daß es zu viele Ausländer in der Bundesrepublik gibt, läßt sich von dem geringen Prozentanteil der Ausländer an der Gesamtbevölkerung nicht irritieren, da im Grunde für ihn jeder Ausländer ein Ausländer zuviel ist.

»Ausländer nehmen uns die Wohnung weg«

Tatsache ist:
- Die Wohnungsnot trifft Deutsche wie Ausländer gleichermaßen, besonders Familien mit Kindern. Deshalb ist die Erhaltung beziehungsweise Erweiterung preiswerten Wohnraums für Deutsche und Ausländer wichtig. Daran besteht bei Ausländern wie Deutschen ein gemeinsames Interesse, das in Zusammenarbeit münden kann.
- Besonders in Großstädten hat sich gezeigt, daß die Zuwanderung der Ausländer in der Regel nach der Vertreibung angestammter Mieter durch die Hausbesitzer erfolgte, deren Renditeberechnung sich durch die erwartete Umnutzung der innenstadtnahen Gebiete ändert.

Die Konzentration von ausländischen Familien in Innenstadtgebieten (nahe den Ballungszentren der Industrie) hängt mit der schlechten Infrastruktur (Spielplätze, Kindergärten, Grünflächen ...) und dem schlechten Zustand der Wohnungen in diesen Gebieten zusammen. Viele deutsche Familien verließen aus diesem Grund die Innenstadtbezirke.
● Wohnungsstichproben haben ergeben, daß viele ausländische Haushalte in Altbauten, in Wohnungen ohne Sammelheizung, ohne Bad und WC in der Wohnung, leben, deren allgemeiner Wohnstandard als mangelhaft ausgestattet angesehen werden muß. Ausländer wollen verständlicherweise bessere Wohnungen, auch wenn sie dafür höhere Mieten zahlen müssen.
● Weiterhin wird von ausländischen Familien durch das Ausländergesetz und Verwaltungsvorschriften der Nachweis von Mindestwohnfläche und ausreichender Bausubstanz verlangt, um in der Bundesrepublik leben beziehungsweise um Nachzugsberechtigte nachholen zu können. Nicht wenige Deutsche erfüllen diese Anforderung nicht.
● Aus von der Bundesregierung veröffentlichten Statistiken über die Verfahren wegen überhöhter Mieten nach dem Wirtschaftsstrafgesetz geht hervor, daß in der Mehrheit der bekannt gewordenen Fälle überhöhter Mietforderungen Ausländer betroffen sind.
Es ist unverständlich, wenn heute Ausländern vorgehalten wird, daß sie »Wohnungen wegnehmen«, obwohl ihnen vor nicht allzu langer Zeit vorgeworfen wurde, daß sie ja nicht anders leben wollten (als in schlechten Wohnungen). Vorurteil paradox?
● ...

»Ausländer belasten den Sozialstaat«

Tatsache ist:
● Damit wird auch hier eine Diskussion gefordert, die sozialstaatlichem Denken eigentlich unwürdig ist.
● Die Sozialleistungen werden aus dem Steueraufkommen bezahlt, zu dem die ausländische Bevölkerung aufgrund ihres Anteils an den Erwerbstätigen pro Kopf einen höheren Beitrag bezahlt als die deutsche Bevölkerung. Der Sozialhaushalt wird durch die ausländische Bevölkerung weniger in Anspruch genommen als durch die deutsche, da von der Anwerbung Alte

und Kranke ausgeschlossen waren und somit nur Kerngesunde nach Deutschland kamen, von denen inzwischen ein Teil, wie bei den deutschen Industriearbeitern, krank und erwerbsunfähig ist. Auch die Krankenversicherung wird von Ausländern nicht stärker als von Deutschen belastet.
● Pro Kopf der deutschen Bevölkerung wurde 1974 das 17fache an Sozialhilfe bezahlt wie für die ausländische Bevölkerung. Die inzwischen geänderten Relationen gehen ganz überwiegend auf Asylbewerber, die nicht arbeiten dürfen und von Sozialhilfe leben müssen, sowie auf arbeitslos gewordene Ausländer zurück.
● Zur Zeit werden etwa 8 bis 10 Milliarden DM von ausländischen Arbeitnehmern in die gesetzliche Rentenversicherung eingezahlt. Da sie aufgrund ihres Alters bisher nur relativ wenig Leistungen daraus erhielten, »haben die Ausländer insgesamt in den vergangenen 30 Jahren wesentlich zur Stabilität der Rentenversicherung beigetragen. Und das gilt auch heute noch« (Bericht der Beauftragten der Bundesregierung, September 1986).
● ...

»Ausländer nehmen uns die Arbeitsplätze weg«

Tatsache ist:
● Zum Zeitpunkt der ersten Anwerbung gab es im Februar 1956 in der Bundesrepublik 1,98 Millionen arbeitslose Deutsche. Die seit Jahren bestehenden beschäftigungspolitischen Probleme sind nicht auf die Anwesenheit ausländischer Arbeitnehmer zurückzuführen, sondern auf den starken Rationalisierungsdruck und die strukturellen Schwierigkeiten einzelner Branchen. Wer die Öffentlichkeit glauben machen will, daß die Ursache der Arbeitslosigkeit in der Beschäftigung von ausländischen Arbeitnehmern zu suchen ist, sagt entweder die Unwahrheit oder versteht nichts von der Problematik.
● In vielen Wirtschaftszweigen und dort vor allem in bestimmten Produktionsbereichen sind vorwiegend Ausländer beschäftigt. Ohne sie würden diese Betriebe nicht arbeiten können. Davon wären dann auch zahlreiche Zuliefererbetriebe betroffen. Dies gilt zum Beispiel für den Bergbau unter Tage, die Automobilindustrie, den Hoch- und Tiefbau und die Gießereien und Schmieden.

● Die Arbeitslosigkeit in der Bundesrepublik ist regional sehr unterschiedlich. Viele Arbeitslose sind nicht zu einem Ortswechsel bereit oder in der Lage (Wohnung oder Haus, Schulbesuch oder Berufsausbildung der Kinder, Beruf des Ehepartners, Freundeskreis und so weiter). Ein Viertel der Arbeitslosen ist über 40 Jahre alt, und ein Viertel hat gesundheitliche Einschränkungen. Frauen finden kaum (Teilzeit-)Arbeitsplätze.
● Häufig stellt sich bei einem Vergleich von Arbeitslosenquoten und Ausländerbeschäftigung heraus, daß die allgemeine Arbeitslosigkeit bei niedrigem Ausländeranteil größer ist als in Gebieten mit hoher Ausländerbeschäftigung und umgekehrt. Dies ergab zum Beispiel eine DGB-Analyse von 1986. Wer die Zahl der deutschen Arbeitslosen durch einen Abbau ausländischer Arbeitnehmer verringern will, müßte unter Umständen sowohl zu Zwangsmaßnahmen zur Rückkehr der ausländischen Familien als auch zur Zwangseinweisung deutscher Arbeitsloser auf frei werdende Arbeitsplätze (in Schicht, Akkord und am Fließband) greifen.
● Mit dem Exportieren von Arbeitslosigkeit in andere Länder ist das Problem der Arbeitslosigkeit nicht zu lösen. Was wir tun müssen, ist, daß Deutsche und Ausländer gemeinsam gegen die eigentlichen Ursachen der Arbeitslosigkeit vorgehen und erreichen, daß die vorhandene Arbeit auf alle verteilt wird.
● ...

»Ausländer sollen doch zurückgehen«

Tatsache ist:
● Aufgrund der Freizügigkeitsregelungen innerhalb der EG könnten selbst viele bereits zurückgekehrte Ausländer wieder in die Bundesrepublik kommen und hier bleiben, wenn sie einen Arbeitsplatz finden.
● Die wirtschaftlichen Bedingungen in Ländern wie Italien, Griechenland, Portugal, Spanien und der Türkei erschweren eine Rückkehr.
● Zahlreiche, gerade von der Bundesrepublik aus durchgeführte Untersuchungen sowie Erfahrungsberichte von Beratungszentren für Rückkehrer in einzelnen Ländern sind sich darin einig, daß das Scheitern von Rückkehrern meist vorprogrammiert ist. Wegen Wohnungs- und Arbeitsproblemen, der Schule für die Kinder, der ungleichen regionalen Entwicklung und der großen Schwierigkeit, sich nach zehn bis zwanzig Jah-

ren in der Bundesrepublik wieder im Herkunftsland einzugewöhnen, zumal, wenn die Kinder dort nicht geboren sind.
● Bisherige Rückkehr-»Hilfen«, die die verunsicherten Migranten in Versuchung führten, waren kein Geschenk des Aufnahmelandes, sondern der Versuch, zu erreichen, daß Migranten auf erarbeitete soziale und andere Ansprüche und Rechte größtenteils verzichteten und Hals über Kopf ins Herkunftsland zurückkehrten.
● In der Öffentlichkeit wird auch immer wieder die Tatsache verdrängt, daß sehr viele ausländische Arbeitnehmer und ihre Familien das Bundesgebiet Jahr für Jahr verlassen, seit 1974 jährlich über 360 000.
● Wir müssen diejenigen, die zurückkehren wollen, auffordern, dies erst zu tun, wenn sie sich genügend über die Bedingungen im Herkunftsland informiert haben und sich ihrer Zukunft (Arbeits-, Schul- und Ausbildungsmöglichkeiten, Wohnung, soziale Absicherung) absolut sicher sind.
● ...

»Es gibt zu viele Ausländer und sie überfremden uns«

Tatsache ist:
● Häufig wird die Meinung vertreten, die Bundesrepublik sei überbevölkert, werde bald »platzen« oder »explodieren«. Die Statistik zeigt aber, daß trotz gestiegener Ausländerzahlen die Gesamtbevölkerung – Deutsche und Ausländer – seit 1969 fast gleichbleibend zwischen 61 und 62 Millionen liegt.
● Die Zahl der Geburten bei Ausländern ist seit 1980 stetig (um etwa ein Drittel auf zirka 54 000 1985) zurückgegangen, bei den Deutschen lediglich um 5 Prozent auf zirka 586 000.
● Niemand hat uns »überflutet«. Vielmehr hat die deutsche Wirtschaft die ausländischen Arbeiter aus wirtschaftlicher Notwendigkeit ins Land geholt (um ihre Arbeitsdefizite auszugleichen).
● Da EG-Bürger aufgrund der Freizügigkeit eine Art Daueraufenthaltsrecht in jedem Mitgliedsstaat der EG – also auch in der Bundesrepublik – besitzen, kann eine bestimmte Zahl der Ausländer (zur Zeit etwa ein Drittel) sowieso nicht reduziert werden, ja, sie könnte sich im Gegenteil ohne weiteres beträchtlich erhöhen. Der EWG-Vertrag von 1957 proklamiert die Gleichstellung aller Bürger der Mitgliedsstaaten bezüglich

ihrer rechtlich normierten Handlungschancen in der Wirtschaft und verbietet zu Recht jede Diskriminierung aus Gründen der Staatsangehörigkeit.
● Für eine sogenannte Belastungsgrenze gibt es keinerlei wissenschaftliche Erkenntnisse. Da lassen sich Politiker leider mehr von ihren Gefühlen leiten, obwohl sie doch kaum mit Ausländern zusammenwohnen...
● Durch Worte wie »Überfremdung«, »ungezügelter Zustrom von Ausländern«, »Zeitbombe« haben Medien, nationalistische Gruppen und Politiker gegenüber Ausländern eine ablehnende Stimmung in der deutschen Bevölkerung erzeugt. Wer von einem brechenden Damm, von über uns hinwegstürzenden Fluten spricht, weckt und schürt eine unterschwellige Angst vor der plötzlichen Landnahme, vor räuberischen, feindseligen Menschenmassen.
● Von Überfremdung könnte man – wenn überhaupt – doch wohl nur dann sprechen, wenn in Politik, Wirtschaft, Kirche und Kultur mehr Ausländer als Deutsche in leitenden Positionen wären. Im Bundesgebiet lebten 1985 zum Beispiel 92,9 Prozent Deutsche, 0,5 Prozent Griechen, 0,9 Prozent Italiener und 1,0 Prozent Jugoslawen sowie 2,3 Prozent Türken.
● Zahlreiche Umfragen haben ergeben: Eine große Zahl von Deutschen, die Vorbehalte und Ängste gegenüber Ausländern besitzen, haben mit Ausländern keinen oder kaum persönlichen Kontakt. Viele von ihnen schätzen sich selbst aber als »informiert« ein.
● In der Geschichte gibt es zahlreiche Beispiele dafür, wie besonders in Zeiten wirtschaftlicher Krisen diejenigen Stimmen lauter wurden, die die Schuldigen unter den Minderheiten der Bevölkerung und nicht selten unter Fremden und ethnischen Minderheiten suchten. Im Deutschen Reich waren dies unter anderem die Zigeuner, Juden, in der Weimarer Republik außerdem die Polen. Man fühlte sich durch diese Menschen bedroht in der eigenen Kultur, in der eigenen Identität. (Nicht selten spielten auch Ängste vor einer »Rassenvermischung« mit »minderwertigem Blut« eine Rolle.)
● Überfremdungsängste gegenüber anderen und die Propaganda, einer exklusiven Rasse anzugehören, die Abwertung anderer Völker und Menschen und die Überheblichkeit des eigenen Volkes haben uns in diesem Jahrhundert schon zweimal in eine Katastrophe geführt. (Das deutsche Volk hat wahrlich keinen Nachholbedarf an Fremdenhaß und nationaler

Überheblichkeit, sondern wohl umgekehrt an Gastfreundschaft, Völkerverständigung, Toleranz, Offenheit und Begegnung im Zusammenleben aller hier lebenden Menschen.)
● ...

»Ausländer sind krimineller als Deutsche«

Tatsache ist (unter Zugrundelegung der vom Bundeskriminalamt herausgegebenen polizeilichen Kriminalstatistik 1985):
● Die angeblich höhere Kriminalität von Ausländern wird besonders von Neonazis, Deutschnationalen und nicht unbekannten Politikern immer wieder in der Öffentlichkeit propagiert. Verschiedene Auswertungen von Presseberichten ergaben einen überdurchschnittlich hohen Anteil von Zeitungsartikeln über kriminelle Handlungen von Ausländern. Dadurch wird beim Leser der nachweislich falsche Eindruck erweckt, daß Ausländer im Vergleich zur deutschen Bevölkerung krimineller seien.
● »Rein mathematisch« ist zwar die Kriminalität bei Ausländern größer als bei der deutschen Bevölkerung. Über 26 Prozent der »nichtdeutschen Tatverdächtigen« waren 1985 jedoch nicht als Ausländer in der Bevölkerungsstatistik erfaßt, wie zum Beispiel Soldaten und Angehörige der Stationierungskräfte, Touristen, Durchreisende und illegal sich im Bundesgebiet aufhaltende Ausländer.
● Bestimmte Delikte können fast nur von Ausländern begangen werden (Verstöße gegen Einreise- und Aufenthaltsbestimmungen des Ausländergesetzes), die 1985 fast 22 Prozent der nichtdeutschen Tatverdächtigen betrafen.
● Da die veröffentlichten Statistiken Tatverdächtigenstatistiken sind, gehen alle Personen, die nach dem Erkenntnisstand der Polizei einer Tat verdächtigt werden, in diese Statistik ein. Gerade bei Ausländern ist die Zahl der rechtskräftig Verurteilten wesentlich geringer als die Zahl der Tatverdächtigen.
● Die strukturelle Zusammensetzung der ausländischen Wohnbevölkerung unterscheidet sich wesentlich von der deutschen. Sowohl bei Deutschen als auch bei Ausländern ist die Kriminalitätsbelastung bei der Gruppe der männlichen Erwachsenen unter 40 Jahren am höchsten. In dieser Altersgruppe sind Ausländer deutlich überrepräsentiert, andererseits stehen den etwa zwölf Millionen Deutschen über 60 Jahre sehr wenige Aus-

länder in diesem Alter mit der statistisch geringsten Delinquenzbelastung gegenüber. Zur Berechnung der Kriminalitätsbelastung wird jedoch immer die Gesamtbevölkerungszahl herangezogen, was zu Verzerrungen zuungunsten der Ausländer führt.

Bei den Nationalitäten, denen die ausländischen Arbeitnehmer vor allem angehören, ist der Anteil Tatverdächtiger geringer als ihr Anteil an der ausländischen Wohnbevölkerung. Beispielsweise betrug der Anteil von Türken 1985 in der Tatverdächtigenstatistik von Nichtdeutschen 26,3 Prozent, ihr Anteil an der nichtdeutschen Wohnbevölkerung lag höher, bei 32,0 Prozent.

Die Situation von Ausländern in anderen europäischen Staaten

Gerade in Fragen der Migration, der Arbeitskräftewanderung, ist es wichtig, über den eigenen Tellerrand zu gucken, sich die internationalen Aspekte bewußt zu machen. Sonst besteht leicht die Gefahr der »Kleinstaaterei«, wie sie Mitte des 19. Jahrhunderts die deutschen Lande prägte. Von anderen Ländern und Staaten läßt sich gerade bezüglich einer Minderheiten-Politik (zum Beispiel in den Niederlanden) viel lernen, von anderen auch (zum Beispiel Großbritannien), und wenn es nur darum geht zu wissen, wie man es nicht machen sollte! Im Interesse der Mehrheit wie der Minderheiten.

Niederlande

Seit den frühen sechziger Jahren warben die Niederlande Arbeiter aus den Mittelmeerländern, vor allem aus den europäischen wie Spanien, Italien und Griechenland, später auch aus der Türkei und Marokko, an.

Ende 1986 lebten nach der offiziellen Statistik etwa 552 500 Ausländer in den Niederlanden. 135 000 kamen aus EG-Ländern (davon 17 800 aus Italien, 19 000 aus Spanien, 7 500 aus Portugal, 3 800 aus Griechenland), 11 700 aus Jugoslawien, 156 400 aus der Türkei, 116 400 aus Marokko, 2 600 aus Tunesien und 600 aus Algerien. 1986 lebten 81 700 Nichteuropäer in den Niederlanden. Ungefähr 3,8 Prozent der Gesamtbevölkerung der Niederlande haben ihren Ursprung außerhalb des Landes.

Mit der legalen Migration ist unvermeidlich die illegale verbunden. Ihre Höhe wird auf 20 000 Menschen geschätzt.

1975 wurde die Anwerbung von Arbeitnehmern aus den Mittelmeerländern gestoppt, die Familienzusammenführung begann und ist heute fast vollendet. Eine Rückkehr findet heutzutage praktisch nicht statt. Die meisten Ausländer haben sich entschieden, in den Niederlanden zu bleiben. Die Zukunftsaussichten in ihren Herkunftsländern sind nicht besser geworden als zu der Zeit, in der sie sich entschieden, in die Niederlande zu gehen.

Aus diesem Grunde hat sich auch die offizielle Regierungspolitik verändert. Startpunkte sind nicht länger die Ideen, daß die Niederlande kein Einwanderungsland sind oder daß die Ausländer zurückkehren werden, sondern die Tatsache des Daueraufenthalts einiger hunderttausend Menschen aus dem Ausland mit ihren Familien.

Neben den angeworbenen Ausländern gibt es noch jene, die aus den ehemaligen Kolonien stammen. In den fünfziger Jahren kamen etwa 300 000 Einwanderer aus dem heutigen Indonesien und in den siebziger Jahren etwa 120 000 aus Surinam und von den Antillen. Die meisten von ihnen (90 Prozent) besitzen die holländische Staatsangehörigkeit. Die Erstgenannten sind so gut wie ganz in die holländische Gesellschaft integriert. Insgesamt beträgt die Zahl der Einwohner von nicht-holländischem Ursprung etwa acht Prozent der Gesamtbevölkerung.

Die holländische Gesetzgebung kennt für Ausländer kein Grundrecht auf Aufenthalt in den Niederlanden, wohl aber ist im Gesetz eine unbefristete Niederlassungserlaubnis vorgesehen, die nach fünfjährigem Aufenthalt verliehen werden kann und die auch gewährt wird, wenn kein Vergehen gegen die öffentliche Ordnung vorliegt und ein »geregeltes Arbeitsleben« nachgewiesen wird.

Nach zehn Jahren kann die Niederlassungserlaubnis nur aufgrund »ernsthafter Störungen der öffentlichen Ordnung« verweigert werden. Bis jetzt wird die gewünschte Genehmigung in der Praxis auch gewährt. Neben dieser Genehmigung gibt es die gesetzliche zeitweilige Aufenthaltserlaubnis (zum Beispiel für Studenten, aber auch für ausländische Arbeitnehmer). Sie ist maximal ein Jahr lang gültig und an den Zweck des Aufenthaltes gekoppelt. Entfällt dieser Zweck, entfällt auch die Aufenthaltserlaubnis.

Diejenigen, die ihre Familien (Kinder bis 21 Jahre) nachkommen lassen wollen, müssen folgende Bedingungen erfüllen: Erstens müssen angemessene Wohnmöglichkeiten vorhanden sein (die jeweiligen Beamten interpretieren dies), zweitens muß man mindestens ein Jahr in den Niederlanden gearbeitet haben, mit der Aussicht auf ein weiteres Jahr Arbeit, wobei ein regelmäßiges Einkommen nachzuweisen ist, das mindestens dem Mindestlohn von Jugendlichen entspricht.

Die Ausländergesetzgebung ist insgesamt recht undurchsichtig und nicht sehr »wasserdicht«. In der Praxis ist leichte Willkür nicht ausgeschlossen. Für Türken und Marokkaner gibt es übrigens die Visumpflicht (seit 1980 beziehungsweise 1983).

Im allgemeinen muß festgestellt werden, daß die ungerechte Einkommensverteilung in der niederländischen Gesellschaft, die Spaltung in Arbeitende und in Abhängige von Sozialhilfe auch die Toleranz der Niederländer vermindert. Das bekommen in erster Linie ausländische Arbeitnehmer und die farbige Bevölkerung zu spüren, die nicht aus westeuropäischen Ländern oder aus den USA kommen. Von öffentlichem, tiefsitzendem und weitverbreitetem Rassismus kann aber noch nicht die Rede sein.

Die schlechten Wohnungen und die unzureichende soziale Versorgung in vielen Teilen größerer Städte können auch ein Nährboden für Rassismus sein, denn sie beeinflussen zwischenmenschliche Beziehungen erheblich. Da auch viele Ausländer aufgrund des Wohnungsangebots in diesen Vierteln leben müssen, sind sie von den sich verschlechternden Beziehungen betroffen.

Diskriminierung im täglichen Leben kommt häufiger vor. Die amtlichen Stellen tragen ihren Teil dazu bei. Das Gesetz »Arbeit für ausländische Arbeitnehmer« (zum Beispiel Vorrang von EG-Ausländern vor anderen Ausländern) ist ein Beispiel dafür. In der niederländischen Gesetzgebung gibt es ungefähr 1.500 Paragraphen, die sich auf die eine oder andere Art und Weise diskriminierend auf die Einwohner aus dem Ausland auswirken.

Von Anfang an hat es andererseits auch Aktivitäten gegeben, die die Verbesserung der Situation ausländischer Arbeitnehmer zum Ziel hatten. Eine beachtliche Rolle spielen diesbezüglich in den letzten zehn Jahren die progressiven Selbstorganisationen, wie der KMAN (marokkanisch) und auch die in LSOBA vereinigten Verbände. Gesellschaftliche Organisationen scheinen allmählich verstanden zu haben, daß sie sich ihrer Verantwortung in dieser Angelegenheit nicht entziehen können, während freiwillige Helfer in diesem Aufgabenbereich noch immer ganz unentbehrlich sind.

Im Laufe der Jahre wurden viele Aktionen unternommen, damit Aufenthaltsgenehmigungen erhalten oder behalten werden konnten. In vielen Orten boten Kirchen illegalisierten Arbeitnehmern ihre Gebäude als Unterschlupf an. Die Aktionen führten zu großem Engagement in diesen Fragen. Für viele bedeutete es die erste Konfrontation mit Problemen ausländischer Arbeitnehmer. Und nicht selten kam es vor, daß sich aus solchen Aktionen heraus Arbeitsgruppen bildeten, die sich auch um andere Probleme als die Aufenthaltserlaubnis kümmerten.

Der Niederländische Kirchenrat hat sich öffentlich für die Einwanderer in den Niederlanden stark gemacht und sich zum Beispiel massiv für bessere Lebensbedingungen, für das Wahlrecht, gegen unterschiedliche Kindergeldhöhen und so weiter eingesetzt. Ein umfassender Ansatz gegenüber allen die Ausländer betreffenden Problemen wurden von den niederländischen Kirchen unternommen, als sie vor einigen Jahren das Programm des »Pluriformen Zusammenlebens« begannen.

Progressive Selbstorganisationen, Rechtshilfebüros und Wohlfahrtsverbände stecken viel Zeit in den sozial-juristischen Beistand von Ausländern, was wiederum zu regelmäßigen Protesten gegen neue beschränkende amtliche Maßnahmen und zu Vorschlägen für eine andere Gesetzgebung führt. In Altstadt-Wohnvierteln werden Beziehungen zwischen einheimischen und hinzugezogenen ausländischen Bewohnern aufgebaut. Antifaschistische Komitees werden gegründet, Programme zur Bewußtwerdung von Rassismus begannen. Die Situation in den Herkunftsländern bleibt nicht unbeachtet. Die verschlechterten sozialen und politischen Verhältnisse in Marokko und der Türkei führen zu demonstrativen Zusammenkünften, bei denen auch Gewerkschaften und politische Parteien nicht fehlen. Ende 1986 fand in Utrecht eine große Veranstaltung mit mehr als 12.000 Menschen – Ausländer wie Niederländer – statt, bei der gegen Pläne zur Verschärfung der Legitimationsvorschriften demonstriert wurde. Dieser Protest hatte Erfolg, denn die Regierung zog ihre Pläne zurück.

Bei Betriebsschließungen spielen Ausländer in zunehmendem Maße eine Rolle bei den Aktivitäten zur Erhaltung ihrer Arbeitsplätze.

Und schließlich: Da die Ausländer sich für längere Zeit in den Niederlanden niederzulassen scheinen, legen sie mit immer mehr Nachdruck Wert auf ihre eigene Identität. Sie entfalten Aktivitäten auf dem Erziehungs-, dem kulturellen und dem religiösen Gebiet, um einerseits dem Assimilationsdruck zu entkommen, andererseits aber auch der Kontrolle der (oft) diktatorischen Regierungen ihrer Herkunftsländer.

Adressen der genannten Selbstorganisationen
LSOBA, Postbus 693, NL-3500 AR Utrecht
KMAN, Ferdinand Bolstraat 39, NL-1072 LB Amsterdam

Jan Niessen, Moderator, und Daan B. van Heere, Sekretär der Arbeitsgruppe »Zusammenleben mit ausländischen Arbeitnehmern« des Niederländischen Kirchenrates

Vor etwa fünf Jahren richtete der Niederländische Kirchenrat die Arbeitsgruppe »Pluriformes Zusammenleben« ein. Diese Gruppe besteht zu 50 Prozent aus Migranten und zu 50 Prozent aus Niederländern. Es wurde eine Analyse der Situation von Mehrheit und Minderheiten in den Niederlanden erstellt und darauf aufbauend ein Aktionsplan für die Gemeinden entworfen. Die Arbeitsgruppe erstellte einen fast hundertseitigen Bericht, der als Basis für künftige Aktionen und Aktivitäten auf der regionalen Ebene zusammen mit Migranten dienen soll; außerdem werden weitere Broschüren über Aktivitäten, über örtliche Politik und Migrationsfragen, über Kirchen und Asylsuchende sowie über die Liturgie erstellt.

Die Arbeitsgruppe gibt seit 1985 dreimal jährlich ein Bulletin für Kontakte mit Minderheiten heraus, das unter dem Namen »Zum Beispiel« an 600 örtliche und regionale Kontaktadressen und Aktionsgruppen gesandt wird. Dies ist eine Informationsschrift für Menschen und Arbeitsgruppen, die sich für ein besseres Zusammenleben von Menschen verschiedener ethnischer Herkunft einsetzen. »Zum Beispiel« will ein Austausch von Erfahrungen und Ideen zwischen Gruppen und Menschen zustande bringen.

Kontaktadresse: Bijvoorbeeld, Postbus 19, NL-3970 AA Driebergen, Tel. 03438-20 42 7

Frankreich

In Frankreich leben etwa vier Millionen Ausländer. Die Zahl der illegalen Arbeiter wird auf 200 000 bis 400 000 geschätzt.

Die jetzige Situation ist ohne den Regierungswechsel vom Frühjahr 1986 nicht erklärbar. Im Gesetz vom 9. September 1986 über Eintritts- und Aufenthaltsrecht zeigt sich der Einfluß der rechtsextremen Partei »Front National«.

Das am 29. Oktober 1981 von der sozialistischen Regierung zum gleichen Thema verabschiedete Gesetz wie auch das vorgenannte Gesetz vertreten drei Grundideen:
- Kontrollierter Eintritt,
- Stabilisierung der regulär etablierten ausländischen Bevölkerung,
- Kampf den Illegalen durch Abschiebung.

Grenzkontrolle: Seit Anfang 1987 besteht ein allgemeiner Visumzwang, von dem nur die Angehörigen der Mitgliedsstaaten der EG und der Schweiz ausgeschlossen sind. Ein Dekret vom Juli 1987 betrifft die finanziellen Mittel und räumt der Grenzpolizei ausdrücklich das Recht ein, abzuschätzen, ob die ausgewiesenen Mittel den Bedürfnissen entsprechen.

Stabilisierung: Am 17. Juli 1984 verabschiedete die Nationalversammlung einstimmig das Gesetz zur Einführung der Zehnjahreskarte, die die freie Wahl von Wohnort und Arbeit zuläßt und automatisch erneuerbar ist. Diese Karte war nicht zuletzt durch einen im Spätherbst 1983 durch ganz Frankreich gehenden Marsch erreicht worden. Jugendliche der zweiten Generation aus Lyon waren die treibende Kraft, am Anfang vor allem von der *Cimade* unterstützt, aber dann dehnte sich die Bewegung so weit aus, daß sich am 3. Dezember 1983 300 000 Personen zur Schlußmanifestation in Paris einfanden.

Das Anrecht auf die Zehnjahreskarte besteht nach dreijährigem regulärem Aufenthalt. Der Lebensunterhalt muß allerdings nachweisbar gesichert sein, und die betroffene Person darf die öffentliche Ordnung nicht bedrohen.

Daneben gibt es noch die einjährige »temporäre« Aufenthaltsbewilligung, die zwar eventuell auch eine Arbeitskarte einschließt, die vor allem an Leute ausgegeben wird, die nicht auf dem Arbeitsmarkt erscheinen (Studenten, Rentner und so weiter).

Der Einwanderungsstopp für Arbeitskräfte ist seit 1974 in Kraft.

Abschiebungsverfahren: Von 1981 bis 1986 handelte es sich um einen gerichtlichen Bescheid, der meistens auch ein Landesverbot von einem Jahr einschloß. Der Richter hatte außerdem die Möglichkeit, eine Buße auszusprechen. Seit dem 9. September 1986 kann die Abschiebung erneut auch nur vom Regierungsvertreter in jedem Departement ausgesprochen werden. Gegen beide Entscheidungen kann ein Gericht angerufen werden, ohne damit eine aufschiebende Wirkung des Verfahrens zu erreichen. Seit 1981 ist das Prinzip im Gesetz verankert, daß Leute während der Zeit, die die Administration braucht, um die von der zuständigen Behörde beschlossene Abschiebung durchzuführen, aber höchstens während sechs Tagen, die von einem Richter ausdrücklich bewilligt werden müssen, in einem sogenannten Beherbergungszentrum zurückgehalten werden können. Falls die Abschiebung nicht innerhalb der gesetzlich verankerten Frist durchgeführt werden kann, erfolgt die Freilassung. Das Problem bleibt!

Die *Cimade* hat im November 1984 eine offizielle Mission angenommen, in den Beherbergungszentren den abzuschiebenden Ausländern bestmöglichst beizustehen. Dies umfaßt soziale wie auch rechtliche Hilfe.

An Strafen können für illegalen Aufenthalt eine Haft von bis zu einem Jahr, eine Geldbuße bis zu 20 000 Francs und ein Landesverbot bis zu drei Jahren verhängt werden.

Die Ausweisung von Ausländern mit gültigen Aufenthaltspapieren, die die »öffentliche Ordnung bedrohen«, das heißt, die zu einer Gefängnisstrafe von mindestens sechs Monaten ohne Bewährung oder einem Jahr mit Bewährung verurteilt worden sind, ist eine rein administrative Angelegenheit. Das Innenministerium ist allein zuständig, auch wenn die Ausweisungskommission, die sich darüber aussprechen muß, von einem Richter geleitet wird. Sie hat nur einen konsultativen Status. Von 1981 bis 1986 war ihre Meinung bindend für alle, jetzt nur noch für Minderjährige.

Bei »besonders schwerer Bedrohung der öffentlichen Ordnung« kann jeder Ausländer mit regulären Aufenthaltspapieren in einem Dringlichkeitsverfahren ohne jegliche Verteidigungsmöglichkeit ausgewiesen werden. Dieses Verfahren wird meistens für politische Belange gebraucht, besonders für Leute mit vermuteten Sympathien zu Gruppen im Bereich des (inter)nationalen Terrorismus. Das Innenministerium versucht, das Dringlichkeitsverfahren auch dann anzuwenden, wo der Richter bei schweren Straftaten für die geschützten Gruppen kein Landesverbot ausgesprochen hat. Mehr und mehr Stimmen erheben sich heute dagegen. Manchmal kommt es vor, daß genügend starke Proteste eine Entscheidung rückgängig machen können, wie zum Beispiel Anfang 1987 im Falle von 13 in Opposition zur Chadli-Regierung stehenden Algeriern, die nach Algerien ausgewiesen werden sollten.

Eine Ausweisung kann jederzeit vom Innenministerium rückgängig gemacht werden. Der Staatspräsident hat nur für Strafen, die vom Gericht ausgesprochen sind, die Möglichkeit, jemanden zu begnadigen.

Staatsbürgerschaft: Jedes Kind ausländischer Eltern, die selbst auf französischem Gebiet geboren sind (das heißt also zum Beispiel Kinder algerischer Eltern, die vor dem 1. Januar 1963 – Stichtag der Unabhängigkeit Algeriens – im französischen Algerien geboren worden sind), ist von Geburt an Franzose. Jedes Kind, das in Frankreich geboren worden ist und nicht vor seiner Volljährigkeit (zwischen dem 16. und 18. Lebensjahr) ausdrücklich auf die französische Nationalität verzichtet hat, ist Franzose. Es muß auch die letzten fünf Jahre vor seinem 18. Lebensjahr in Frankreich gelebt haben.

Vor Erreichen des 18. Lebensjahres kann jederzeit nur von einem Elternteil oder vom Vormund eine »Erklärung zur französischen Nationalität« beim zuständigen Gerichtshof eingegeben werden. Einzige Bedingung: Der für das Kind verantwortliche Eingeber erfüllt eine Grundbestimmung zum Erhalt der französischen Nationalität, nämlich fünf Jahre rechtmäßigen Landesaufenthalt. Mit dem im Frühjahr 1986 stattgefundenen Regierungswechsel und dem starken Einfluß der rechtsextremen »Front National«, die ihren Erfolg nicht zuletzt dem Proklamieren einer Anti-Ausländerpolitik zuschreiben kann, steht eine Änderung des Gesetzes zum Erhalten der französischen Nationalität in der Diskussion. Es soll nicht mehr beim Erreichen der Volljährigkeit geschehen, sondern auf Anfrage hin erteilt werden, was natürlich die Möglichkeit gibt, Anträge zurückzuweisen. Der Weg zur Diskriminierung steht also offen. Die automatische Zuteilung der Nationalität kann bereits nach den jetzigen Bestimmungen bei schwerer Kriminalität wieder rückgängig gemacht oder verweigert werden. Es steht also viel mehr auf dem Spiel.

Im übrigen kann die französische Staatsbürgerschaft auch von Ausländern von über 18 Jahren erhalten werden, wenn außer des obligatorischen Aufenthaltes von fünf Jahren auch die Assimilation, die Moral, die finanziellen Mittel als genügend anerkannt worden sind. Umstände wie »Homogenisierung einer Familie« (Eltern und Geschwister eines französischen Kind) oder Reintegration in die französische Staatsbürgerschaft, zum Beispiel für Algerier, die bis 1963 Franzosen waren, können ein Ersuchen beschleunigen.

Familienzusammenführung: Ausländische Arbeiter, die eine Arbeitserlaubnis und eine Aufenthaltserlaubnis für mindestens ein Jahr besitzen, haben das Recht auf Familiennachzug. Kinder unter 18 (Bürger aus EG-Mitgliedsstaaten und für Mädchen aus Spanien und Portugal bis 21) Jahren haben die Erlaubnis, zu ihren Eltern nach Frankreich zu kommen, ebenso wie ihre Gatten, unter der Bedingung, daß der Einwanderer ein ausreichendes Einkommen nachweisen kann, um sie zu versorgen, und genügend Wohnraum vorhanden ist. Familienmitglieder besitzen das Recht, eine Arbeitserlaubnis zu erhalten, wenn sie einen Arbeitgeber finden und es die »Arbeitsmarktsituation« erlaubt«.

Seit Oktober 1984 muß das Gesuch im Herkunftsland eingereicht werden. Eine nachträgliche Regularisierung ist nicht mehr möglich, auch wenn alle sonstigen Bedingungen erfüllt sind.

Selbstorganisationen: Es gibt eine Anzahl von ausländischen Selbstorganisationen in Frankreich. 1973 bildeten die sieben größten von ihnen eine Art Koordinierungsgremium in dem »Haus der ausländischen Arbeiter« (MTI) mit dem Ziel, ein »Instrument (zu sein), daß den Aufbau von autonomen Selbstorganisationen vorantreibt«. Ein Gesetz vom 9. Oktober 1981 gibt Ausländern die Möglichkeit, Organisationen unter den gleichen Bedingungen wie Einheimische gründen zu können. Diese Liberalisierung hat sehr zur Festigung der Selbstorganisationen beigetragen. MTI wurde inzwischen zum CAIF: Komitee der Ausländerorganisationen in Frankreich. Die Zielsetzung ist politischer geworden, insbesondere auch durch Zusammenarbeit auf internationaler Ebene.

Anschrift: CAIF, 46, rue de Montreuil, 75011 Paris.

Solidaritätsgruppen und -organisationen: Es gibt verschiedene Organisationen in Frankreich, die für und mit Ausländern arbeiten, unter anderem:

● CIMADE (176, rue de Grenelle, 75007 Paris): Wichtigste Arbeitsbereiche sind die Verteidigung und Verbesserung der

Rechte für Ausländer, Eingliederung durch Förderung kultureller und wirtschaftlicher Aktionen sowie Arbeit mit Ausländern im Gefängnis und in den Abschiebungszentren.
● SOS Racisme (19, rue Martel, 75010 Paris) ist besonders aktiv im Kampf gegen Rassismus und bei der Förderung des Zusammenlebens der verschiedenen Kulturen.
● GIST (46, rue des Montreuil, 75011 Paris) bietet rechtliche Hilfe an und publiziert Analysen der Gesetze, die die Ausländer betreffen.

Selbstorganisationen und Solidaritätsgruppen/-organisationen haben sich in einem Kollektiv zusammengeschlossen, um gewisse Maßnahmen effektiver zu bekämpfen, wie zum Beispiel die angekündigte Änderung des Gesetzes zur Staatsbürgerschaft.

Marianne Hunziker, CIMADE, Paris

Schweiz

1986 wies die Schweiz eine ausländische Wohnbevölkerung von 946 296 Personen auf. Dies entspricht 14,6 Prozent der Gesamtbevölkerung, was im europäischen Vergleich sehr hoch ist. 741 108 oder 78 Prozent davon haben sich aufgrund ihrer langen Aufenthaltsdauer das Niederlassungsrecht erworben (sogenannte Kategorie C) und auch bei Arbeitsplatzverlust einen einigermaßen gesicherten Status. 205 188 sind Jahresaufenthalter (Kategorie B). Nicht unter die »Wohnbevölkerung« fallen für die offizielle schweizerische Statistik die 109 840 sogenannten Saisonarbeiter (Kategorie A) und die 119 755 Grenzgänger.

Die Schweiz unterscheidet verschiedene Kategorien von Ausländern, die auch rechtlich verschieden gestellt sind. Am problematischsten ist nach wie vor die Kategorie der Saisonniers. Sie dürfen neun Monate pro Jahr in der Schweiz leben und arbeiten und müssen das Land für die restliche Zeit verlassen. Ihre Familie dürfen sie nicht mitbringen, außer besuchsweise, und sie leben in der ständigen Unsicherheit, ob ihr Arbeitsvertrag im nächsten Jahr erneuert wird. Wenn sie den Arbeitgeber oder den Kanton wechseln wollen, braucht es eine besondere Bewilligung, was ihre Position im Arbeitsmarkt sehr verletzlich macht.

Ein Saisonnier, der während vier aufeinanderfolgenden Jahren für insgesamt *mindestens* 36 Monate in der Schweiz gearbeitet hat, kann einen Antrag stellen, in die Kategorie B umgeteilt zu werden. Nur die wenigsten schaffen es jedoch in der gesetzlichen Minimalzeit. Die Arithmetik der Behörden ist in den letzten Jahren immer rigider geworden, und heute wird um einzelne Tage gefeilscht: Wenn im vierten Berechnungsjahr auf die 36 Monate mehr als sieben fehlen, dann geht es wie beim Eile-mit-Weile-Spiel: Man darf's nicht einfach im folgenden Jahr noch einmal versuchen, sondern beginnt den ganzen Vierjahreszyklus von vorn.

Neben den erwähnten Kategorien gibt es aber auch eine nicht unerhebliche Zahl von illegalen Arbeitern. Die Schätzungen gehen weit auseinander und reichen von 30 000 bis 150 000.

Ebenfalls zur ständigen Wohnbevölkerung zählen die aufgenommenen Flüchtlinge. Die Hitze der öffentlichen Diskussion um die Asylproblematik könnte vermuten lassen, daß vor allem sie es sind, die für die schweizerische Ausländerproblematik verantwortlich sind. Dem ist aber nicht so, denn sie machen nur 0,5 Prozent der Schweizer Bevölkerung und 3,5 Prozent der ausländischen Wohnbevölkerung aus. Hinzu kommen allerdings Tausende, über deren Antrag auf Asyl noch nicht endgültig entschieden ist.

Wenn man von den Ausländern in der Schweiz spricht, dann ist zu beachten, daß jeder Kanton seine eigenen Verhältnisse hat, zum Teil auch seine eigenen Regelungen und Bestimmungen. Der Anteil der Ausländer an der Wohnbevölkerung variiert auch sehr stark. So erreicht er in Genf 30 Prozent und in den Kantonen Zürich, Basel-Stadt, Tessin, Waadt und Neuenburg zirka 20 Prozent, während es andererseits Kantone gibt (Uri, Obwalden, Nidwalden), die bloß um die 5 Prozent Ausländer aufweisen. In zwei Kantonen der welschen Schweiz haben die Ausländer das Stimm- und Wahlrecht, im Kanton Neuenburg bereits seit dem letzten Jahrhundert, während in den großen Kantonen der deutschen Schweiz diese Rechte nicht einmal für innerkirchliche Belange verwirklicht sind.

In den letzten Jahrzehnten hat es verschiedene Versuche gegeben, mittels Volksinitiativen die sogenannte Überfremdung der Schweiz auf drakonische Weise abzubauen. Diese Initiativen, deren berühmteste die »Schwarzenbach-Initiative« ist, wurden zwar regelmäßig, wenn auch oft knapp, abgelehnt. Sie haben aber doch die schweizerische Innenpolitik nachhaltig beeinflußt – und tun es heute noch. Eine sechste Überfremdungsinitiative ist eingereicht und kommt in einigen Jahren zur Abstimmung.

Die heutige Verhärtung in der schweizerischen Ausländer- und Asylpolitik muß als Versuch verstanden werden, bereits heute einer allfälligen Annahme der Initiative vorzubeugen. Auf solche und ähnliche Art sind Anliegen der extremen Rechten, die als solche in der politischen Szene wenig Anklang finden, in die Rhetorik der großen Parteien eingegangen und haben ihre Wirkung. Man will nicht selber der Wolf sein, man warnt ja bloß vor ihm ...

Abgelehnt wurden aber in den letzten Jahren auch zwei wichtige Versuche, die Rechte der Ausländer zu verbessern: Die »Mitenand-Initiative« (1981) und das als eine Art maßvoller Gegenvorschlag der Regierung konzipierte »Neue Ausländergesetz« (1982). Die Tatsache, daß das letztere aufgrund eines Referendums abgelehnt wurde, das von der Nationalen Aktion ergriffen worden war, gab der extremen Rechten in den folgenden Jahren politischen Auftrieb und dämpfte entschieden den Willen zur Veränderung, nicht zuletzt auch bei den Ausländern selbst.

Vor dem Hintergrund dieser ungelösten Probleme und des Scherbenhaufens aller möglichen Verbesserungs- und Verschlechterungsversuche ist auch die heutige Asyldiskussion zu sehen. Die Asylproblematik hätte nie zu dem Problem werden können, das sie heute ist, wenn die Ausländerfrage allgemein mit weniger Kurzsichtigkeit angegangen worden wäre. Die Asylsuchenden scheinen denn auch bestens geeignet, von diesen Zusammenhängen abzulenken, sind es doch die ersten Fremden, die wir nicht selber gerufen haben, sondern die uns einfach so »überfluten«.

Die offizielle Ausländerpolitik der Schweiz hat zwei Pfeiler. Der eine heißt »Stabilisierung« und macht viel von sich reden: Mit allen möglichen Mitteln – nicht zuletzt auch mit statistischer Kosmetik – soll der weiteren Überfremdung Einhalt geboten werden. Der andere Pfeiler wäre die »Integration«. Hier geschieht viel weniger. Daß Integration nicht in halbherzigen Assimilationshilfen bestehen kann, wird zwar anerkannt. Wenn die Bemühungen weiter reichen sollen, dann darf aber Integration nicht einfach zum Problem und zur Aufgabe der Ausländer erklärt werden, sondern muß zu einer Herausforderung an die nationale Identität auch der Schweizer selber werden: Wie verstehen wir uns als Angehörige einer Gesellschaft, die in kultureller Hinsicht zunehmend vielfältig ist? Sich dieser Aufgabe bewußt zu sein, würde dem Fremden in der schweizerischen Gesellschaft bereits mehr Raum geben. Es ist zu hoffen, daß man vermehrt aus der Tatsache wird lernen können, daß bereits die herkömmliche Schweiz in kultureller, politischer und wirtschaftlicher Sicht keineswegs homogen war.

In verschiedenen Städten der Schweiz gibt es Kontaktstellen für Ausländer, Räume, wo sie sich zusammen mit Schweizern treffen, ihre Probleme diskutieren und in konkreten Fragen Rat holen können.

Auch die Kirchen setzen sich aktiv für die Rechte der Ausländer ein. Die römisch-katholische Kirche hat in den verschiedenen Teilen der Schweiz Ausländerpriester und veranstaltet einmal im Jahr, zum Teil zusammen mit protestantischen Kantonalkirchen, einen Ausländertag. Die Arbeit einzelner Ausländerpriester reicht weit über den engeren Rahmen der Pastoration hinaus.

Der Evangelische Kirchenbund (SEK) hat eine eigene Kommission für Migrationsfragen, und in der deutschen und welschen Schweiz gibt es ebenfalls entsprechende Gruppierungen. Das Grundanliegen ist dabei überall, die Bevölkerung auf ihre gemeinsamen Interessen mit den Ausländern aufmerksam zu machen und sie für deren Probleme zu sensibilisieren. Das geschieht zum einen durch Broschüren und Flugblätter, zum anderen durch verschiedene lokale Initiativen und Veranstaltungen. In den letzten Jahren erweist es sich zunehmend als notwendig, dabei der neuartigen Komplexität der Migrationsfrage Rechnung zu tragen, das heißt der Tatsache, daß sich heute ökonomische und politische Motive zur Migration zunehmend vermischen. Der Vorstand des SEK und der Konferenz der römisch-katholischen Bischöfe der Schweiz haben 1985 »Die sieben Thesen der Kirchen zur Ausländerpolitik« herausgegeben (Bern und Sitten, 2. Auflage mit überarbeitetem Kommentar), zu beziehen bei: Schweizerischer Evangelischer Kirchenbund, Sulgenauweg 26, CH-3007 Bern (für 1 Sfr.).

Hans Rudolf Schär, Migrationssekretär des Schweizerischen Evangelischen Kirchenbundes, Bern

Die Bundesrepublik, eine »Gemeinschaft der Gemeinschaften«: Konkrete Utopien für die neunziger Jahre

1995 warf der Fraktionsvorsitzende der CDU im Gemeinderat der Stadt Wolfsburg, Alboreto – der Sohn eines Mitte der fünfziger Jahre angeworbenen italienischen Arbeiters – dem dortigen Automobil-Konzern vor, entgegen den gesetzlichen Bestimmungen immer noch Arbeitnehmer ausländischer Herkunft bei Einstellungen zu benachteiligen. Dies stimmt mit der Meinung des DGB-Vorsitzenden überein, der einige Wochen lang als Arbeiter verkleidet in einem rheinischen Stahlwerk gearbeitet hatte und dabei feststellen mußte, daß sich die dortigen Zustände für Arbeiter aus der Minderheitenbevölkerung trotz der zahlreichen politischen und gesetzlichen Veränderungen der vergangenen Jahre noch nicht wesentlich gebessert hatten.

Im Herbst des gleichen Jahres war eine der ersten Amtshandlungen des neuen Münchener Oberbürgermeisters Demin, wie üblich das erste Bierfaß beim Oktoberfest anzustechen. Im gleichen Jahr hatte der Bundeskanzler zum zweiten Mal nach 1990 in vom Fernsehen und von den Rundfunkanstalten übertragenen Aufrufen die ethnischen Minderheiten ausländischer Herkunft in der Bundesrepublik aufgefordert, sich am politischen Geschehen zu beteiligen und ihre Stimme bei den Kommunalwahlen abzugeben. Dabei hatte der Bundeskanzler die einzelnen Minderheitengruppen in ihrer jeweiligen Herkunftssprache, also zum Beispiel italienisch, türkisch, serbo-kroatisch, griechisch und so weiter angesprochen. Diese Aufrufe stießen auf eine sehr positive Resonanz bei den Minderheitengruppen wie auch bei der deutschen Bevölkerung.

Weitere Meldungen dieses Jahres waren unter anderem: Bundesinnenministerin Papadaki, eine Griechin der zweiten Generation, die vom Bundeskanzler als Zeichen des guten Willens gegenüber der eingewanderten Minderheitenbevölkerung berufen worden war, konnte gleichzeitig erste Erfolge des seit nunmehr fünf Jahren gültigen Niederlassungsgesetzes für Ausländer nennen.

Der Vorsitzende des Rates der EKD und der Vorsitzende der Katholischen Deutschen Bischofskonferenz besuchten gemein-
- sam und offiziell während der letzten »Woche der ausländi-

schen Mitbürger«, die nun nicht mehr nötig war, eine Moschee und wandten sich mit kurzen Grußworten an die anwesenden türkischen Muslime in deren Muttersprache.

Sie können sich dies gar nicht vorstellen? Oder Sie finden es gar schrecklich? Warum denn? Demin fühlt sich als Bayer türkischer Abstammung, und viele seiner Verwandten stammen von den Türken ab, die bereits im 17. Jahrhundert in München lebten, als der Ausländeranteil dort bei 15 Prozent (in Berlin bei 30 Prozent) lag. Auch Goethe hatte türkische Vorfahren. Das alte deutsche Volkslied »Kein Land kann schöner sein« stammt von einem Italiener, und die »deutsche« Marschmusik wurde von den türkischen Janitscharen in die preußische Armee eingeführt, wie auch der heutige alltägliche Kaffee durch den Kontakt mit dem Osmanischen Reich zu uns kam.

Im Laufe ihrer Entwicklung ist keine Gruppe der menschlichen Gesellschaft ohne Einfluß von außen geblieben. Dabei spielte interkultureller Austausch immer eine wichtige Rolle. Würde dieser eingestellt, bedeutete es zumeist eine gesellschaftliche Stagnation.

Ach so, Sie können sich nicht vorstellen, daß der Bundeskanzler sich in italienisch oder türkisch an die ethnischen Minderheiten wandte? Dies erscheint mir jedoch nicht sehr schwer, nachdem der christdemokratische Ministerpräsident der Niederlande es ihm bereits 1986 vorexerziert hatte und alle Parteien im Parlament in zwei Legislaturperioden für eine Verfassungsänderung zugunsten des Kommunalwahlrechts für Ausländer gestimmt hatten. Doch wir sind einen Schritt voraus. Lassen Sie uns einmal kurz verdeutlichen, wie es zu dieser Entwicklung kam. Dazu müssen wir zurückgehen in das Jahr 1989.

1. Der Bericht des Wissenschaftlichen Rates
In diesem Jahr legte der Wissenschaftliche Rat, dem neben einigen Professoren aus der Migrationsforschung auch Vertreter von Minderheitengruppen, die Kirchen, Wohlfahrtsverbände, Gewerkschaften und Parteien angehörten, der Regierung einen Bericht über die Lage der Minderheiten in der Bundesrepublik Deutschland vor. In diesem Bericht wurde übereinstimmend festgestellt: In der Bundesrepublik Deutschland hat eine Einwanderung stattgefunden und findet weiterhin statt. Diese Einwanderung vor allem aus den sogenannten Anwerbeländern war ökonomisch und politisch geduldet. Die damit gegebene ethnische, kulturelle und religiöse Pluralität hat unsere Gesell-

schaft dauerhaft und unumkehrbar verwandelt. Mehr als zwei Drittel aller Ausländer leben seit über acht Jahren in der Bundesrepublik. Das Bundesverwaltungsgericht hat bereits entschieden, daß immer dann eine Einwanderung vorliegt, wenn »die Niederlassung in einem anderen Staat eine gewisse Dauerhaftigkeit hat«. Von 1970 bis heute wurden über eine Million »ausländische« Kinder im Bundesgebiet geboren. Die meisten Ausländer haben inzwischen ihren familiären Lebensmittelpunkt in die Bundesrepublik gelegt. Bereits 1985 waren über neun Prozent aller verheirateten ausländischen Männer in der Bundesrepublik mit einer Deutschen und über acht Prozent der ausländischen Frauen mit einem deutschen Mann verheiratet. Dennoch leben diese Minderheiten in einer erheblichen Rechtsunsicherheit bezüglich ihrer Lebensplanung. Denn weiterhin gibt es zwei Arten von Verfassungen in diesem Lande: einmal das Grundrecht für deutsche Staatsbürger und zum anderen das Ausländerrecht für Nichtdeutsche. Trotz einer anderen Entwicklung ist die These der Umkehrbarkeit der stattgefundenen Einwanderungsprozesse bisher im Ausländergesetz festgeschrieben, was die Ausländer bei einer längerfristigen Einpassung in die bundesrepublikanische Lebenswelt behindert. Zu Menschen zweiter Klasse sind diese Minderheiten durch ihren Ausschluß von Wahlen gemacht, das heißt, etwa 17 Prozent der Arbeiter in der Bundesrepublik sind ohne Wahlstimme. Der Rat stellte darüber hinaus fest, daß aufgrund der Erfahrungen der vergangenen 30 Jahre wie auch der deutschen Geschichte und der internationalen Erfahrung die Integration der Bevölkerung nichtdeutscher, auch türkischer Herkunft kaum schwieriger sein dürfte als die Integration weiter Teile der deutschen jungen Generation.

2. Die Empfehlung des Wissenschaftlichen Rates
Er schlug deshalb eine Abkehr von dem die heutige und künftige Situation nicht mehr greifenden Ausländergesetz vor. Statt dessen sollten in der Bundesrepublik Gesetz, Recht und öffentliche Meinung die ethnischen Minderheiten nicht vor allem aufgrund ihres Nationalitätenpasses behandeln und beurteilen, sondern vielmehr im Hinblick auf ihre jeweilige Biographie. Deshalb sei es gerade besonders wichtig, den internationalen Aspekt von Wanderung und die zahlreichen Erfahrungen in anderen Ländern nicht zu übersehen, sondern voll zu berücksichtigen. Dazu gehört für den Wissenschaftlichen Rat, daß die

Europäische Gemeinschaft bereits die Freizügigkeit des Arbeitnehmers als ein Grundrecht geschaffen hat, das auch für die Familien gilt und für beide ein Recht auf Daueraufenthalt einschließt. Die EG-Regelungen stellen somit eine wesentliche Relativierung von bisher nur nationalstaatlich konzipierter Ausländerpolitik dar, da im Zuge der europäischen Einigung die nationalstaatliche Idee ihre Geltung als nahezu ausschließlicher Bezugsrahmen politischen Handelns verliert.

3. Die Maßnahmen einer neuen Minderheitenpolitik
Die Bundesregierung war mit diesem Bericht im großen und ganzen einverstanden. Es wurden Prioritäten festgelegt, und im Jahr darauf veröffentlichte die Regierung – entsprechend den Empfehlungen des Rates – den Plan einer Minderheitenpolitik. Alle Maßnahmen, die die einzelnen Ministerien zur Lösung des Minderheitenproblems treffen wollten, wurden darin aufgeführt. Die Minderheitenpolitik wurde damit zu einem wichtigen Teilbereich der bundesrepublikanischen Politik.

Aus Platzgründen können wir hier nur einige der wichtigsten eingeführten Maßnahmen erwähnen:

Als erstes erhielten die ethnischen Minderheiten mit einer bestimmten Aufenthaltsdauer ein Niederlassungsrecht, mit dem den Einwanderern und ihren Familienangehörigen Rechtsansprüche auf einen gesicherten Aufenthalt zustehen. Damit wurde das bisher gültige Ausländergesetz, das in seinen wesentlichen inhaltlichen Bestimmungen an die nationalsozialistische Ausländerpolizei-Verordnung von 1938 anknüpfte, wesentlich verändert. Die niederlassungsberechtigten Minderheiten wurden in allen Bereichen der öffentlich-rechtlich geregelten Erbringung von sozialen Leistungen und Diensten den Deutschen gleichgestellt. Um die bisherigen Benachteiligungen von Minderheitengruppen abzubauen, erhielten die Behörden die Auflage, die Angehörigen von Minderheitengruppen, die ihren gesetzlichen Wohnsitz in der Bundesrepublik haben, bei dem Erlaß von Gesetzen und Regelungen sowie bei der Durchführung von Maßnahmen möglichst so zu behandeln, als ob sie Deutsche seien. Dies bedeutet, daß dort, wo eine Bestimmung zwischen Bundesdeutschen und Nicht-Bundesdeutschen unterscheidet, diese Unterscheidung zu entfallen hat. Personen, die benachteiligt werden, müssen sachkundige Hilfe beanspruchen können, um auf ihre Benachteiligung hinzuweisen und geeignete rechtliche Schritte zu unternehmen. Die gesellschaftlichen Institutionen, die starken Einfluß auf die Verhältnisse in unserer Gesellschaft haben, müssen die Möglichkeit erhalten, mit Hilfe spezieller Programme die Verständigung zwischen den Bevölkerungsgruppen zu fördern.

a) Politische Mitsprache von Minderheiten: Die Regierung hält es für wichtig, daß die Minderheiten auf gesellschaftliche Ereignisse, von denen sie selbst betroffen sind, Einfluß nehmen können. Sie tritt daher dafür ein, daß sowohl auf kommunaler als auch auf nationaler Ebene Mitsprachemöglichkeiten geboten werden. Nach dem Willen der Regierung sollen Nicht-Bundesdeutsche, die die erforderlichen Voraussetzungen erfüllen, ab 1990 an den Gemeinderatswahlen teilnehmen können. Auf nationaler Ebene will die Regierung das Mitspracherecht der Minderheiten stärker institutionalisieren. Dabei tritt die Regierung für die baldige Schaffung eines Minderheitenrates ein, der sie auf Ersuchen und aus eigener Initiative in Fragen der Minderheitenpolitik berät. Der Staat wird dafür Sorge tragen, daß die Minderheiten bei der Vergabe knapper Mittel gerecht behandelt werden. Das zuständige Ministerium wie auch die Länderministerien und die Kommunen schaffen durch eine neue staatliche Regelung die Möglichkeit, die Aktivitäten örtlicher Minderheitenorganisationen zu unterstützen.

b) Gleichstellung auf dem Arbeitsmarkt und im sozialen Bereich: Zur gleichberechtigten Stellung und zu vollwertigen Entfaltungsmöglichkeiten der Minderheitengruppen trägt auch der Staat als größter Arbeitgeber bei. Eine neue gesetzliche Bestimmung trat in Kraft, die die Beschäftigung von Ausländern im öffentlichen Dienst regelt und diesen den Zugang zum öffentlichen Dienst soweit wie möglich öffnet. Daneben verlangt der Staat bei der Vergabe von Aufträgen an Dritte, daß Minderheiten entsprechend ihrem Anteil an der Bevölkerung berücksichtigt werden (so wie es bereits in Großbritannien praktiziert wird). Im Zuge der Verwirklichung einer multi-kulturellen Gesellschaft müssen die allgemeinen Maßnahmen und Instrumente auf sozialem und kulturellem Gebiet und im Bereich der Erholung stärker als bisher auf die Minderheiten abgestimmt werden. Sie dienten früher fast ausschließlich der einheimischen Bevölkerung. Auch ist es sehr wichtig, daß die Minderheitenpolitik die Gesellschaft als ganzes mit einbezieht. Durch Information, vor allem an den Schulen, und durch die Förderung sozialer Kontakte zwischen den Gruppen. Es wurde zum Beispiel gesagt, daß die allgemeinen Gesundheitseinrichtungen grundsätzlich für jedermann gleichermaßen zugänglich sein müssen. Dies läßt sich jedoch nur schwer realisieren, da es nach wie vor besonderer Maßnahmen bedarf, um die sprachlichen und kulturellen Barrieren abzubauen. Daher wurden sogenannte Gesundheitsberatungsstellen für Ausländer eingerichtet. Ihre Tätigkeit in den Bereichen Beratung, Information und Bildung kommt sowohl den Angehörigen der Minderheitengruppen selbst als auch dem Personal der Gesundheitseinrichtungen zugute. Eine besonders wichtige Rolle im Rahmen der Minderheitenpolitik spielen die öffentlichen Bibliotheken. Hier können sich die Angehörigen von Minderheitengruppen Bücher zur Unterhaltung und Bildung ausleihen und sich damit auch über die bundesdeutsche Gesellschaft orientieren. Die Bibliotheken können ausländischen Mitbürgern auch helfen, mit der Sprache und Kultur ihrer Heimat in Berührung zu bleiben.

c) Verbesserungen im Wohnbereich und Bekämpfung der Diskriminierung: Viele Angehörige von Minderheitengruppen haben sich in Stadtvierteln niedergelassen, deren ursprüngliche Bewohner weggezogen sind. Dadurch hat sich das Leben in diesen Vierteln in kurzer Zeit grundlegend geändert. Die Gemeindeverwaltungen stehen nun vor der Aufgabe, zur Beseitigung vorhandener Versorgungsdefizite eine Reihe von Maßnahmen durchzuführen, die allen in diesen Gebieten wohnenden Bevölkerungsgruppen zugute kommen. Da das Recht bei der Verhinderung und Bekämpfung von Diskriminierung eine wichtige Rolle spielt, hat die Regierung eine Reihe von Maßnahmen ergriffen, die eine Bekämpfung der Diskriminierung von Minderheiten erleichtern. Die Polizei erhielt neue Instruktionen über die Entgegennahme von Anzeigen. Die Staatsanwaltschaft wurde darüber informiert, daß die Regierung einer aktiven Fahndungs- und Strafverfolgungspolitik in diesem Bereich besondere Bedeutung beimißt. Eine unabhängige, überregional arbeitende Stelle wurde geschaffen, die den Opfern von Diskriminierung beratend zur Seite steht, die für die Schulung und Fortbildung der in der Rechtsberatung Tätigen und für den Aufbau eines überregionalen Rechtsberatungsnetzes sorgt, die den örtlichen Gruppen, die auf dem Gebiet der Bekämpfung der Diskriminierung tätig sind, als Anlaufstelle dient, die potentielle Opfer von Diskriminierung darüber informiert, wie sie sich gegen diskriminierende Verhaltensweisen zur Wehr setzen können, und die die Öffentlichkeit über Formen und Strukturen diskriminierenden Verhaltens aufklärt.

d) Eine neue Öffentlichkeitsarbeit: Darüber hinaus hat die Regierung gemeinsam mit den betreffenden gesellschaftlichen Organisationen ein Programm entwickelt, wie sie die Öffentlichkeit besser über die Lage der Minderheiten informieren kann. Damit ist es ihr in kurzer Zeit gelungen, ein gutes Verhältnis zwischen den unterschiedlichen Bevölkerungsgruppen zu fördern. Im Bereich der Kunst, im Rundfunk und Fernsehen sowie im Unterrichtswesen finden die Kulturen der in der Bundesrepublik lebenden Minderheiten nun entsprechende Berücksichtigung. Die Rundfunkanstalten haben eine Neuverteilung der Sendezeit zugunsten solcher Programme vorgenommen, die sich mit den Problemen der Minderheiten befassen und an deren Gestaltung die Minderheiten selbst beteiligt sind. Zusätzliche Sendezeit wurde zur Verfügung gestellt, um Bildungsprogramme für Minderheiten auszustrahlen.

e) Regierungsvorstellungen zur multikulturellen Gesellschaft: Wissenschaftlicher Rat und Bundesregierung verwandten »multikulturelle Gesellschaft« als Synonym für eine Gesellschaft, die aus Menschen verschiedenster ethnischer, nationaler, sprachlicher, religiöser, weltanschaulicher, sozialer und politischer Herkunft besteht. Dabei ist die Aufzählung möglicher Verschiedenheiten noch nicht vollständig. Es geht um die durch die Migration in der Welt seit eh und je und heute in besonderem Maße erfolgende Zusammenführung von Menschen unterschiedlicher Herkunft. Unter dem Zusammenleben wird verstanden: einander helfen, von- und miteinander lernen, miteinander feiern, gemeinsam eine Zukunft aufbauen. Der Ökumenische Rat der Kirchen nannte dies früher schon »Gemeinschaft der Gemeinschaften«.

Regierung und Wissenschaftlicher Rat vertreten nun die folgende Linie:

Wir sollten nicht unsere Ängste, der eigenen Tradition entwurzelt zu werden, zum Ausgangspunkt unserer gegenseitigen Beziehungen machen. Als Mehrheit sollen wir nicht fürchten, den kleineren Partner aufzuwerten und eine Konkurrenz heranzuzüchten. Als Minderheit sollten wir nicht fürchten, an die Wand gedrückt zu werden. Es wird in der Öffentlichkeit und in der Gesellschaft immer wieder der Eindruck vermittelt, daß allgemeinen Gesetzmäßigkeiten zufolge der einzelne sich an dem Denken und Handeln der Mehrheit anzupassen habe. Bestärkt wird ein solches Denken durch ein formalistisches Demokratieverständnis, nach dem Recht, Wahrheit und Richtigkeit einer Politik weitgehend am Kriterium der Quantität in der Zustimmung gemessen wird. Wo aber im menschlichen Bereich Großes und Kleines zusammenkommen, kann die Würde des Menschen auf beiden Seiten nur gewahrt bleiben, wenn der Größere dem Kleineren entgegenkommt. Konkret bedeutet dies für das gesellschaftliche Zusammenleben von Ausländern und Inländern, daß den nationalen Minderheiten in dieser Gesellschaft von den mehrheitlich Einheimischen ein Lebensrecht zugebilligt und der ihnen für ihre Identifizierung notwendig erscheinende Freiraum gelassen wird. Im Zusammenhang mit der multikulturellen Gesellschaft stehen wir heute vor der Frage, ob es nicht für das Wort »Ausländer« auch ein neues, ein positiv besetztes Wort für die seit Jahren in der Bundesrepublik lebenden Menschen geben könnte. Eigentlich kann man nach so vielen Jahren des Miteinanders nicht mehr von »dem Ausländer« sprechen, der gerade eine Grenze überschritten hat.

4. Schlußbemerkungen
Manche mögen das Ganze für eine Utopie halten. Jedoch entsprechen die Feststellungen des Wissenschaftlichen Rates im großen und ganzen der Meinung der Kirchen, der Organisationen der ethnischen Minderheiten, der Wohlfahrtsverbände, der Gewerkschaften, der Migrationsforschung und verschiedener Parteien in der Bundesrepublik. Auch die aufgeführten Maßnahmen würden von den meisten dieser Institutionen und Organisationen ganz oder teilweise mitgetragen.

Diese Maßnahmen sind fast wortwörtlich dem Katalog der Minderheitenpolitik der niederländischen Regierung (Innenministerium) von 1983 entnommen und auf die Bundesrepublik übertragen worden. Also doch keine Utopie, sondern konkrete Politik? Warum sollte dies eigentlich nicht auch in der Bundesrepublik gelingen?!

Aktionen von Ausländern und Deutschen

Was können wir allein oder gemeinsam mit Ausländern gegen Ausländerfeindlichkeit tun?

Die hier aufgeführten Vorschläge für Jugendgruppen, Initiativgruppen und Einzelpersonen sollen nur als Anregung dienen. Sie erheben keinen Anspruch auf Vollständigkeit und können bei etwas Phantasie sicher noch um zahlreiche Ideen ergänzt werden. Vor der Durchführung einer Aktion muß jedoch Klarheit über Zielgruppe und Verhältnismäßigkeit des Aufwandes bestehen, damit das Vorhaben gelingt und Frustrationen relativ gering gehalten beziehungsweise vermieden werden.

1. Man darf nicht alles glauben, was man auf der Straße hört, in den Zeitungen liest, im Fernsehen sieht ... Deshalb sollte man sich und andere möglichst vielseitig informieren. Hierzu gibt es vielerlei Möglichkeiten:
- Berichte in verschiedenen Zeitungen vergleichen,
- Bücher lesen, über sie sprechen,
- Podiumsdiskussionen und andere Diskussionsveranstaltungen besuchen und organisieren,
- Filmvorführungen organisieren, über Filme informieren,
- in Kirchen, Jugend- und sonstigen Gruppen das Thema behandeln, zum Beispiel durch Rollenspiele und Planspiele,
- Dichterlesungen (zum Beispiel mit ausländischen Autoren) veranstalten (Adressen über die jeweilige Verlage),
- Gespräche mit Ausländern, Vertretern von ausländischen Vereinen, Initiativgruppen, Beratungsdiensten für Ausländer, Gewerkschaften, Wohlfahrtsverbänden ... führen beziehungsweise diese als Referenten für Veranstaltungen einladen,
- Seminarveranstaltungen/Tagungen zu aktuellen Themen organisieren und besuchen,
- Besuch von Ausstellungen zum Thema,
- Plakataktionen durchführen.

2. Kontakte/Freundschaften mit Ausländern sind eine gute Möglichkeit, Barrieren abzubauen, sich kennen und schätzen zu lernen, Wünsche und Probleme der anderen zu verstehen:

- Gespräche, Orte suchen, wo man ausländische Mitbürger kennenlernen kann,
- gegenseitige Einladungen und Besuche von Mitschülern, Arbeitskollegen, Nachbarn und so weiter,
- Einladung der Eltern ausländischer Klassenkameraden,
- Begleitung von Ausländern bei Behördengängen, Wohnungssuche ...,
- Organisation/Übernahme von Patenschaften für einzelne Ausländer, Familien, ausländische Jugendgruppen,
- Kontakte zu ausländischen Jugendgruppen suchen und halten, gemeinsame Aktivitäten planen und durchführen, sie bei ihren Problemen wie zum Beispiel Raumsuche unterstützen,
- sich darum bemühen, daß ausländische Jugendliche in die Jugendgruppen oder -vereine kommen,
- gemeinsame Veranstaltungen/Feste mit Deutschen und Ausländern organisieren (zum Beispiel Diskussions- und Informationsveranstaltungen, Stadtteil-, Straßen-, Vereinsfeste...),
- Kontakte zu ausländischen Vereinen und Beratungsstellen aufnehmen und nach Angeboten/Veranstaltungen für Deutsche und Ausländer fragen, solche Veranstaltungen – falls es sie gibt – besuchen.

3. *Ausländer haben keine Lobby*. Sie sind im politischen Willensbildungs- und Entscheidungsprozeß nicht mit einbezogen. Sie haben kein Wahlrecht. Sie werden lediglich geduldet, so lange sie wirtschaftlich notwendig und rentabel sind. Sind sie es nicht mehr, so bemüht man sich kaum mehr um ihre menschenwürdige Behandlung. Wir können eine Lobby schaffen durch Informationen, Aufklärung, durch Öffentlichkeitsarbeit und Solidaritätsaktionen. Neben den unter 1. und 2. bereits genannten Möglichkeiten gibt es hierfür weitere Beispiele:
- Boykottaktionen gegen Gaststätten, Diskotheken und andere Einrichtungen, die keine Ausländer reinlassen beziehungsweise diese nicht gleichberechtigt behandeln,
- Beschwerdebriefe schreiben,
- Aufrufe/Resolutionen/Petitionen zu aktuellen Themen, die Deutsche und Ausländer betreffen, verfassen oder unterstützen,
- Unterschriftensammlungen durchführen, zum Beispiel für das Kommunalwahlrecht für Ausländer,
- Briefe an Politiker, Behörden, Kirchen, Gewerkschaften, Redakteure von Zeitungen und Fernsehsendungen, Journalisten (auch positive Briefe, wenn man zum Beispiel eine Sendung

oder einen Artikel besonders gut oder hilfsreich empfand, können sehr wichtig sein),
● Artikel schreiben (zum Beispiel für Schülerzeitungen, Vereinsrundbriefe ...) und gute Arbeiten anderer Autoren – nach Genehmigung des Autors – abdrucken,
● Kontakte zur Presse herstellen und halten und um eine bessere Berichterstattung bemüht sein,
● Leserbriefe schreiben,
● Pressekonferenzen organisieren,
● Offene Briefe (an Verantwortliche) schreiben und an die Presse schicken,
● Bürgerinitiativen gründen oder solchen beitreten,
● deutsch-ausländische Freundschaftsvereine gründen und gemeinsame Aktionen durchführen,
● Dokumentationen/Ausstellungen/Tonbildserien zur Verdeutlichung der Probleme erstellen und vorführen,
● Ausländertage durchführen (Veranstaltungen mit Filmen, Diskussionen, Diaserien, Theaterstücken, Ausstellungen, Vorträgen, gemeinsamen Festen, Dichterlesungen mit ausländischen Autoren, Infoständen, Liederbeiträgen von ausländischen und deutschen Sängern zum Thema...),
● Flugblätter schreiben und verteilen,
● Plakate/Poster herstellen und aufhängen,
● Schilderprotest organisieren,
● Informationsstand in Fußgängerzonen, vor Schulen...,
● (Straßen-) Theaterstücke ausarbeiten und vorspielen,
● Scheinverhandlungen (zum Beispiel Asylrecht, Ausweisungen...) führen,
● Spielaktionen zum Thema,
● Gespräche mit Bekannten, Freunden, Verwandten, Nachbarn führen,
● Befragungen (von Mitbürgern, Fachleuten...) durchführen,
● Sichtung der Schulbücher auf Ausländer/Minderheiten diskriminierende Texte (zum Beispiel, wie werden »Zigeuner«, fremde Völker... dargestellt), bei Beanstandungen öffentliche Beschwerden einreichen,
● Mißstände aufdecken (Achtung, daß nicht die betroffenen Ausländer die Sache ausbaden müssen),
● gegen ausländerfeindliche/rassistische/neonazistische Veranstaltungen protestieren,
● Ausländerfeindlichkeit lächerlich machen, zum Beispiel durch übertriebene Formen, Humor, Ironie,

● Aufkleber/Plakate zum Beispiel im Zusammenhang mit Tourismus herstellen, aufkleben, aufhängen, etwa mit dem Motto: Ausland ja, Ausländer nein?

Geht bei diesen Aktionen etwas schief, nicht gleich den Mut verlieren, sondern die Gründe hierfür suchen und analysieren, damit es beim nächsten Mal besser klappt.

Aktionen gegen Wandschmierereien/ Übermalaktionen

Solche Aktionen sind auch weiterhin leider notwendig und werden von zahlreichen Initiativen gegen Ausländerfeindlichkeit ausgeführt. Wenn mehrmalige Eingaben und Aufforderungen zur Entfernung der Parolen bei der Stadtverwaltung oder bei Hausbesitzern vergeblich waren, machen sich diese Initiativen daran, die Schmierereien zu übermalen. Wichtig ist dabei, daß solche Aktionen öffentlich und tagsüber in Anwesenheit der Presse stattfinden. Auch ein vorheriges Informieren der Polizei gehört dazu. In einer Sammlung von Ideen und Beispielen aus der Praxis in Jugendzentren und Häusern der Offenen Tür (»Judenwitz, Türkenwitz, Auschwitz«) des Amtes für Jugendarbeit der Evangelischen Kirche von Westfalen (siehe auch Seite 170) wurde folgender Musterbrief wiedergegeben:

An das Ordnungsamt und die Polizeidirektion
Ausländerfeindliche Wandschmierereien
Sehr geehrte Damen und Herren,
als Evangelische Jugend nehmen wir heute vor allem in Wattenscheid mit Betroffenheit zur Kenntnis, daß sich in unserer Stadt ausländerfeindliche und faschistische Wandschmierereien häufen. Weil wir dem nicht tatenlos zusehen können, bitten wir Sie um Unterstützung.
Ab heute werden wir Sie regelmäßig über Wandschmierereien verständigen und Ihnen Anschriften verunstalteter Häuser, Wände und ähnliches nennen.
In einem zweiten Schritt werden wir versuchen, die Eigentümer zu benachrichtigen und um Beseitigung der Schmierereien bitten. Erst wenn all diese Maßnahmen für Abhilfe nicht ausreichen, werden wir selbst aktiv und Schmierereien zu beseitigen versuchen.
Als evangelische Christen stellen wir uns der Ausländerfeindlichkeit entgegen; allein schon deshalb, weil sich die Liebe Gottes und der Gehorsam gegenüber unserem Schöpfer darin erweist, wie wir mit den »Fremdlingen« in unserem Lande umgehen. (3. Mose 19)
Mit freundlichem Gruß   (27 Unterschriften)

Gleichzeitig sollte möglichst Informationsmaterial über die Situation der Ausländer verteilt werden. 1986 beziehungsweise 1987 wurden zum Beispiel die Hausaufgabenhilfe einer Kirchengemeinde in Frankfurt (Christusgemeinde) gegen die Schmierereien aktiv, Schüler einer Gesamtschule in Dortmund (Antifaschistische Gruppe Gesamtschule Scharnhorst), der Kreisschülerrat Kassel-Land und so weiter.

Ein Pfarrer in Dortmund wandte sich in einem Offenen Brief gegen die sich verstärkenden neonazistischen Wandschmierereien und ausländerfeindlichen Parolen im Stadtbezirk Lütgen-Dortmund. Darin hieß es unter anderem: »... ich kann es nicht hinnehmen, daß die Opfer des Nationalsozialismus heute geschändet werden! Ebensowenig akzeptiere ich die Hetze gegenüber ausländischen Mitbürgern! Die Erfahrungen uns belastender Schuld aus den Jahren bis 1945 muß uns Deutsche in einen Prozeß der Solidarität führen mit den Opfern damals und den Opfern von heute ... ist Erziehungsauftrag gegenüber unserer Jugend, der solche Parolen nicht zuzumuten sind ...« (blick nach rechts, 27. April 1987)

Plakataktionen gegen Ausländerfeindlichkeit

Nachdem bereits im ersten Aktionshandbuch Plakataktionen angeregt worden waren, fanden sich zahlreiche, erfolgreiche Nachahmer.

Im Frühjahr 1986 haben sich der Koordinierungskreis ausländischer Jugendgruppen und der Jugendring Düsseldorf zusammengeschlossen, um die Kampagne mit der Gelben Hand »Mach meinen Kumpel nicht an – Gegen Ausländerfeindlichkeit und Rassismus« (siehe S. 99) auch in Düsseldorf zu organisieren. Die Fraktion der Grünen brachte einen Antrag in den Rat der Stadt Düsseldorf ein, diese Aktion zu unterstützen. Im April 1986 faßte der Rat den einstimmigen Beschluß, die Aktion Gelbe Hand zu unterstützen und bewilligte 40 000,– DM.

Die Gesamtkoordination der Aktionen übernahm die Koordinationsstelle für Fragen ausländischer Arbeitnehmer des Sozialamtes. Die mitarbeitenden ausländischen und »einheimischen« Jugendgruppen boten ein buntes Bild. Von der Jugendgruppe der Griechischen Gemeinde bis hin zum Bund der Deutschen Katholischen Jugend war so ziemlich alles »mit von der Partie«.

Im September startete die Aktion mit einer Veranstaltung, sieben Tage vor der Woche der ausländischen Mitbürger. Im Zusammenhang mit dieser Veranstaltung wurde eine Plakatwand auf dem Rathausplatz installiert, auf der Politiker und Politikerinnen und Vertreter und Vertreterinnen der Verwaltung mit einer Unterschrift ihre Solidarität bekundeten. Unzählige Düsseldorfer und Gäste der Landeshauptstadt trugen sich auf der Plakatwand ein, vielfach auch mit kurzen Bemerkungen zum Thema Ausländerfeindlichkeit.

Insgesamt 36 riesige Plakatwände wurden für jeweils einen Monat angemietet. Die Zahl der Plakatwände mußte schließlich von den ursprünglich vorgesehenen 20 Wänden fast um 100 Prozent aufgestockt werden, dermaßen groß war das Interesse der Jugendgruppen, ihre künstlerischen Vorstellungen zu dem oben erwähnten Thema in die Tat umzusetzen. Die Gestaltung der Wände wurde den Jugendgruppen überlassen.

Neben dieser Plakatwandaktion wurde eine Broschüre gedruckt, in der man auf die allseits bekannten Vorurteile gegenüber Ausländern einging. Überall in Düsseldorf hingen zudem große Poster mit dem Motiv der Gelben Hand. Eine Bergheimer Firma, die die Düsseldorfer Haltestellenhäuschen betreut, erklärte sich spontan bereit, die Plakate kostenlos in den Wartehäuschen aufzuhängen, wobei der Eigenbedarf an Postern von der Firma selbst finanziert wurde.

Obgleich die Plakatwand bei der Eröffnungsveranstaltung unbewacht mitten in der vielbesuchten Altstadt stand, wurde sie dennoch nicht verschandelt, auch nicht mit nazistischen Sprüchen – dies gilt für die 36 zur freien Gestaltung überlassenen Plakatwände genauso, von wenigen minimalen Schmirakeln abgesehen. So mancher Düsseldorfer bestaunte die Aktion, der sonst uninteressiert daran vorbeigelaufen wäre.

Weitere Aktivitäten sind geplant. Die Broschüre »Argumente gegen Ausländerfeindlichkeit« soll verstärkt in den Schulen verteilt werden. Eine Fahrradstaffette quer durch die Stadt ist ebenso vorgesehen wie Preisausschreiben, Podiumsdiskussionen und so weiter.

Kontaktadressen: Koordinationsstelle für Fragen ausländischer Arbeitnehmer, Gerda Püttmann, Heinrich-Heine-Allee 54, 4000 Düsseldorf, Tel. 02 11/899-35 24
Koordinationsstelle für ausländische Kinder und Jugendliche, Birgit Mazocha-Ziskofen, Kasernenstraße 6, 4000 Düsseldorf 1,
Tel. 02 11/899-64 76

Verein gegen Ausländerfeindlichkeit und Rassismus, Postfach 2601, 4000 Düsseldorf, Tel. 0211/77 78 55
(teilweise übernommen aus: Die Gelbe Hand, Nr. 1/1987)

Mit einer Plakatmalaktion auf 40 Großwerbeflächen im Stadtgebiet hat die Katholische Jugend Hamburg (KJH) für mehr Toleranz, Partnerschaft und Mitmenschlichkeit gegenüber Ausländern demonstriert. Auf den knapp zehn Quadratmeter großen Werbeflächen entstanden Bilder, die auftretende Vorurteile gegenüber Ausländern hinterfragen und zeigen, wie Deutsche und Ausländer gemeinsam handeln.

Zu Beginn der Malaktion von rund 300 Jugendlichen und Erwachsenen aus katholischen Gruppen und Verbänden, Ausländerinitiativen, fremdsprachigen katholischen Missionen und der evangelischen Jugend bekräftigte die katholische Jugend ihren Appell an Politiker und Bürger, durch konkrete Maßnahmen gegen rechtsradikale Gruppen sowie durch mehr Verständnis für die besonderen Probleme der Ausländer einer zunehmenden feindlichen Gesinnung Einhalt zu gebieten.
(leicht gekürzt aus: Frankfurter Rundschau vom 24. August 1987)

Die Stadt Braunschweig will in allen Ämtern, Schwimmbädern und Schulen Schilder aufhängen, auf denen die Erklärung des Europaparlaments und der EG-Kommission vom 11. Juni 1986 »Gegen Rassismus und Fremdenfeindlichkeit« veröffentlicht wird. Das erklärte ein Sprecher der Stadtverwaltung, nachdem das Stadtparlament einstimmig beschlossen hatte, sich der Straßburger Erklärung anzuschließen. Darin hatte die Europäische Gemeinschaft die »Zunahme fremdenfeindlicher Einstellungen« beklagt und »jegliche Form der Ausgrenzung von Ausländern« verurteilt.
(leicht gekürzt aus: Frankfurter Rundschau vom 3. September 1987)

Bündnis gegen neofaschistische ausländerfeindliche Postwurfsendungen im Wahlkampf

Im Zuge des Wahlkampfes zur Bremer Bürgerschaft wurde die Stadt im Frühsommer 1987 von neofaschistischer Propaganda überschwemmt. Die »Deutsche Volksunion – Liste D« des Herausgebers der »Deutschen Nationalzeitung«, Dr. Gerhard Frey, hetzte in Anzeigen lokaler Werbeblätter, auf Plakaten und in mehreren Postwurfsendungen gegen Ausländer, die im Stadtteil Gröpelingen im Bremer Westen etwa ein Sechstel der Bevölkerung ausmachen. Ende Juni trafen sich deshalb beim türkisch-deutschen Gesprächskreis in Gröpelingen Vertreter aus Vereinen, Parteien, türkischen Gruppen, dem örtlichen Nachbarschaftshaus, dem Kulturladen, einer Friedensinitiative und der Gemeinde. Sie berieten, wie sie sich vor den Postwurfsendungen und Anzeigen der DVU – Liste D schützen könnten.

Ein Pastor der Evangelischen Gemeinde in Gröpelingen erklärte in Anspielung auf das ehemalige jüdische Altersheim und das Außenlager des KZ Neuengamme im Stadtteil Gröpelingen: »Wir als Gemeinde beteiligen uns, weil es in unserem Stadtteil eine viel zu schnell verdrängte Tradition des Ausländerhasses gibt. Wir müssen alles daran setzen, daß diese Tradition nicht fortgeführt wird.«

Das Gröpelinger Bündnis gegen Neofaschismus wurde gegründet, das am nächsten Tag mit einer Pressemitteilung an die Öffentlichkeit trat. Darin heißt es unter anderem: »In den jüngsten Postwurfsendungen wird unser gutnachbarliches Zusammenleben im Stadtteil empfindlich gestört. Unsere nichtdeutschen Nachbarn und Kollegen werden darin ausschließlich als Kriminelle, Träger gefährlicher Seuchen oder Wirtschaftsflüchtlinge dargestellt. Mit faschistischen Parolen verhöhnt Herr Frey uns Gröpelinger wegen unserer Arbeitslosigkeit im Stadtteil. Wir sollen gegen unsere ausländischen Nachbarn aufgehetzt werden. Damit wir nicht gemeinsam etwas dagegen tun. Wir Gröpelinger mit deutschem oder anderem Paß haben hier 10, 20 oder 30 Jahre zusammengearbeitet, -gewohnt, sind gemeinsam aufgewachsen und zur Schule gegangen. Wir lassen uns nicht durch das Geschmiere eines Herrn Frey oder anderer Neofaschisten unsere gemeinsamen Feste in Schule und Kindergarten, Bürgerhaus, Freizeitheim, Kirche, Moschee und Sportverein nehmen. Wir wollen Nachbarn bleiben, voneinander lernen, gegenseitig die fortschrittlichen Traditionen kennenlernen. Wir wollen, daß unsere Kinder weiter zusammen aufwachsen. All das Gemeinsame, das wir aufgebaut haben, darf nicht durch die rassistische Hetze kaputtgemacht werden. Im Januar waren es nur Autokorsos mit Lautsprechern, die Angst und Mißtrauen in Gröpelingen säen sollten, bald könnten es brennende Läden, Hetzjagden und

Prügeleien werden. Wehret den Anfängen! Laßt die Neofaschisten nicht durchkommen!«

Sie forderten alle Gröpelinger auf, die Zeitungen mit neofaschistischen Anzeigen und Postwurfsendungen der DVU – Liste D oder FAP bei den Sammelstellen der Kirchengemeinde abzugeben. Gemeinsam wollte man diese den Stellen zuleiten, die sie abdrucken und verbreiten. Gleichzeitig forderte man alle Geschäftsleute, Sportvereine und gesellschaftlichen Gruppen auf, sich an das Gröpelinger Wochenblatt und den »Weser-Report« zu wenden, um ihrer Abscheu wegen des Abdrucks neofaschistischer Anzeigen nachhaltig Ausdruck zu verleihen. Diese Forderung wurde auch durch eine Unterschriftensammlung unterstützt.

Auch wenn Anfang Juli der Verlauf der Sammlung positiv eingeschätzt worden war und die Fortsetzung der Aktion beschlossen wurde, war es doch betrüblich, daß die Gröpelinger Kirchengemeinde, die als Sammelstelle diese Aktion unterstützte, von mehreren anonymen Neofaschisten bedroht worden war.

Als nächsten Schritt gab das Bündnis einen Aufruf an Geschäftsleute, Sportvereine und andere Organisationen heraus, in dem dazu aufgefordert wurde, Zeitungen, die neofaschistische Anzeigen abdrucken, nicht mehr mit Informationen und Anzeigen zu unterstützen, der nur zum Teil befolgt wurde, dem sich aber auch die Nachbargemeinde, das Ortsamt, die Arbeiterwohlfahrt, der Gesundheitsladen und andere anschlossen.

Ende Juli 1987 gelang es nach sechswöchigen Verhandlungen, neun »hochkarätige« Unterschriften unter eine »Bremer Erklärung gegen Ausländerfeindlichkeit und Neofaschismus« zu bekommen, die der Presse gemeinsam von einem Türken als Vertreter des Dachverbandes bremischer Ausländerkulturvereine (DAB) und dem DGB-Vorsitzenden Bremens vorgestellt wurde. Sie richtete sich gegen die rechtsradikale Wahlpropaganda der DVU – Liste D und setzte sich für »Freundschaft zwischen Ausländern und Deutschen« ein. Neben den beiden oben genannten Organisationen setzten drei bremische Glaubensgemeinschaften (evangelische und katholische Kirche sowie die israelische Kultusgemeinde) sowie SPD, FDP, Grüne und CDU ihre Unterschrift unter die breite Übereinkunft. So kurz vor der Wahl waren hierzu viel Überzeugungsarbeit, ein »kleinerer« Kompromiß und die Ausgrenzung der Vereinigung der Verfolgten des Naziregimes (VVN) notwendig, mit der die CDU nicht auf einer gemeinsamen Liste stehen wollte. Außerdem wurden in der Erklärung weder das Wahlrecht für Ausländer noch die großen DVU-Anzeigen in dem der CDU nahestehenden Bremer Anzeigenblatt »Weser-Report« erwähnt.

Die von vielen als propagandistische Belagerung durch die Rechtsradikalen und als Probelauf für künftige Wahlkämpfe andernorts empfundene DVU-Propaganda hatte bereits einige Wirkung gezeigt, indem sie bisher vorhandenes Vertrauen bei Ausländern zerschlagen hatte und nach der Wahl zur Bürgerschaft nicht ohne Wirkung geblieben ist: Frauen, die mit Ausländern verheiratet sind, berichten von einer starken in die Familien getragenen Berunruhigung. Die Kinder in diesen Familien überlegen sich, ob sie nicht weggehen sollen. Eine wachsende Bitterkeit, Angst vor Telefonterror (wie es den engagierten Pastoren passierte) sowie Furcht greifen um sich, weil Portugiesen, Griechen, Türken und so weiter von ihren Nachbarn angepöbelt werden. Gerade sie sind besonders dankbar für das Engagement des Bündnisses und vor allem der Kirchengemeinde. Sie sind ebenso wie manche Deutsche über die schamlose Propaganda besorgt, die bei anderen Deutschen anscheinend auf fruchtbaren Boden fällt. Zum Beispiel ist eine latente Akzeptanz der Parolen der DVU – Liste D unverkennbar und manche sagen: »Es reicht mit den Ausländern!«

Im Kirchenvorstand war erst eine Krisensitzung notwendig, um gemeinsam den Boykott des »Gröpelinger Wochenblattes« mit kirchlichen Nachrichten zu tragen und sich auf eine eindeutige Erklärung zu einigen. Viele Gemeindemitglieder vollzogen diese Haltung jedoch nicht nach, blieben bei ihren Ressentiments gegenüber den ausländischen Mitbürgern und kreiden es denjenigen, die es im »Alleingang« riskiert haben, weiter an, sich nicht gegen die »Überfremdung« geäußert zu haben.

Ende August überklebten zehn Pastoren gemeinsam eine Plakatwand der DVU und brachten auf der Tafel den Bibelspruch »Gott liebt die Fremdlinge« aus dem 5. Buch Mose an. Sie begründeten ihre Aktion damit, daß die Ausländerfeindlichkeit und der Nationalismus der DVU mit dem christlichen Glauben unvereinbar seien. Aufgrund einer Anzeige von DVU-Mitgliedern nahm die Polizei noch am gleichen Tag die Personalien der Pastoren auf.

Das Wahlergebnis in Bremen ist bekannt. Trotz nur 3,7 Prozent Stimmenanteil errang die DVU aufgrund eines höheren

Anteils in Bremerhaven einen Sitz in der Bremer Bürgerschaft sowie Sitze in den Bezirksversammlungen.
(teilweise aus Presseerklärungen, Flugblättern und so weiter sowie der »Tageszeitung« vom 29. Juli 1987)
Anschrift: Türkisch-Deutscher Gesprächskreis e.V., Lindenhofstraße 43, 2800 Bremen 21, Tel. 04 21/6 16 42 58

»Du Deutsch?« – Theaterstück und Aktion zum Thema Ausländerfeindlichkeit

»Der stolze Deutsche: Liebt die typisch deutschen Volkslieder, die Klänge der Blasmusik, verehrt Goethe und Kant, ist stolz auf ›deutsches Militär‹ und ißt zum Frühstück gern Joghurt? Fein. Das typisch deutsche Volkslied ›Kein schöner Land‹ ist italienischer Herkunft, die Marsch- und Blasmusik wurde den Türken abgeschaut, Goethe hat orientalische Vorfahren, der Philosoph Kant war schottischer Herkunft. 1786 bestand das stehende Heer der Preußen zu 94,4 Prozent aus Ausländern und fast alle Elitetruppen aus Nichtdeutschen; den Joghurt kannten die Türken lange vor den Deutschen.« (Schwäbische Zeitung vom 9. Oktober 1986)

Dies sind nur wenige Punkte, durch die deutlich wird, daß das »typisch Deutsche« sich jahrhundertelang nur durch integrierte ausländische Einflüsse bilden konnte. Dies darzustellen ist besonders in der heutigen Situation, in der die Angst vor Überfremdung wieder neu geschürt wird und breitere Zustimmung gefunden hat, als je befürchtet werden konnte, äußerst wichtig.

Angeregt durch das Buch von Bernt Engelmann »Du deutsch?«, hat sich in Ludwigsburg vor drei Jahren die *Theatergruppe »Irreparabel«* – die aus der gemischtnationalen Initiative »Deutsche und Ausländer zusammen e.V.« (siehe Seite 110) hervorgegangen ist – mit den ausländischen Einflüssen, die durch Jahrhunderte hindurch die deutsche Kultur geprägt und beeinflußt haben, befaßt. Daraus entstand ein kleines Theaterstück, das sich auf witzige und ironische Art mit der Frage »Du Deutsch?« auseinandersetzt.

Die Handlung ist leicht erfaßbar und sicherlich für viele Amateurtheatergruppen nachspielbar (wobei natürlich auch die Theatergruppe selbst ausleihbar ist).

Zum Stück: Vater Hartmann ist außer sich. Seine Tochter will einen Türken heiraten. Zuerst versucht er diplomatisch, dies seiner Tochter auszureden. Als sie aber schockiert auf stur schaltet, beendet er das Gespräch mit den autoritären Worten »Dei Großvadder ond i waren Deitsche ond bleibet au Deitsche.«

Das will die Tochter genauer wissen. Sie blättert im Kirchenregister und macht erstaunliche Entdeckungen. Nacheinander erscheinen ihr die Geister ihrer Ahnen:

● Der polnische Urgroßvater, der um die Jahrhundertwende ins Ruhrgebiet geholt wurde. Obwohl er als »Polacke« beschimpft wurde, »durfte« er auf deutscher Seite im Ersten Weltkrieg mitkämpfen. Heute erinnern nur noch die Namen vieler Menschen im Ruhrgebiet, daß sie eigentlich polnischer Herkunft sind.

● Ein sibirischer Offizier in preußischer Uniform, den der auf »lange Kerls« ganz versessene Soldatenkönig Wilhelm I. sich in der ersten Hälfte des 19. Jahrhunderts von den russischen Zaren schenken ließ. Immerhin machte der Anteil der Ausländer in der typisch deutschen preußischen Armee teilweise über 50 Prozent aus. Um auch für den entsprechenden Nachwuchs zu sorgen, wurden diese Ausländer bald mit einer Deutschen verheiratet und in Berlin ansässig.

● Ein französischer Bauer, der sich gegen Ende des 17. Jahrhunderts im Schwarzwald niederließ. Denn die religiöse Intoleranz in Frankreich machte es notwendig, daß die Hugenotten aus ihrer Heimat flohen. Froh um neue Siedler, die bisher brachliegendes Land urbar machten, wurden sie gern in dem einen oder anderen Kleinstaat auf deutschem Gebiet aufgenommen. Manch unbekanntes Obst und Gemüse, wie zum Beispiel die Kartoffel, haben sie damals nach Deutschland eingeführt. Heute erinnern nur noch manche ungewöhnliche Ortsnamen an diesen Einfluß.

● Und sogar eine Adlige türkischer Herkunft fand die Tochter in ihrem Stammbaum: Der Kreuzritter Heinrich brachte diese »Schöne aus dem Morgenlande« von einem Kreuzzug mit. Obwohl er zu Hause schon eine Frau hatte, lebte er anschließend mit beiden Frauen zusammen, was nicht immer ganz konfliktfrei war. Trotzdem erfreute er sich an den Künsten dieser Frau, die schmackhafter kochen konnte, neue Duftöle einführte und vieles mehr. Daß die Kinder dieser Frauen und Männer aus dem Morgenlande dann auch wirklich »Deutsche« wurden, zeigt uns eindrucksvoll das Beispiel Goethes, der ebenfalls orientalische Vorfahren hatte.

Soweit das Theaterstück – es ließen sich sicher noch viele andere Beispiele in einem solchen Stück aufführen. Das Buch »Du deutsch?« von Bernt Engelmann (Goldmann-Taschenbuch Nr. 8657, 12,80 DM) ist dafür eine wahre Fundgrube.

Nachdem vor kurzem drei weitere »Figuren« in das Stück eingebaut wurden (Mutter, Tochter mit Kleinkind im Dreißigjährigen Krieg, verarmt, ziehen mit ihrem Hab und Gut durch das verwüstete Land) erreicht »Du Deutsch?« eine Länge von 25 bis 30 Minuten.

Dem Thema entsprechend spielt die Theatergruppe das Stück hauptsächlich während Veranstaltungen wie »Woche der ausländischen Mitbürger«, Kulturtagen oder anläßlich einer Podiumsdiskussion.

Die Reaktionen des Publikums sind sehr unterschiedlich. Viele Zuschauer sind beeindruckt, mit welchen einfachen Mitteln dieses Thema so treffend dargestellt wird.

Die Erfahrungen mit dem Stück sind positiv. Im anschließenden gemeinsamen Gespräch hat schon manche/r laut festgestellt: »Wer weiß, wo meine Vorfahren herkommen« oder »Von dieser Seite hab ich das noch gar nicht betrachtet.« Negative Reaktionen gab es kaum.

Nachdem in Ludwigsburg wieder einmal eine rechtsgerichtete Gruppe die Überfremdungsangst durch ein Flugblatt schürte, hat sich der Verein »Deutsche und Ausländer zusammen e.V.« gemeinsam mit der IG Metall in Ludwigsburg entschlossen, diese Information für eine öffentliche Aktion zu verarbeiten. Es wurde ein Flugblatt verfaßt, das in alle Briefkästen in Ludwigsburg verteilt wurde. Darin heißt es unter anderem:

Diese Leute tun so, als wenn das deutsche Volk über Jahrhunderte hinweg aus einem Guß – einer Rasse – gewesen wäre. Sie vergessen beziehungsweise verschweigen:
● daß es erst seit gut 100 Jahren Deutschland als Staat gibt und vorher eine Vielzahl von Kleinstaaten mit unterschiedlichsten Kulturen existiert hatten,
● daß schon immer fremde Kulturen ins deutsche Volk aufgenommen wurden, zum Beispiel die römischen Legionäre aus Afrika in der Nähe von Köln, die als Veteranen dort angesiedelt wurden; die vielen »Schönen« aus dem Morgenlande, die infolge der Kreuzzüge nach Deutschland gekommen sind; die Hugenotten, die im 17. Jahrhundert wegen Religionsverfolgung massenweise von Frankreich nach

Deutschland zogen, und nicht zuletzt die vielen Polen, die vor dem Ersten Weltkrieg im Ruhrgebiet als Arbeiter angeworben wurden,
● daß in der Geschichte in manchen Großstädten bald mehr Fremde lebten als heute, zum Beispiel in Berlin (30 Prozent) und München (15 Prozent) im 17. Jahrhundert.

Haben Sie schon einmal überlegt, auf was wir alles verzichten müßten, wenn wir in der Geschichte und heute die Integration von Ausländern verhindert hätten?

Keine Kartoffeln (von Hugenotten aus Frankreich), keine deutsche Marschmusik (türkische Janitscharen); Verzicht auf den alltäglichen Kaffee (Osmanisches Reich); keine Zuckerbäckereien (französische Hugenotten); Verzicht auf die Pizza um die Ecke; keine Freundschaften über nationale Grenzen hinweg: denn nur durch das tagtägliche Zusammenleben von In- und Ausländern konnten diese vielen Freundschaften entstehen.

Hören wir endlich auf, ständig nur Angst vor den ausländischen Mitbürgern zu erzeugen!

Das deutsche Volk war nie eine Rassengemeinschaft – außer in einer Zeit, wo dafür dann Millionen sterben mußten. Wir waren und sind eine Gemeinschaft von Menschen, die aufgrund einer gemeinsamen Geschichte in einem Staat leben, der Deutschland heißt. Und diese Gemeinschaft zeichnet sich eben dadurch aus, daß verschiedene Kulturen dazu gehören:
● sei es die Kultur der sogenannten »Punker«, die ihre eigene Lebensart haben,
● die der islamischen Türken,
● die der »christlichen Pietisten«,
● die der sizilianischen Bauern,
● die der Fabrikarbeiter in Deutschland,
● die der Paß-Türken der zweiten und dritten Generation, die in deutschen Städten groß geworden sind,
● die der Musik- und Sportvereine, in denen sich immer öfter ausländische Mitbürger am Vereinsleben beteiligen,
● sei es die Kultur der drei westlichen Siegermächte, welche auch durch ihre Soldaten und Familienangehörigen in die Bundesrepublik gebracht wurde.

Alle haben ihre Berechtigung und tragen zu dem vielfältigen und abwechslungsreichen Leben in Deutschland bei.

Am meisten dezimiert wurde das deutsche Volk in der Zeit, wo man alles sogenannte »Nichtdeutsche« ausstoßen wollte – es machte Fortschritte zu der Zeit, wo es fremde Kulturen integrierte.

Unterstützen Sie deshalb nur die Gruppen, Parteien und Politiker, die das Zusammenwirken dieser verschiedensten Kulturen in der Bundesrepublik, aus dem wir »Deutsche« uns zusammensetzen, positiv unterstützen.

Die Telefonnummern sowohl der Initiative als auch der Gewerkschaft waren auf dem Flugblatt angegeben, was zu zahlreichen – meist positiven – Anrufen führte.

Gleichzeitig wurde daraus auch eine Ausstellung »gebastelt« mit insgesamt sechs Stellwänden zu folgenden Themen:
- Preußen, das Kernland Deutschlands? Berlin, eine würdige deutsche Stadt?
- Stolz auf die »Deutsche Kultur«.
- Wanderungsbewegungen in Deutschland.
- Reichtum durch Vielfalt.

Diese Ausstellung wurde in Kombination mit dem Flugblatt mehrmals in der Fußgängerzone in Ludwigsburg gezeigt.

Damit die Ausstellung auch beachtet wurde, wurde ein kleines Quiz durchgeführt, dessen Fragen sich auf die Ausstellung bezogen. Die Fragen waren zum Beispiel nach dem Anteil der Einwanderer an den Einwohnern Berlins im Jahre 1750 oder nach dem Verfasser des alten deutschen Volksliedes »Kein schöner Land«. Als Anreiz konnte jeder – bei richtiger Antwort – an einer Verlosung teilnehmen. Als Preise waren je ein türkisches, ein spanisches oder ein griechisches Essen für zwei Personen zu gewinnen. Mitglieder der Initiative gingen dann mit den Gewinnern essen und konnten mit ihnen ausführlich sprechen. Durch die Teilnehmer an der Verlosung wurden neue Adressen gewonnen, die in Zukunft mit Informationen versorgt werden konnten.

Diese Aktion hat sehr viele unterschiedliche Reaktionen hervorgerufen. Es hat sich gezeigt, daß diese Informationen durchaus dazu angetan sind, dem Überfremdungsgerede entgegenzuwirken.

Kontaktanschriften: Theatergruppe »Irreparabel«, Anne Planker, Marbacher Str. 106, 7140 Ludwigsburg, Tel. 07 41/5 67 39
Fragen zur Ausstellung zum Thema »Du Deutsch?«: Diakonisches Werk Württemberg, Peter Ruf, Heilbronner Str. 180, 7000 Stuttgart 1, Tel. 07 11/25 91-122
(verändert und ergänzt übernommen aus dem Materialheft zur Woche der ausländischen Mitbürger 1987)

Aktionen gegen Diskriminierung in Lokalen

Aus Hamburg, Berlin, Frankfurt, Stuttgart und vielen anderen Städten ist bekannt, daß vor allem ausländische Jugendliche, aber auch Erwachsene immer wieder daran gehindert werden, eine Disco oder ein Tanzlokal zu betreten. Selbst wenn die jungen Ausländer weitaus besser gekleidet sind als die sie begleitenden Deutschen, kommt es zu fadenscheinigen Abweisungen mit Begründungen wie »Eintritt nur mit Klubausweis!« (während Deutsche ohne Klubausweis hineinkommen), »Nicht gut genug gekleidet«, »Nur für Stammgäste« (während Deutsche, die noch nie in dem Lokal waren, anstandslos hinein können), »Wir haben nichts gegen Ausländer, die Hälfte aller Gäste heute sind Ausländer« (allerdings nur Amerikaner, Engländer und Franzosen).

Natürlich besitzt der Gastwirt in seinem Haus das Hausrecht, und er kann aufgrund besonderer Vorkommnisse wie randalierendes Verhalten oder Belästigung anderer Gäste Lokalverbote gegenüber bestimmten Personen aussprechen. Allerdings ist der willkürliche Ausschluß von Personen allein aufgrund ihrer Hautfarbe, Rasse, Herkunft oder Nationalität unzulässig. Das Bayerische Oberlandesgericht stellte am 7. März 1983 fest, daß der Inhaber einer öffentlichen Gaststätte den Tatbestand der Beleidigung erfüllt, »wenn er einen Besuchswilligen ohne erkennbaren sachlichen Grund zurückweist«.

In Stuttgart machte zum Beispiel die »Initiative gegen Rassismus« mit mehreren ausländischen Jugendlichen an einigen Abenden einen Gang zu den verschiedensten Discos und Tanzlokalen. Die oben geschilderten Aussagen mußten sie dabei immer wieder erleben wie auch die Abweisung der ausländischen Jugendlichen. Damit dies nicht nur eine Aktion mit beschämendem Ergebnis war, hatte die Initiative zwei oder drei Journalisten der örtlichen Zeitungen eingeladen, die diese Vorfälle miterlebten und in den darauf folgenden Tagen groß über den versuchten Nachtbummel der ausländischen Jugendlichen mit Nennung der Discos und Tanzlokale berichteten. Zahlreiche Leserbriefe, auch von Betroffenen, schlossen sich ebenso an wie ein Einschreiten der Stadtverwaltung aufgrund dieser Berichterstattung.

Wenn ausländische Jugendliche von solchen Vorkommnissen berichten, könnten sie deutsche Jugendliche am nächsten Abend/beim nächsten Mal begleiten und zunächst einmal beobachten, was sich abspielt. Falls die ausländischen Jugendlichen abgewiesen werden und die deutschen Jugendlichen in das Lokal hinein können, könnten die deutschen Jugendlichen dem Türsteher oder Besitzer gegenüber erklären, daß sie nur mit ihren ausländischen Freunden zusammen in das Lokal gehen würden. Falls dies keinen Erfolg hat, haben die Betroffenen ausländischen Jugendlichen die Möglichkeit einer Anzeige bei der Staatsanwaltschaft gegen den Lokalbesitzer (sofern sie entsprechende Zeugen dafür haben). Außerdem sollten sie damit an die örtliche Presse gehen und die Fraktionen im Gemeinderat und den (Ober-)Bürgermeister informieren und um Abhilfe bitten. Da es die Städte in der Regel nicht darauf anlegen, ein schlechtes Ansehen bezüglich solcher Vorkommnisse zu bekommen, werden sie irgendwie reagieren. Wenn eine Gemeinderatsfraktion angeregt werden kann, eine Anfrage an die Verwaltung zu richten, kann dies für die betroffenen abgewiesenen Jugendlichen nur nützlich sein.

Die Stadtverwaltung hat auch in Fällen nachweisbarer Diskriminierung, wenn sich Gastwirte trotz einer Belehrung uneinsichtig zeigen, durchaus die Möglichkeit, gewerberechtliche Maßnahmen zu ergreifen, zum Beispiel den Widerruf der Gaststättenerlaubnis wegen Unzuverlässigkeit. Wenn Gastwirten, die Ausländer diskriminieren, klar wird, daß sie damit nicht weiter durchkommen, werden sie sich zwangsläufig moderater verhalten müssen – auch im Interesse der ausländischen Jugendlichen.

Informationen zu der Abweisung von ausländischen Jugendlichen in Discos sind zum Beispiel erhältlich bei: Initiative gegen Rassismus, Interessengemeinschaft »Ausländische Mitbürger in Baden-Württemberg« e.V., Haußmannstraße 6, 7000 Stuttgart 1, Tel. 0711/2 63 71 78

Für solche wie die hier geschilderten Vorfälle wäre ein Anti-Diskriminierungsgesetz auf der Grundlage von Artikel 3, Abs. 3 des Grundgesetzes sehr wichtig, selbst wenn ein Gesetz letztendlich Diskriminierung nicht verhindern kann. Es kann jedoch den Betroffenen einen einklagbaren Rechtsanspruch verschaffen, was sich angesichts zahlreicher Urteile beziehungsweise niedergeschlagener Verfahren wegen Volksverhetzung (siehe die folgenden Aktionen gegen Volksverhetzung) als durchaus notwendig erwiesen hat. Ein solches Anti-Diskriminierungsgesetz könnte auch Ziel der oben geschilderten Initiativen sein.

Aktionen gegen Volksverhetzung

Im Mai 1984 kam der Bundesgerichtshof in einer Revisionsentscheidung zu der Auffassung, daß öffentliche Aufrufe wie »Juden raus« strafbar sind, solche wie »Hängt Brandt«, »Tod Wehner und Brandt« oder »Türken raus« dagegen nicht. Dieses skandalöse Urteil stieß zumindest in einigen Zeitungen auf Widerspruch. »Bestürzende Begründung« (Frankfurter Rundschau), »Einäugig geurteilt?« (Stuttgarter Zeitung), »Spitzfindig und anstößig« (Deutsches Allgemeines Sonntagsblatt) und »Türken raus? Richter aus!« (Stern) sind einige Beispiele dafür.

Wenige Monate vor dem Urteil hatte der badische Landesrabbiner vor einer Verharmlosung rechtsradikaler Tendenzen in der Bundesrepublik gewarnt, Forderungen wie »Türken raus« erinnerten ihn an »vergangene Zeiten«.

Etwa 100 Lehrer im Stuttgarter Raum wollten sich nicht mit dem Urteil zufriedengeben und setzten auf ihre Kosten eine große Anzeige unter dem Titel ›Juden raus‹ ist Volksverhetzung, jedoch nicht die Aufforderung ›Türken raus‹ in die »Stuttgarter Nachrichten«. Der Text lautete weiter:

»Wir Lehrer sind bestürzt über dieses Urteil des Bundesgerichtshofes (AZ: 3 Str. 36/84). Wir meinen, daß die faschistoide Parole ebenso wie die bei uns leider sehr aktuell gewordene Ausländerhetze aus derselben Wurzel kommen. Aus beiden spricht eine tiefe menschenverachtende Gesinnung, die – so hat die Geschichte gelehrt – bereit ist, Gedanken in die Tat umzusetzen, wenn dies die Verhältnisse ermöglichen.

Wir sind betroffen, dieses volksverhetzende Gedankengut auch bei unseren Schülern anzutreffen. Einige Schüler fordern in der Schule offen zum Mord an ihren ausländischen Mitbürgern auf.

Wir bemühen uns, die von falschen Informationen, Vorurteilen und autoritären Verhaltensweisen geprägten Einstellungen dieser Schüler zu verändern. Gemäß dem Auftrag des Grundgesetzes sind wir verpflichtet, die uns anvertrauten Schüler zu Toleranz und Menschenachtung zu erziehen.

Eine höchstrichterliche Tolerierung rassistischer Parolen stellt diese Erziehungsziele jedoch in Frage, macht eine Umsetzung nahezu unmöglich.

Täglich müssen wir beobachten, wie unsere ausländischen Schüler solchen Anfeindungen hilflos ausgeliefert sind.

Wir meinen, daß ausländerfeindliche Parolen den Straftatbestand der Volksverhetzung (§ 130 StGB) erfüllen und geahndet werden müssen.« (Stuttgarter Nachrichten vom 19. Juli 1984)

Außer einer negativen Reaktion darauf passierte nichts weiter. In einem Anruf bei einem der Lehrer hatte sich jemand als Mitglied der »Republikaner« vorgestellt und mit einer Dienstaufsichtsbeschwerde und so weiter gegen die beteiligten Lehrer/-innen gedroht. Es blieb anscheinend bei dieser Drohung.

Kontaktanschrift für die Anzeige: Wolf-Dieter Thoms, Langobardenstraße 10, 7000 Stuttgart 40

Aktionen zum Thema
»Kommunalwahlrecht für Ausländer«

»Ich kann von den Weißen nicht verlangen, mich zu lieben, wohl aber, mir meine politischen Rechte zu geben.«
Martin Luther King

Als ein konstruktiver Beitrag zur möglichen Verbesserung der allgemeinen Situation sind die in den vergangenen Jahren eingerichteten beratenden Ausländerausschüsse und so weiter in Gemeinderäten zu werten, vor allem, wenn Ausländer ihre Vertreter direkt wählen können. Die Befürwortung eines gewählten Ausländerausschusses soll jedoch nicht als Ersatz für die Forderung nach der Einführung des kommunalen Wahlrechts für Ausländer gesehen werden. Denn auch nach Einführung des Wahlrechts hat ein Ausschuß, der die besonderen Belange ausländischer Mitbürger behandelt, durchaus seine Berechtigung. Die Forderung nach dem Kommunalwahlrecht ist *ein* Schritt in Richtung Gleichberechtigung.

Seine Gewährung könnte ein ausländerfreundlicheres Klima schaffen. So könnten sich deutsche Politiker nicht mehr so einfach den Problemen der ausländischen Familien entziehen, sie wären nun auch auf deren Stimmen angewiesen. Auch könnte die Möglichkeit der Mitgestaltung des politischen Lebens eine Solidarisierung von In- und Ausländern bewirken.

Als Materialien bieten sich an: Sollten eigentlich Ausländer nicht auch wählen dürfen? – Pro und Contra – Zur Frage des Kommunalwahlrechts für Ausländer in der Bundesrepublik Deutschland, erstellt von Marion Rokenbauch und Peter Ruf, Hrsg. Diakonisches Werk Württemberg, Geschäftsbereich I, Heilbronner Str. 180, 7000 Stuttgart 1
epd-Dokumentation Nr. 30/1986 »Kommunales Wahlrecht auch für Ausländer?« mit Darstellung der Wahlmöglichkeiten von Ausländern in anderen europäischen Ländern sowie zwei juristischen Stellungnahmen

DGB- und IG-Metall-Kampagne

»Auf Dauer darf es keine Bürger zweiter Klasse geben, Beteuerungen zur Demokratie und zu Menschenrechten werden unglaubwürdig, wenn wir zulassen, daß den hier lebenden Ausländern das kommunale Wahlrecht vorenthalten wird.« Diese Äußerung des Vorstandsmitglieds der IG Metall, Willi Sturm, zeigt, welches Thema im Mittelpunkt der gewerkschaftlichen Ausländerarbeit der IG Metall steht. Und weiter sagt Sturm: »In vielen Bereichen werden Ausländer diskriminiert. Bei Parlamentswahlen können sie sich nicht dagegen wehren. Das kommt politischer Ohnmacht gleich.«

Auf seinem 13. Ordentlichen Bundeskongreß im Mai 1986 beschloß der DGB mit überwältigender Mehrheit die Forderung nach dem kommunalen Wahlrecht für Ausländer (die IG Metall auf ihren Gewerkschaftstagen 1980 und 1986).

IG Metall und DGB haben zeitgleich im Sommer 1987 mit einer Informationskampagne begonnen. Denn es gilt, Mehrheiten für das kommunale Wahlrecht zu finden, weshalb noch viel Überzeugungsarbeit geleistet werden muß. Ziel der Aktionen ist es, Vorbehalte aufzulösen und Vorurteilen zu begegnen. Denn diese sind in den Belegschaften ebenso zu finden wie in Kirchen, Wohlfahrtsverbänden, Gewerkschaften oder bei Politikern.

Die DGB-Kampagne »Kommunales Wahlrecht für ausländische Arbeitnehmer« mit einer Plakat- und Flugblattaktion hat das Motto »Gemeinsam arbeiten – gemeinsam leben – gemeinsam entscheiden«. Auf der Rückseite des Flugblattes heißt es:

»Mitwirken! Mitgestalten! Mitbestimmen! Nur im Betrieb?

Er ist gewählt als Mitglied eines Betriebsrates in einem großen Betrieb. Er hat nicht nur das Vertrauen seiner ausländischen Kolleginnen und Kollegen, sondern auch das der deutschen. Im Rahmen des Betriebsverfassungsgesetzes kann er mitwirken, mitgestalten und mitbestimmen. Niemand bezweifelt seine Fähigkeit, dieses Amt auszuüben. Das ist im Betrieb so. Hat er Feierabend, ist er auch gleichzeitig unmündig, denn in dem Bereich, in dem er wohnt, dort, wo er seinen Lebensmittelpunkt hat, ist er von jeder Mitwirkung ausgeschlossen.

Viele ausländische Arbeitnehmer und ihre Familien wohnen mehr als 25 Jahre in diesem Land. Sie haben ihren Lebensmittelpunkt hier bei uns. Sie sind Teil dieser Gesellschaft geworden, deshalb ist der DGB der Auffassung, daß schrittweise ihre politische Mitbeteiligung eingeführt werden muß. Ein wichtiger erster Schritt wäre die Einführung des kommunalen Wahlrechts. Selbstverständlich streiten die Juristen heftig. Wir sind der Auffassung – wir brauchen keinen Streit der Juristen. Was man politisch will, kann man auch politisch verwirklichen.«

Dieses Flugblatt ist in verschiedenen Größen (DIN A4, A3, A2) erhältlich beim DGB-Bundesvorstand, Abt. Ausländische Arbeitnehmer, Hans-Böckler-Str. 39, 4000 Düsseldorf, Tel. 02 11/4 30 11
Eine Schulungsbroschüre zum Thema und weiteres Material sind bei der IG Metall, Abt. Ausländische Arbeitnehmer, Wilhelm-Leuschner-Str. 79–85, 6000 Frankfurt/M. 11, Tel. 069/2 64 71, zu beziehen.

Aktionen des Initiativausschusses Ausländische Mitbürger in Niedersachsen

Auch der Initiativausschuß Ausländische Mitbürger in Niedersachsen nahm, wie in dem Wolfsburger Beispiel (siehe Seite 92) dargestellt, die niedersächsische Kommunalwahl am 5. Oktober 1986 zum Anlaß, an diesem Tag um 15 Uhr gemeinsam mit ihren ausländischen Freunden und Kollegen zur Kommunalwahl zu gehen und damit für die Erweiterung des Wahlrechts auch auf die ausländischen Mitbürger zu demonstrieren. In dem Aufruf hieß es unter anderem: »Wir fordern die Einführung des kommunalen Wahlrechts ausdrücklich für alle ausländischen Mitbürger und wehren uns gegen eine Spaltung in EG- und Nicht-EG-Ausländer, denn die Würde und die Mündigkeit des Menschen kann nicht von einer EG-Mitgliedschaft abhängig gemacht werden.«

Die Aktion sollte zum Abschluß der Woche des ausländischen Mitbürgers noch einmal die Hauptforderung der damaligen Woche in den Mittelpunkt stellen: »Gemeinsam leben – gemeinsam entscheiden«. Neben zahlreichen Einzelpersonen, die sich dem Aufruf anschlossen und zu ihrem Wahllokal einen ausländischen Freund mitnahmen, fand die Aktion die meiste Beachtung an den Orten, wo sich seit Jahren Deutsche und Ausländer in gemeinsamen Initiativen für die Verbesserung der Situation der Ausländer einsetzen.

So trafen sich zum Beispiel in Lehrte am Wahlsonntag Mitglieder des Arbeitskreises zur Zusammenarbeit mit ausländischen Mitbürgern in der Stadt Lehrte mit zahlreichen ausländischen Freunden an einem vereinbarten Wahllokal, um gemeinsam zur Urne zu gehen. Das niedersächsische Landeswahlgesetz erlaubt jedem, das Wahllokal zu betreten. Nur das Ausfüllen der Stimmzettel muß von Wahlberechtigten geheim und allein in der Wahlkabine vollzogen werden. Die Aufteilung der Wahlen zu Kreistag und Gemeinderat auf verschiedene Wahlscheine bot den Mitgliedern des Lehrter Arbeitskreises Gelegenheit zu einem demonstrativen Akt: Der Arbeitskreis-Vorsitzende warf seinen Stimmzettel selbst ein, ließ einen zweiten Wahlzettel aber vom Vorsitzenden der Türken-Selbstinitiative in Lehrte in die Wahlurne stecken. Auch die anderen Mitglieder des Arbeitskreises übergaben ihre ausgefüllten Wahlzettel an die ausländischen Freunde, die sie in die Urne warfen, ohne daß der Wahlvorstand gegen die ungewohnte Form der Stimmabgabe Einwände erhob, sondern erstaunt den Vorgang beobachtete.

Die zufälligen Besucher des Wahllokals reagierten auf die Aktion der 30 bis 40 Personen interessiert und verwundert, aber durchweg positiv. Nicht wenige hörten zum ersten Mal, daß Ausländer auch in der Gemeinde nicht wählen dürfen. Für die örtliche Presse war diese Aktion ein willkommener Anlaß für einen Bericht von einem sonst eher langweiligen Wahlsonntag. Der Arbeitskreis in Lehrte hat zugleich dafür gesorgt, daß mit diesem Tag die Forderung des Initiativausschusses nach kommunalem Wahlrecht für die ausländischen Mitbürger, die er als Mitglied dieses Landeszusammenschlusses mit unterstützt, nicht sofort wieder vergessen wird. Über befreundete Stadtratsabgeordnete wurde der Text des Initiativausschuß-Aufrufs als Resolution in den Stadtrat gegeben. Der neue Rat und seine Ausschüsse werden diskutieren müssen, ob sie die Forderung nach kommunalem Wahlrecht auch richtig finden.

Etwas anders verlief die Aktion in einem hannoverschen Wahllokal. Auch dort hatten sich eine größere Gruppe des Initiativausschußes und ausländische Freunde versammelt. Sie stellten sich im Wahllokal am Tisch der Wahlleitung immer im Wechsel, ein Deutscher, ein Ausländer, an und erbaten die Wahlunterlagen. Die Wahlhelfer suchten vergeblich nach den ausländischen Namen in der Wahlliste, und man kam sehr bald in eifrige Diskussionen, zumal sich die Situation immer wiederholte. Die Gruppe diskutierte ungefähr eineinhalb Stunden mit den Wahlhelfern und den vorbeikommenden Wählern, bevor sie wieder nach Hause ging.

Inzwischen hat auch der Oberbürgermeister von Hannover und Präsident des Deutschen Städtetages, Herbert Schmalstieg, den Aufruf des Initiativausschusses für ein kommunales Wahlrecht für die ausländischen Mitbürger unterschrieben. Deshalb soll nun in Hannover der Stadtrat zur Stellungnahme durch den Ratsantrag aufgefordert werden.

(leicht verändert übernommen aus den WAM-Materialien 1987)

Informationen über den Initiativausschuß und Unterschriftenlisten »Kommunales Wahlrecht für ausländische Mitbürger« sind zu erhalten bei: Initiativausschuß Ausländische Mitbürger in Niedersachsen (IAA Nds.) c/o Arbeitskreis Ausländer im BDKJ, Allerweg 3–7, 3000 Hannover 91, ebenso die Broschüre »Kommunales Wahlrecht für ausländische Mitbürger«, einzeln zum Preis von 1,– DM, ab 10 Ex. für 0,80 DM.

Symbolischer Wahlakt in Wolfsburg

Auf über 50 Seiten der »Beispiele aus der Praxis« der IG Metall wird die Aktion »Kommunales Wahlrecht für ausländische Mitbürgerinnen und Mitbürger« des DGB-Kreises Wolfsburg/Gifhorn dargestellt, zur Anregung ähnlicher Aktivitäten vor Ort in anderen Regionen. Hier sollen die wesentlichen Punkte der Aktion kurz erläutert werden.

In Wolfsburg leben etwas über 8 000 Ausländer, drei Viertel davon sind Italiener. Im Vorfeld der niedersächsischen Kommunalwahl am 5. Oktober 1986 hatte der DGB Wolfsburg für Mitte September verschiedene Organisationen, Vereine, Parteien und Kirchen zu einer Zusammenkunft ins Gewerkschaftshaus eingeladen, um die Forderung nach kommunalem Wahlrecht für Ausländer umzusetzen. Bis auf die Vertreter einer Partei beschlossen die Teilnehmer, einen entsprechenden gemeinsamen Aufruf zu verfassen. Dieser Appell unter dem Motto »Gemeinsam leben – gemeinsam entscheiden« wurde unter anderem vom Kreisverband des DGB, von den Ratsfraktionen der SPD, der FDP und der Grünen, von der Vertrauenskörperleitung der Volkswagen-AG sowie von kirchlicher Seite, von der

Aktion Sühnezeichen/Friedensdienste, vom Amt für Industriediakonie und von der evangelisch-lutherischen Kirchenkreiskonferenz unterstützt. Der Kreisverband der Grünen hatte einen Italiener, der seit über 17 Jahren in Wolfsburg lebt und arbeitet, seit 11 Jahren mit einer Deutschen verheiratet ist und mit ihr einen Sohn hat, als Kandidaten auf der Wahlliste nominiert. Da er nicht Deutscher ist und damit weder das aktive noch passive kommunale Wahlrecht hat, wurde er vom Gemeindewahlausschuß gestrichen.

Um der Forderung nach Mitbestimmung im kommunalen Bereich mehr Nachdruck zu verleihen, wurde beschlossen, am Tag der Kommunalwahl einen symbolischen Wahlakt für die ausländischen Mitbürger in Wolfsburg durchzuführen. Eine Art Straßenfest mit Ständen und Folklore sollte diese symbolische Wahl umrahmen, bei der sich Ausländer auf einem weißen Stimmzettel für oder gegen ein Wahlrecht für Ausländer aussprechen konnten. Natürlich wurden für die beiden Wahllokale auch Ausländer als Wahlhelfer eingesetzt.

Dieses Referendum über das kommunale Wahlrecht wurde zu einem großen Volksfest der Ausländer in Wolfsburg. Viele brachten ihre Familien mit und blieben zu Diskussionen und Spielen beisammen. Wie sehr dieses Volksfest ein Erfolg war, soll der nachstehende Auszug eines Berichts in der italienischen Zeitschrift »Incontri« verdeutlichen:

»In der Arche ging an den bunten Ständen der SPD und der Grünen am Nachmittag das Essen aus. Nur die Italiener um Paolo Brullo hatten richtig kalkuliert und grillten bis in den Abend Hunderte von Würstchen. Industriepfarrer Läwen und Sozialsekretär Witthohn servierten als Gastgeber von der Industriediakonie gratis Kaffee und Waffeln. Boccia-Spiele und musikalische Einlagen rundeten das Bild ab. Bei diesem Referendum war mit Augen zu sehen und mit Händen zu greifen, wieviel fröhlicher und reicher die deutsche Kultur durch die Anregungen ausländischer Mitbürger geworden ist.

Gegen abend wurde der Andrang immer größer. Die Wahlhelfer der IG Metall, ein ganzes Dutzend, hatten alle Hände voll zu tun, die Namen in Wählerlisten einzutragen, Stimmzettel auszugeben und die Stimmabgabe zu überwachen. Spitzenpolitiker verschiedener Parteien, der DGB-Vorsitzende Gerd Bruder sowie Betriebsrats-Vorsitzender Walter Hiller kamen in die Arche und diskutierten mit den anwesenden Ausländern und Deutschen. Die Meinung war einhellig: Diese Stadt ist unser Wohnort, unsere Kinder sind hier geboren, hier zahlen wir unsere Steuern. Wir wollen auch am kommunalen Leben beteiligt werden...

Der 5. Oktober hat nicht nur die Landschaft der etablierten Parteien in Wolfsburg verschoben. Er hat auch unübersehbar den Anspruch der ausländischen Wolfsburger unterstrichen, nicht länger Menschen ohne Stimme in dieser Stadt zu bleiben.«

Obwohl es sich nur um einen symbolischen Wahlakt handelte, beteiligten sich 2 067 Personen an der Wahl. 96 Prozent von diesen forderten mit ihrem Kreuzchen das kommunale Wahlrecht für Ausländer. Die örtlichen Zeitungen berichteten sowohl im Vorfeld als auch nach diesem symbolischen Wahlakt ausführlich über die gesamte Aktion.

Eine Dokumentation der gesamten Aktion kann über den Vorstand der IG Metall, Abt. Ausländische Arbeitnehmer, Wilhelm-Leuschner-Str. 79-85, 6000 Frankfurt 11, Tel. 069/2 64 71 bezogen werden. Weitere Informationen können in Wolfsburg erfragt werden bei: DGB-Kreis Wolfsburg-Gifhorn, Heinrich-Nordhoff-Str. 55, 3180 Wolfsburg 1, Tel. 0 53 61/1 50 15.

In vielen Orten fanden andere beziehungsweise ähnliche Aktionen und Aktivitäten (meist auch mit Unterschriftenlisten zur Unterstützung des Kommunalwahlrechts für Ausländer) statt. Zum Beispiel von der Initiative »Ein Mensch – eine Stimme« anläßlich der Wahl zur Bremer Bürgerschaft im September 1987, bei einer symbolischen Wahl vor dem Rathaus anläßlich eines Aktionstages der IG Metall in Lüdenscheid unter dem Motto »Lüdenscheid wird ausländerfreundliche Stadt. Gemeinsam leben – gemeinsam entscheiden«. Eine Wahl für Ausländer boten auch die »Initiative zur Einführung des kommunalen Wahlrechts für Arbeitsimmigranten in Hessen« und die IAF (s. Seite 101) gemeinsam an.

Gemeindeabend zum Thema »Kommunalwahlrecht für Ausländer«

Ziel des Abends ist es, dieses Anliegen einer größeren Öffentlichkeit plausibel und einsehbar zu machen. Dazu kann zum Beispiel die Form der Fernsehsendung »Pro und Contra« als Ansatz gewählt und in abgewandelter Form benutzt werden.

Der Ablauf: Nach einer kurzen Einführung in das Thema wird abgestimmt, wer »Pro« – das heißt, für das Kommunalwahlrecht für Ausländer ist – und wer »Contra, das heißt, wer dagegen ist. Schon an dieser Stelle sollte man allerdings differenzieren. Entsprechend dem Anteil der Ausländer in der Kommune bekommt beim Eintritt jeder zehnte oder achte Teilnehmer eine Karte ausgehändigt, auf der vermerkt ist: »Sie dürfen nicht mit abstimmen«. Auf der Rückseite sind dann Gründe angegeben: »Sie sind zwar hier geboren und aufgewachsen. Obwohl Sie achtzehn Jahre alt sind, dürfen Sie nicht mit abstimmen, da Ihre Eltern griechische, italienische, türkische ... Staatsangehörige sind.« Oder: »Sie sind Türke, wohnen inzwischen fünfzehn Jahre in Deutschland. Sie haben auch schon versucht, die deutsche Staatsangehörigkeit zu erhalten. Da Sie aber Ihr Heimatland nicht aus der Staatsangehörigkeit entlassen hatte, konnten Sie nicht Deutscher werden. Leider können Sie deshalb auch nicht mit abstimmen.« Oder: »Seit zwanzig Jahren arbeiten Sie in Deutschland, eigentlich ist Ihnen die Bundesrepublik zur zweiten Heimat geworden. Nun haben Sie einen Antrag auf Einbürgerung gestellt. Doch leider ist dieser abgelehnt worden, da Sie Deutsch in Wort und Schrift nicht voll beherrschen. Nun müssen Sie sich eben damit abfinden, daß Sie auch in Zukunft politischen Entscheidungen ausgeliefert sind, ohne daß Sie bei deren Zustandekommen mitbestimmen können.«

Andere Gründe können noch überlegt werden. Alle anderen Teilnehmer bekommen zwei Karten anderer Farbe mit dem Aufdruck »Pro« oder »Contra«, die zur Abstimmung berechtigen.

Teilnehmer: Nach der Abstimmung halten der Pro- und der Contra-Anwalt ein kurzes Plädoyer, und es wird anschließend eine Befragung von Experten zu diesem Thema geben. Bei den Experten sollte eine gewisse Bandbreite vertreten sein: Zum Beispiel eine Person, die die juristische Seite beleuchtet; ein Vertreter aus einem Land, in dem das Kommunalwahlrecht schon verwirklicht wurde (zum Beispiel Niederlande, Dänemark) beziehungsweise eine Person, die sich darin zum Beispiel durch die epd-Dokumentation, Nr. 30/1986 auskennt; Politiker von verschiedenen Parteien und natürlich auch Ausländer.

Genauso gut ist es denkbar, daß in einem Gemeindekreis der Abend vorher intensiv vorbereitet wird und daß sich aus diesem

Kreis Experten für das eine oder andere Gebiet herausgebildet haben.

Nach ungefähr einer Stunde Expertenbefragung wird die erste Runde mit den Schlußplädoyers der Pro- und Contra-Anwälte abgeschlossen. Bei der abschließenden Abstimmung können wiederum nur »Abstimmungsberechtigte« teilnehmen.

Danach sollten die beim Eintritt in die Veranstaltung zu »Nicht-Abstimmungsberechtigten« Erklärten die Gründe vorlegen, warum sie sich an der Abstimmung nicht beteiligen durften, und erklären, wie sie sich dabei gefühlt haben. Wichtig ist, daß es jemand gibt, der die angeführten Gründe näher erläutern kann. Nach dem Verlesen der Gründe kann sich eine zweite Diskussionsrunde unter Einbeziehung des Publikums anschließen.

Eventuell kann man auch zuerst in kleinen Gruppen – zum Beispiel die »Abstimmungsberechtigten« mit ihren Nachbarn – das Thema ansprechen und mit dem gesamten Publikum diskutieren. Wenn man will, kann man nach dieser Diskussion nochmals eine Abstimmung durchführen, um zu sehen, ob sich das Meinungsbild gewandelt hat.

Anmerkung: Dieser Vorschlag soll als Anregung dienen, das Thema »Kommunalwahlrecht für Ausländer« in einem Kirchengemeindeabend aufzugreifen. Es ist wichtig, daß dieser inhaltlich gut vorbereitet wird. Dazu ist es ohne weiteres möglich, fachkundige Personen für die Vorbereitung hinzuzuziehen, denn in fast jeder größeren Stadt gibt es Initiativgruppen, die sich intensiv mit diesem Thema beschäftigt haben. Gleichzeitig haben die verschiedenen Wohlfahrtsverbände und Gewerkschaften Fachleute, die sicherlich behilflich sein können.

Es ist vom Verlauf des Abends abhängig, ob man sich gegen Ende noch gemeinsam Gedanken dazu macht, wie die Versammelten selbst zu dem Erlangen des kommunalen Wahlrechts für Ausländer beitragen können. Mehr Zeit und Phantasie dafür könnte sich allerdings in einem zweiten Abend ergeben, wenn sich einige Teilnehmer darauf vorbereitet haben, zum Beispiel durch die Anregungen in verschiedenen Beiträgen zu diesem Thema in diesem Aktionshandbuch, eventuell auch durch Einladung von jemandem, der solch eine Aktion schon einmal durchgeführt hat.

(Peter Ruf, verändert und ergänzt aus den Materialien zur »Woche der ausländischen Mitbürger« 1987

Bundesweite und regionale deutschausländische Aktionskreise und Initiativen

Aus Platzgründen können hier nur wenige Initiativen ausführlicher dargestellt werden. Ohne Anspruch auf Vollständigkeit sollen zumindest einige unterschiedliche Gruppen erwähnt werden.

Zum *Initiativausschuß Ausländische Mitbürger in Niedersachsen (IAA Nds)* gehören die Spanische Katholische Mission Hannover, der Arbeitskeis Ausländer im BDKJ/Region Hannover, die IAF, die Italienische Katholische Mission Hannover, der Arbeitskreis zur Zusammenarbeit mit ausländischen Mitbürgern in der Stadt Lehrte, der Italienische Verein Hannover, die Arbeitsgemeinschaft Evangelische Jugend in Niedersachsen, die türkische Beratungsstelle der Arbeiterwohlfahrt Hannover, die Initiativgruppe Ausländerpolitik, der Stadtjugendring Hannover sowie Einzelpersonen aus dem Ev. Jugendzentrum, dem Caritasverband und der Kath. Erwachsenenbildung. Anschrift: Initiativausschuß Ausländische Mitbürger in Niedersachsen (IAA Nds.), c/o Arbeitskreis Ausländer im BDKJ/Region Hannover, Allerweg 3-7, 3000 Hannover 91, Tel. 05 11/45 61 32.

Der *Initiativausschuß »Ausländische Mitbürger in Hessen«* (Lindenstraße 12, 6238 Hofheim/Taunus) ist seit vielen Jahren aktiv. Recht neu ist dagegen der seit 1986 bestehende *Bund der Mitarbeiter/innen Baden-Württembergischer Initiativen in der Ausländerarbeit, BIA e. V.* (Anschrift: Brählesgasse 7, 7000 Stuttgart 50), der sich vor allem die Verbesserung der Chancen ausländischer Kinder in Schule und sozialem Leben zum Ziel gesetzt hat.

Der *»Kölner Appell gegen menschenfeindliche Ausländerpolitik«*, 1983 gegründet, seit 1984 regelmäßig tagendes Komitee unter dem Namen »Kölner Appell – Komitee gegen menschenfeindliche Ausländerpolitik und Rassismus« mit dem 1987 gegründeten Verein »Kölner Appell e. V.« hat sich in den vergangenen Jahren vielfach in die Ausländerpolitik eingemischt, zur Wahrnehmung der Interessen der Ausländer gegenüber Politik und Verwaltung. Nähere Informationen sind erhältlich bei: Peter-Chr. Löwisch, Aduchtstr. 2, 5000 Köln 1, Tel. 02 21/ 72 74 15, oder Dorothee Heine, c/o Kirchenkreis Köln-Nord, Myliusstr. 27, 5000 Köln 30, Tel. 02 21/52 80 41.

Seit einigen Jahren besteht die *»Bundesarbeitsgemeinschaft der Immigrantenverbände in der Bundesrepublik Deutschland und Berlin/West«* (Duisburger Straße 66, 4000 Düsseldorf 30). In ihr haben sich Bundesverbände und Clubs ausländischer Arbeitnehmer/innen und ihrer Familien zusammengeschlossen, um ihre Interessen für ein besseres Leben in der Bundesrepublik und in Berlin/West gemeinsam mit allen gesellschaftlich relevanten Gruppen zu verwirklichen.

Verband der Initiativgruppen in der Ausländerarbeit e. V. (VIA)

Der Verband der Initiativgruppen in der Ausländerarbeit e.V. (VIA) wurde 1979 mit Sitz in Bonn gegründet. Ziel des VIA ist es, durch den Zusammenschluß möglichst vieler Gruppen die Vereinzelung zu überwinden, Kooperation und Erfahrungsaustausch nutzbar zu machen und gemeinsame Vorstellungen und Modelle zu entwickeln, die zu einem gleichberechtigten Zusammenleben der ausländischen Mitbürger und Mitbürgerinnen in der Bundesrepublik führen.

Alle nach dem Vereinsrecht konstituierten Gruppen, die praktisch in der Immigranten- oder Flüchtlingsarbeit tätig sind, die die Satzung von VIA anerkennen und demokratisch aufgebaut sind, können Vollmitglieder werden. Dachorganisationen und andere Institutionen, die nicht unmittelbar praktisch arbeiten, sowie Einzelpersonen können Mitglieder mit beratender oder fördernder Funktion werden.

Kostenloses Informationsmaterial, ein Info-Paket (für 5,– DM), Beitrittsunterlagen sowie Einladungen zu Tagungen sind zu beziehen über die VIA-Bundesgeschäftsstelle, Theaterstraße 10, 5300 Bonn 1, Tel. 02 28/65 55 53.

Darüber hinaus gibt es VIA-Regionalverbände:

VIA-Landesverband Bayern, c/o Initiativgruppe zur Betreuung von ausländischen Kindern e.V., z. Hd. Herrn Manfred Bosel, Hermann-Lingg-Str. 12 b, 8000 München 2, Tel. 089/5 30 90 39

VIA-Landesverband NRW, c/o Im IFAK-Haus, z. Hd. Herrn Friedel Kroes, Lerschstraße 2, 4630 Bochum, Tel. 02 34/68 33 36 oder 6 72 21.

VIA-Regionalverband Nord, c/o Vijoy Batra, Nernstweg 32, 2000 Hamburg 50, Tel. 040/39 26 90. Dieser Regionalverband gibt einen 14tägigen VIA-Info-Dienst, einen Art Presse- und Informationsspiegel zum Preis von 8,- DM pro Ausgabe beziehungsweise 196,- DM im Jahresabonnement heraus.

VIA-Regionalbüro Baden-Württemberg, c/o Interessengemeinschaft »Ausländische Mitbürger in Württemberg« e.V., Haußmannstr. 6, 7000 Stuttgart 1, Tel. 07 11/2 63 71 78. Die Interessengemeinschaft gibt einen vierteljährlichen Materialdienst mit Informationen, Berichten, Meinungen und Hintergründen mit dem Schwerpunkt Baden-Württemberg zum Preis von 25,- DM heraus.

Mach meinen Kumpel nicht an!

Im September 1985 wurde die Gelbe-Hand-Aktion in Anlehnung an die in Frankreich angelaufene Bewegung S.O.S. Racisme von der DGB-Jugendzeitschrift »ran« gemeinsam mit der Gewerkschaftsjugend in der Bundesrepublik gestartet. Das Symbol der Franzosen, die abwehrende Hand, wurde übernommen, der Sinnspruch »Touche apas á mon pote« frei in »Mach meinen Kumpel nicht an« übersetzt. Vielerorts ist das Aktionszeichen gerade von jüngeren Menschen bekannt gemacht worden – und mit ihm die Ziele der Aktion: die Förderung der internationalen Gesinnung, der Toleranz auf allen Gebieten, des Verständnisses fremder Kulturen und der Völkerverständigung in der deutschen Öffentlichkeit und die Anregung zu kleineren und größeren »Taten« in dieser Richtung.

Am Anfang der Aktion wurde das Thema Ausländerfeindlichkeit zum Beispiel in Betriebe in Duisburg und Dortmund hineingetragen. Es zeigte sich, daß die Kampagne gerade für betriebliche Strukturen hervorragend einsetzbar ist. Bei Thyssen in Duisburg beispielsweise wurden die Materialien der Aktion sehr positiv aufgenommen. Gemeinsame Aktivitäten mit ausländischen Kolleginnen und Kollegen entstanden; im ganzen Werk wurden die Aufkleber geklebt, auch auf zahlreiche Privat-Pkws, und die Anstecker getragen. Ein ausländischer Betriebsrat wurde Gründungsmitglied des Vereins »Die Gelbe Hand«.

Völlig isoliert wurde eine im Werk aktive Gruppe der rechtsextremen FAP, nachdem die Jugendvertreter auf Jugendversammlungen mehrfach über die FAP informiert hatten. Auch in den gewerkschaftlichen Jugendausschüssen in Duisburg wurden Ausländerfeindlichkeit und rechtsextreme Gruppen intensiv diskutiert.

Die Bekämpfung der neonazistischen Szene als einer Kraft, die vor allem Ausländerfeindlichkeit schürt, ist zu einem Bestandteil der Aktion geworden. Ein Stück Aufarbeitung deutscher Vergangenheit ist auch in diesem Zusammenhang immer wieder nötig.

Das Zeichen der offenen, abwehrenden Hand wie auch der Slogan der Kampagne ergeben ihren Charakter: Sie ist nicht aggressiv. Sie wirbt um Sympathie und verspricht Aufklärung. Sie weist auf das fortbestehende Problem der Ablehnung von Ausländern durch Deutsche hin und zeigt einen Weg auf, wie Deutsche und Ausländer gemeinsam einen aktiven Beitrag zur Überwindung der Ausländerfeindlichkeit leisten können.

In der Bundesrepublik wurde die Aktion gleich zu Beginn von zahlreichen prominenten Persönlichkeiten, von Willy Brandt über Ernst Breit, Heinrich Albertz, die Ausländerbeauftragte der Bundesregierung Liselotte Funcke bis hin zu Professor Kurt Biedenkopf und dem Bundespräsidenten Dr. Richard von Weizsäcker unterstützt. Auch viele Sportler, Künstler und Journalisten haben ihre Unterstützung zugesagt.

Einen großen Nachfrageschub nach Aufklebern und Anstekkern erfuhr man in Duisburg, nachdem sich der »Schimanski«-Darsteller Götz George in einem in Duisburg handelnden »Tatort« zu der Aktion bekannt hatte.

Die Jugendzeitschrift »ran« als Initiatorin der Aktion ist weiterhin Motor und Koordinator des inzwischen gemeinnützigen Vereins. Das monatlich erscheinende Magazin der DGB-Jugend wurde um die Aktionszeitung »Die Gelbe Hand« erweitert, die beim Kauf von Buttons und Aufklebern auch gesondert angefordert werden kann.

Darüber hinaus gibt es einen Sonderdruck von »ran«, der die grundlegenden Informationen zur Aktion enthält, Aktionsplakate im Format DIN A3 sowie eine Unterschriftensammlung. Die Unterschriftensammlung hat die Form einer Selbstverpflichtungserklärung, mit der sich der Unterzeichnende zum Mitmachen an der Aktion bekennt. Aus dem Verkauf der Materialien und zusätzlichen Spenden ist ein Fonds für Rechtshilfe und zur Unterstützung von Projekten eingerichtet worden.

Wichtig ist, daß die Aktion offen für alle ist, die sich an ihr beteiligen wollen, egal, an welchem Ort, in welcher Stadt, in welchem Bundesland sie wohnen. Inzwischen ist »Mach meinen Kumpel nicht an« nicht mehr nur eine Aktion von »ran« und der Gewerkschaftsjugend. Kirchengemeinden, Ausländerorganisationen, Betriebsräte, Jugendgruppen, Bürgerzentren, Gliederungen politischer Parteien und sogar Kommunalverwaltungen beteiligen sich. Besonders hervorzuheben ist, daß sich in hohem Maße Schulen für die Aktion interessieren, und zwar Lehrer wie Schüler.

Verstärkt wendet sich der Verein nunmehr an die örtliche Jugend, damit diese sich zu Aktionsgemeinschaften zusammenfindet und die Städte um Unterstützung – sowohl ideeller wie finanzieller Art – angeht. Die jungen Leute sollen – im besten Falle mit fertig ausgearbeiteten Zielvorstellungen – den Ausländerbeirat, den Bürgermeister, die Parteien oder einzelne einflußreiche und ihnen bekannte Kommunalpolitiker ansprechen und anschreiben, denn in jeder Stadt existiert Ausländerfeindlichkeit und Rassismus in irgendeiner Form, die es zu bekämpfen gilt. Eine Broschüre »Kommunen in Aktion gegen Ausländerfeindlichkeit« ist in Bearbeitung.

Kontaktadresse: Aktion »Mach meinen Kumpel nicht an!«, Postfach 26 01, 4000 Düsseldorf, Tel. 02 11/77 78 55
(teilweise aus einer Selbstdarstellung der Aktion sowie teilweise und leicht verändert aus X-press aktuell, »S.O.S. Rassismus«-Biographie einer Aktion, hrsg. vom Verband der Initiativgruppen in der Ausländerarbeit, Regionalverband Nord e.V., Nernstweg 32, 2000 Hamburg 50, Tel. 040/ 39 26 90. Dieses Buch ist dort für 5,– DM erhältlich.)

Interessengemeinschaft der mit Ausländern verheirateten Frauen e.V. (IAF)

Welche Nationalität hat das Kind einer Deutschen und eines Iraners? Braucht man einen Ehevertrag, wenn man einen Marokkaner heiratet? Wie erziehe ich ein Kind in zwei Kulturen? Wie wehre ich mich gegen Behördenwillkür und Diskriminierung?

Diese und viele andere Fragen beschäftigen Frauen und Männer, die mit Ausländern/Ausländerinnen verheiratet sind. Eine Antwort erhielten sie meistens nicht, da es außer den Auswandererberatungsstellen keine Institution gab, die sich mit den besonderen Fragen bi-nationaler Familien befaßte.

Aus diesem »Notstand« heraus entstand 1972 die Interessengemeinschaft der mit Ausländern verheirateten Frauen e.V., Verband bi-nationaler Familien und Partnerschaften, eine Selbsthilfeorganisation, die mit bundesweit 2000 Mitgliedern in 50 Städten vertreten ist.

Schwerpunkte der Arbeit sind: Beratung als Hilfe zur Selbsthilfe, Öffentlichkeitsarbeit, Bildungsarbeit sowie die Zusammenarbeit mit anderen Gruppen.

Die Mitglieder der IAF reagieren aus der eigenen Erfahrung und Betroffenheit auf gesellschaftliche Probleme. Sie tun dies nicht nur argumentativ, sondern nutzen viele andere Aktionsformen.

Ein Beispiel einer IAF-Aktion, die sehr großen Anklang fand, ist das Beispiel: »Ziehen Sie das Los eines Ausländers«.

Am besten spielt man es in der Einkaufszone oder in einer Schulklasse. Jede/r darf ein Los ziehen, auf dem einer der unten abgedruckten Texte steht. Es ergeben sich meistens sehr lebhafte Diskussionen, weil die Texte auch das Gefühl ansprechen:

»Sie haben leider Pech gehabt! Sie sind palästinensischer Arzt und haben jahrelang auf dem Lande in der Nähe einer westdeutschen Großstadt praktiziert. Nun läßt sich im Nachbardorf ein deutscher Arzt nieder. Nach §10 der Bundesärzteordnung ist Ihnen jetzt die Erlaubnis, Ihren Beruf auszuüben, entzogen worden. Auch Ihre Patienten wurden nicht gefragt.«

»Sie haben leider Pech gehabt! Sie sind Spanier. Letzte Woche sind Sie mit einem Arbeitskollegen aus irgendeinem nichtigen Anlaß in Streit geraten. Der Streit wurde laut, und es fiel das Wort »Scheiß-Ausländer«. Sie können nicht verstehen, warum man Ihnen Ihre Herkunft vorwirft.«

»Sie haben gewonnen! Bei Ihnen im Haus ist vor einiger Zeit eine türkische Familie eingezogen. Zuerst dachten Sie an das, was man sich über Türken erzählt. Und nun haben Sie bereits die ersten Kochrezepte ausgetauscht.«

»Sie haben leider Pech gehabt! Sie sind kein Ausländer. Sie waren sogar immer gegen Ausländer. Sie sind arbeitslos. In der Maschinenfabrik im anderen Stadtteil wurden alle Ausländer entlassen. Statt dessen hat man dort ›rationalisiert‹.«

»Sie haben leider Pech gehabt! Sie sind Tunesier. Sie hatten einen Verkehrsunfall verursacht. Sie hatten ein parkendes Auto gerammt und waren trotzdem weitergefahren. Sie wurden erwischt und wegen Fahrerflucht verurteilt, wie es zu erwarten war. Nachdem Sie die Strafe bezahlt hatten, wurden Sie ausgewiesen, da Sie nun vorbestraft sind.«

»Sie haben gewonnen! Sie sind Deutscher, der die Ausländer nicht nur im Urlaub liebt. Sie sind jemand, der die Ausländer als Menschen wie alle anderen auch akzeptiert.«

»Sie haben leider Pech gehabt! Sie sind Türke und leben seit langem in der Bundesrepublik. Der Betrieb, in dem Sie jahrelang gearbeitet haben, ist vor kurzem geschlossen worden. Sie standen vor der Wahl, ENTWEDER nach einem Jahr Arbeitslosigkeit Deutschland verlassen zu müssen (Bezieher von Arbeitslosenhilfe erhalten keine Aufenthaltserlaubnis mehr), ODER die BRD sofort zu verlassen und für die Heimfahrt 10 500,- DM erstattet zu bekommen. Sie haben die letztere Möglichkeit ›gewählt‹, und Sie sind jetzt wieder als Fremder in dem Land, das Sie vor 15 Jahren verlassen haben. Wie es weitergehen soll, wissen Sie auch hier nicht.«

»Sie haben leider Pech gehabt! Sie sind eigentlich kein Ausländer. Aber die Deutschen nennen Sie Zigeuner. Ihre Familie wohnt bereits seit Jahrzehnten in Deutschland. Viele Ihrer Verwandten sind im Konzentrationslager ermordet worden. Von Wiedergutmachung war aber nie die Rede. Im Gegenteil, Sie werden immer noch mit Mißtrauen und Verdächtigungen verfolgt. Man glaubt, daß man Ihnen alles zutrauen kann.«

»Sie haben leider Pech gehabt! Sie sind Türke. Sie arbeiten in einem Betrieb, der in wirtschaftlichen Schwierigkeiten steckt. Die Belegschaft wird unter Druck gesetzt. Sie sind der einzige, der sich alles gefallen lassen muß. Sie dürfen nicht aufmucken. Ihnen ist klar: Wenn man Sie entläßt, haben Sie nicht nur Ihren Arbeitsplatz verloren. Binnen kurzer Zeit müssen Sie dann auch das Land verlassen. Man kann Sie leicht erpressen, nur weil Sie Türke sind.«

Die Texte auf den Losen können je nach Aktualität verändert werden. Die Lose sind leicht herzustellen und erzeugen Neugier.

Erfahrungen, die mit diesem Spiel gemacht werden, interessieren uns sehr.

Anschrift: IAF e.V., Mainer Landstraße 147, 6000 Frankfurt/M. 1, Tel. 0 69/73 78 98 und 73 26 38

WIR e.V. – Forum für besseres Verständnis zwischen Deutschen und Ausländern

WIR sind Journalisten, Juristen, Schriftsteller, Künstler sowie Mitarbeiter von verschiedenen im Ausländerbereich tätigen Organisationen und Institutionen, die sich im August 1984 zusammengeschlossen haben, weil sie die alltäglichen Benachteiligungen ihrer ausländischen Mitbürger bedrückten.

Seit seiner Gründung wandte sich WIR in Pressegesprächen, -erklärungen und Aufrufen an die Öffentlichkeit, wann immer tendenziöse Darstellungen ausländerspezifischer Fragen durch Politiker oder einzelne Medien eine sachgerechte Berichterstattung beziehungsweise Auseinandersetzung überlagerten.

Desgleichen bemüht sich WIR durch Intervention bei Behörden, Ministerien oder durch Eingaben an Anstalten des öffentlichen Rechts in Fällen offensichtlicher Diskriminierung einzelner ausländischer Gruppen oder Personen. Ebenso wird nicht versäumt, besonders gelungene Beispiele einer positiven Aufarbeitung der betreffenden Thematik durch Anerkennung zu unterstützen.

Unlängst ist WIR dazu übergegangen, verstärkend auf Multiplikatoren einzuwirken, zum Beispiel durch eine gemeinsame Tagung mit der Evangelischen Akademie Mülheim zum Thema »Ausländer in den Medien«, Teilnahme an den regelmäßigen Beratungen des Gesprächskreises Asyl, mit in der Flüchtlingsarbeit engagierten Vertretern von Kirchen sowie der Spitzenverbände der freien Wohlfahrtspflege, an Seminaren mit Sozialarbeitern über die Behandlung des Flüchtlingsthemas in den Medien, verbunden mit Anleitungen für eine diesbezügliche Einflußnahme auf Journalisten.

Seit 1987 sind erste Schritte für ein bundesweites Netzwerk eingeleitet worden. Zum Zweck gegenseitiger Unterstützung sollen durch das WIR-Büro alle ausländerorientierten Verbände und Initiativen mit Journalisten, Rechtsanwälten, Politikern und Wissenschaftlern in Kontakt gebracht werden.

Anschrift: WIR e. V., Wachsbleiche 26, 5300 Bonn 1, Tel.: 02 28/63 47 70

Örtliche deutsch-ausländische Aktionskreise und Initiativen

Es gibt Tausende örtlicher Gruppen. Nur ein paar werden hier aufgeführt. Und auch nur einige wenige sollen stellvertretend für die vielen Initiativen erwähnt sein.

Die *Reutlinger Initiative Deutsche und Ausländische Familien (RIDAF) e.V.* besteht seit 1981 als überparteiliche, multinationale Selbsthilfeorganisation, um Ausländer aller Nationalitäten bei der Verwirklichung ihrer sozialen und kulturellen Interessen aktiv und wirkungsvoll zu unterstützen und zu fördern sowie die Lebenssituation der ausländischen Familien zu verbessern. Dazu trägt eine »Deutsch-Ausländische Begegnungsstätte« bei. Als anerkannter Träger der freien Jugendhilfe und außerschulischen Jugendbildung erstreckt sich *ein* Hauptbereich der Vereinsaktivitäten – neben der Familien- und Frauenarbeit – auf die Jugendarbeit, unter anderem mit einem Internationalen Jugendtreff. Zu den Angeboten für deutsche und ausländische Familien zählen Familienseminare am Wochenende im Schwarzwald, Familientreffs im RIDAF-Haus, Beratung und Betreuung ausländischer Familien und Frauen, eine Mutter-Kind-Gruppe, Schwangerschaftsbetreuung, Nähkurse für deutsche und ausländische Frauen und eine türkische Folkloregruppe, ein Theaterprojekt, ein Arbeitskreis Ausländerfeindlichkeit und die Woche der ausländischen Mitbürger. In einer umfangreichen Broschüre mit Bildern und Berichten werden die zahllosen Aktivitäten dieser deutsch-ausländischen Initiative geschildert.

Anschrift: RIDAF e.V., Gmindener Str. 12, 7410 Reutlingen, Tel.: 0 71 21/3 75 73

In der Region Hannover gibt es seit 1976 den *Arbeitskreis Ausländer (AKA) im Bund der Deutschen Katholischen Jugend (BDKJ),* um neue Wege für ein Zusammenleben zwischen Ausländern und Deutschen zu entwickeln. Seit 1980 hat der AKA zusammen mit acht weiteren deutschen und ausländischen Gruppen, Vereinen und Institutionen Räume im Treffpunkt Allerweg in Hannover. In Absprache mit ausländischen Eltern, Kindern und Vertrauensleuten bietet der AKA Spiel- und Lerngruppen im außerschulischen Bereich an. Er führt multinationale Ferienfreizeiten, Ausflüge, Elternabende und Freizeitveranstaltungen durch; Hausbesuche, Sprachkurse, Beratungen und Hilfen bei Behördengängen gehören zur täglichen Arbeit.

Anschrift: Arbeitskreis Ausländer, Bund der Deutschen Katholischen Jugend, Allerweg 3-7, 3000 Hannover, Tel.: 05 11/45 61 32

Die *Hausaufgabenhilfe international* des Stadtjugendrings Mannheim e.V. arbeitet seit etwa 15 Jahren in Gruppen mit meist ausländischen Schülern. Eine Broschüre mit bewährten Spielen für ausländische und deutsche Kinder ist zum Selbstkostenpreis erhältlich.

Anschrift: Stadtjugendring Mannheim e.V., K 2/10, 6800 Mannheim 1, Tel.: 06 21/1 36 00

Der *Arbeitskreis Ausländische Kinder e.V. (AKAK)* in Hameln hat die ursprüngliche Hausaufgabenhilfe unter anderen um Beratung für ausländische Arbeitnehmer und Asylbewerber, Alphabetisierungs- und Deutschkurse für ausländische Frauen, Nähkurse und so weiter erweitert.

Anschrift: AKAK e.V., Gröninger Str. 12a, 3250 Hameln 1, Tel.: 0 51 51/ 4 44 41

Der *Arbeitskreis gegen Ausländerfeindlichkeit* in Freiburg wurde 1982 gegründet, um auf die Verschärfung von ausländerpolitischen Maßnahmen und die wachsende Ausländerfeindlichkeit in der deutschen Bevölkerung zu reagieren. Zu diesem Zweck haben sich Kleingruppen mit unterschiedlichen Arbeitsschwerpunkten gebildet, die zum Teil noch existieren oder sich inzwischen aufgelöst haben:

● Eine Arbeitsgruppe beschäftigt sich mit ausländerfeindlichen und rechtsextremistischen Organisationen; darüber wurde eine Dokumentation veröffentlicht.
● Es wurde eine Diaserie mit dem Titel »Fremde in Deutschland« erstellt, die bei Veranstaltungen gezeigt wird oder ausgeliehen werden kann.
● Eine Theatergruppe spielte zirka zwei Jahre Straßentheater und trat bei Veranstaltungen auf.

Gemeinsam mit anderen Organisationen und Gruppen hat der Arbeitskreis Aktionen gegen faschistische Treffen in Schönau (Schwarzwald), Sasbach (bei Kehl/Rhein) und im Novotel in Freiburg sowie Aktionen gegen den in Freiburg arbeitenden »Arbeitskreis Ausländerstopp«, der sich mittlerweile »Arbeitskreis Ausländerpolitik« nennt, durchgeführt.
Der Arbeitskreis trifft sich jeden 1. und 3. Mittwoch um 20 Uhr in der Faulerstraße 8 – Hinterhof, 7800 Freiburg, Tel.: 0761/3 28 86
(aus einer Selbstdarstellung)

Die unglaubliche Geschichte einer Initiative

Die Entwicklung und Entstehungsgeschichte dieses Vereins spiegelt den Abbau von öffentlichen Mitteln in den vergangenen Jahren wie auch das notwendige Engagement einzelner wider. Insofern steht sie für viele Initiativen. Und auch daß sie anonym bleiben muß, ist kein Zufall.

Stellen wir uns also eine Kleinstadt im Dunstkreis einer der vielen Großstädte vor.

Seit Anfang der achtziger Jahre gab es in den Kindergärten der Stadt Sprachförderung für ausländische Kinder unter der Trägerschaft der Stadt. Das Land zahlte damals noch 20,– DM pro Gruppenstunde. 1982 kam es zu Mittelkürzungen. Der Sozialamtsleiter meinte, die Sprachförderung sollte beendet werden, da die Stadt sicher nicht den Ausfall übernehme. Auf den Protest einer der engagierten Frauen gab es als Antwort nur Schulterzucken.

In der Zwischenzeit hatten die Frauen in der Betreuungsgruppe die vielfältigen Probleme ausländischer Familien kennengelernt. Die Familien wünschten die Sprachförderung sehr. Man wandte sich an die Evangelische und Katholische Kirche sowie an die drei im Gemeinderat vertretenen Parteien mit der Bitte um Unterstützung. Die Frauen erklärten ihnen, daß eine verbale Anerkennung der Sprachförderung nicht ausreichend ist. In einer Stadt, die durch zahlreiche Firmen reich sei und viel Geld für Prestigeobjekte ausgebe, müsse auch eine finanzielle Unterstützung solcher Maßnahmen möglich sein.

Eine erste Aktion wurde gestartet: Ausländische und deutsche Frauen basteln und backen gemeinsam, verkaufen dies auf dem Adventsmarkt und übergeben dem Bürgermeister im

Beisein der Presse ironisch »als Zeichen guten Willens« einen Scheck mit der Forderung um Fortführung der Sprachförderung.

Als Ergebnis dessen bleibt die Sprachförderung bestehen und wird vier Jahre lang in jedem Jahr ein wenig mit entsprechender finanzieller Unterstützung der Stadt ausgeweitet.

Das Erkennen der Probleme, speziell der ausländischen Frauen, führt zur Gründung einer Aktionsgruppe. Ohne finanzielle Unterstützung wird mit einem Deutschkurs in einem von der Katholischen Kirche zur Verfügung gestellten Raum begonnen. Weitere Kurse, ausgehend von den Bedürfnissen der Frauen, schließen sich an: Internationaler Kochkurs, Töpferkurs, Basteln, Nähkurse (wobei letztere von einem anderen Verein bezuschußt werden), Deutschkurse.

Mittlerweile stellt die Aktionsgruppe fest, daß dies alles nicht ausreicht, daß zwar die zwischenmenschlichen Beziehungen, aus denen auch Freundschaften entstanden sind, sehr wichtig sind, daß man insgesamt aber zu wenig helfen kann. Deshalb entscheidet man sich zu mehr Öffentlichkeitsarbeit.

Der Gedanke einer internationalen Woche entsteht. Privat werden die Gemeinderäte zu einem Treffen eingeladen, um ihnen diese Idee vorzustellen, wobei ihnen zum Nachdenken auch ein Dia-Vortrag über die »deutsche Kultur und Identität« zugemutet wird. Die zweite Stufe ist eine Unterschriftensammlung wie auch ein offizieller Brief an den Bürgermeister und an die Gemeinderäte.

Diese erste internationale Woche findet mit finanzieller Unterstützung der Stadt – unter der Schirmherrschaft des Bürgermeisters – unter Einbeziehung zahlreicher Vereine und der Kirchen statt.

Die Woche umfaßt Feste, Ausstellungen, einen Dia-Vortrag, einen Film und eine Diskussion. Auch die ersten Flüchtlinge aus Afrika werden mit einbezogen. Die Woche ist insgesamt sehr erfolgreich, wenn man von einem Problem mit rechtsradikalen Türken einmal absieht.

Im Jahr darauf werden die Wohnungsprobleme der ausländischen Familien über eine landesweite Initiativgruppe durch die Presse und eine Anfrage der Aktionsgruppe bei Gemeinderäten und Bürgermeister thematisiert. Ein Gemeinderat meint, der Initiative stünden solche Fragen nicht zu.

Eine zweite internationale Woche wird geplant. Der Sozialamtsleiter sagt die finanzielle Hilfe der Stadt wie im Vorjahr zu, aber kurz vor den Sommerferien heißt es dann: »April, April!« Außer kostenlosen Räumen und einer Autorenlesung gibt es keine Hilfe der Stadt. Nach einer Versammlung äußert die Initiative ihren Protest in einem Brief an den Bürgermeister und die Gemeinderäte und fordert sie auf, diese Entscheidung zurückzunehmen, da alles im Vertrauen auf die mündlichen Zusagen geplant sei. Ein Dringlichkeitsantrag aller drei Fraktionen im Gemeinderat führt zu einer heftigen Diskussion, in der sich alle Fraktionen auf die Seite der Initiative stellen, der Bürgermeister allerdings dagegen ist. Bevor es zur Abstimmung über den Antrag kommt, erklärt der Bürgermeister sinngemäß: »Im übrigen ist es mir jetzt zu dumm, nächster Punkt der Tagesordnung!« Typisch für XYZ, daß die Gemeinderäte sich nicht dagegen wehren.

Daraufhin wird vor der internationalen Woche eine Pressekonferenz durchgeführt. Das Programm wird mit der Bitte um Hinweise in der Presse vor den Veranstaltungen vorgestellt, da aufgrund der Situation die Werbung nur sehr mangelhaft sein könne. Die Presse berichtet darüber durchaus korrekt. Dies führt zu heftigen verbalen Reaktionen der Stadt, da man versucht, das Gesicht zu wahren.

Die zweite internationale Woche findet mit Festen, einer Ausstellung, Filmen aus Vietnam und Eritrea, einer Diskussion über Mitbestimmung in der Gemeinde und so weiter statt. In der Bilanz stellt man fest, daß nur deshalb keine Defizite entstanden sind, weil viele auf die Erstattung ihrer Auslagen verzichtet haben. Ein Gespräch mit den von der Initiative eingeladenen Gemeinderäten führt zu deren Rat, die eigenen Aufstellungen über die Kosten noch detaillierter und konkreter zu erstellen, um damit in ein Gespräch mit dem Bürgermeister zu gehen.

Die Inititative unterzieht sich dieser Arbeit, der Bürgermeister hat jedoch leider keine Zeit und verweist auf den Sozialamtsleiter als Ansprechpartner, der jedoch keinerlei Möglichkeiten zu irgendeiner Entscheidung hat. Der Bericht über die Finanzsituation und der Antrag auf Bezuschussung der Arbeit für das folgende Jahr führt bis zum Juni dieses Jahres zu keinerlei Antwort.

Nun entschließt sich die Initiative am Jahresanfang zur Gründung eines eingetragenen Vereins. Eine Deutsche und ein Ausländer werden die Sprecher der Organisation. Es wird ein Antrag auf Vereinsräume für die vielfältige Arbeit gestellt, die in einer umfangreichen Anlage dargestellt wird. Die Antwort des Bürgermeisters ist die Bitte um Geduld bis zum Herbst, wenn das Kommunikationszentrum fertig ist.

Im Mai schließt sich eine Informationsveranstaltung anläßlich der Gründung des Vereins mit einer Fotodokumentation, mit dem Ansprechen von Problemen durch die ausländischen Mitglieder, mit Unterhaltung und mit einer Bitte um Spenden an. Laut Satzung will sich der Verein wie so viele für die soziale, rechtliche und politische Gleichstellung ausländischer Mitbürger einsetzen.

Für die Zukunft *hofft* der Verein auf finanzielle Unterstützung, auf Räume für Vereinstreffen, die Sprachförderung und Freizeitangebote für Jugendliche im Ortsteil, Frauenkurse, Informationsabende, Beratung ausländischer Mitbürger, Kochen, Tanzen, Diskussionen und so weiter.

Sicher nicht der letzte Nachtrag: Nach einer telefonischen Anfrage der einzigen engagierten Gemeinderätin beim Sozialamtsleiter im Sommer des Jahres hört sie, daß der Verein die beantragte finanzielle Unterstützung erhalten wird ... Bis zum nächsten Mal?!

Kontaktanschrift: XYZ, fragen Sie doch einmal eine Initiative in Ihrer Umgebung!

Deutsche und Ausländer zusammen (D.A.Z.) Ludwigsburg

Der D.A.Z. in Ludwigsburg wurde 1982 als gemeinnütziger, eingetragener Verein gegründet. Er ist ein demokratischer und überparteilicher Zusammenschluß von Einzelpersonen, ausländischen Vereinen, Initiativgruppen, Kirchen, Gewerkschaften, Parteien.

Im D.A.Z. gibt es die Arbeitskreise »Frauen« (ein Projekt zur Verbesserung der Gesundheitsversorgung ausländischer Frauen, Kurse für ausländische Frauen, Feste, Info-Stände), »Wohnen« (mit Info-Veranstaltungen zur Wohnsituation), »Ausländerausschuß« (mit Vorbereitungstreffen für diesen Ausschuß), »Kommunalwahlrecht« (mit Info-Veranstaltungen, Info-Ständen) sowie zu aktuellen Fragen in der Ausländerpolitik. Neben diesen Arbeitskreisen macht der Verein Podiumsdiskussionen und Informationsveranstaltungen, Öffentlichkeitsarbeit durch Info-Stände, Seminare, Freizeitaktivitäten und Feste, und es gibt eine türkische Frauengruppe mit Kinderbetreuung.

Anschrift: D.A.Z. e.V., Wilhelmstr. 35, 7140 Ludwigsburg, Tel.: 0 71 41/ 2 63 17

Verein zur Förderung der Ausländerarbeit in Hattingen

1971 wurde der Koordinierungskreis für ausländische Mitbürger Hattingen gegründet. Gleichzeitig wurde eine Koordinierungsstelle bei der Stadt Hattingen eingerichtet. Diese Stelle ist heute bei der Volkshochschule eingegliedert.

Der Koordinierungskreis hat von Beginn an sehr intensiv gearbeitet und gab sich wegen der zunehmenden vielfältigen Aufgaben und Aktivitäten mehrere Fachausschüsse. 1973 richtete die Stadt ein Freizeit- und Begegnungszentrum »Haus Burgeck« ein, das auch noch heute Drehpunkt der Hattinger Arbeit ist.

Der Hauptausschuß des Koordinierungskreises, der sogenannte Ausschuß für »Programmplanung und Öffentlichkeitsarbeit«, hat zum Jahreswechsel 1984/85 Vereinsstatus erhalten und wurde vom Finanzamt als gemeinnützig anerkannt. Er trägt den Namen:»Verein zur Förderung der Ausländerarbeit in Hattingen e.V.«. Dieser Verein hat etwa 100 Mitglieder.

Die Vereinsgründung hat besonders zwei Vorteile: Es können zum einen satzungsmäßige und demokratische Wahlen durchgeführt werden. Er ist zum anderen finanziell und organisatorisch von der Stadt unabhängiger geworden, obwohl die Stadt Hattingen die Geschäftsführung trägt. Die Partnerschaft »Stadt – Verein« ermöglicht besseres und schnelleres Handeln, was sich in einer sehr lebendigen Breitenarbeit in der Stadt deutlich zeigt.

Der Verein führt Sprachkurse für Ausländer und Deutsche durch. An politischer, kultureller und rechtlicher Bildung werden Seminar-, Vortrags- und Diskussionsveranstaltungen in folgenden Bereichen angeboten:

● Ausländerrecht, Rückkehrhilfe, Grundgesetz, Gemeindeordnung, Familienrecht, Seminare für deutsche und ausländische Familien, Jugendliche und Frauen, Länderkunde-Seminare;

- Studienfahrten, Ausstellungen, Dichterlesungen, Filmveranstaltungen, Musikkurse;
- Musik- und Folkloreveranstaltungen, Ausländerbibliothek, Internationale »Bunte Abende«, Beteiligung an der Kemnade International;
- Förderung der Teilnahme an Seminaren zur Ausländerproblematik, Referentenvermittlung für Seminare;
- Mitarbeit im Medien-Versand beim Adolf-Grimm-Institut;
- Öffentlichkeitsarbeit.

Daneben werden Gruppen und Initiativen gefördert von der Internationalen Frauengruppe bis zu einer türkisch-deutschen Theatergruppe.

Die Stadt Hattingen – Rat und Verwaltung – fördern die Ausländerarbeit mit erheblichen Mitteln, 1985 zum Beispiel mit 237 000 DM. Zuständig für die Ausländerarbeit ist der Kulturausschuß. Als sachkundige Einwohner wirken inzwischen vier Ausländer in Ratsausschüssen mit.

Die interessante Satzung des Vereins wird durch die folgenden Passagen deutlich: »Der Verein verfolgt das Ziel, das Zusammenleben und die Zusammenarbeit zwischen Deutschen und Ausländern zu fördern und zu unterstützen. Der Vorstand besteht aus sieben Mitgliedern, die mindestens drei Nationen angehören müssen. Er bedient sich zur Erfüllung seiner laufenden Aufgaben und insbesondere zur Ausführung seiner Beschlüsse eines Geschäftsführers, der durch den Stadtdirektor der Stadt Hattingen bestimmt wird. Der Geschäftsführer ist an die Beschlüsse des Vorstandes gebunden. Er hat die übrigen Mitglieder laufend über seine Tätigkeit zu informieren.«

Anschrift: Verein zur Förderung der Ausländerarbeit in Hattingen e.V., Klaus Sager, VHS Hattingen, Postfach 80 04 56, 4320 Hattingen oder Haus Burgeck, Bahnhofstr. 78, 4320 Hattingen, Tel.: 0 23 24/ 20 43 79 und 20 44 48.

Arbeitsgemeinschaft für Ausländerfragen in Sindelfingen e.V. (ARGE)

ARGE ist ein Zusammenschluß von Einzelpersonen und Gruppen aus ausländischen Vereinen, Initiativgruppen, Kirchen, Wohlfahrtsverbänden, Gewerkschaften, Volkshochschule, Parteien und Kommunalverwaltung. Die ARGE-AF wurde 1980 gegründet und im Januar 1985 in einen eingetragenen Verein umgewandelt, der als gemeinnützig anerkannt ist. Im Juli 1985 gehörten der ARGE-AF e.V. 33 Vereine und Institutionen sowie 65 Einzelpersonen an. Neben dem Vorstand und der Mitgliederversammlung ist der Ausländerbeirat ein wichtiges Organ des Vereins. Am 10. März 1985 wurde er erstmals durch eine Urwahl gewählt. Er übernimmt Aufgaben im Verein und vertritt vor allem die Interessen der ausländischen Mitbürger gegenüber Stadtverwaltung und Gemeinderat.

Die Ziele von ARGE sind:

● Die Interessen der in Sindelfingen lebenden Ausländer im Gemeinderat und in der Öffentlichkeit vertreten.

● Treffpunkt und Forum für Deutsche und Ausländer sein.

● Die Zusammenarbeit und die Verständigung zwischen Deutschen und Ausländern unterstützen.

● Enge Kontakte zu allen ausländischen Gruppierungen und Institutionen pflegen. Die Angebote verschiedener Gruppen, die in der Ausländerarbeit tätig sind, koordinieren.

● Initiativen für die Lösung bestimmter Problembereiche anregen. (Zum Beispiel: Kindertagesstätten, Jugend- und Ausbildungsfragen, Sprachprobleme, Freizeitgestaltung, Wohnungswesen.)

ARGE gibt die »Sindelfinger Palette« (siebensprachige Zeitung für Ausländer und Deutsche) heraus, macht Öffentlichkeitsarbeit durch Infostände, hat Arbeitskreise zu verschiedenen Themen wie Öffentlichkeitsarbeit, Bildung, Frauen, Freizeit, Kultur und Sport, Schule und Beruf, ausländische Kinder und führt Sprachkurse, Handarbeitskurse, Gesprächskreise, Schwimmkurse, Seminare und Fortbildungsveranstaltungen, Podiumsdiskussionen und Informationsveranstaltungen, Freizeitaktivitäten und Feste, Kinderbildungsfreizeiten, Spielothek, Ausflüge mit Kindern sowie Beratung in sozialen Fragen durch. Zur besseren Koordination der Arbeit steht eine Geschäftsstelle mit hauptamtlichen Mitarbeitern zur Verfügung.

Anschrift: ARGE Sindelfingen e.V., Hanns-Martin-Schleyer-Straße 15, 7032 Sindelfingen, Tel.: 0 70 31/8 31 94

Internationales Begegnungszentrum Friedenshaus e.V. Bielefeld

Grundsätzliche Überlegungen zu unserem Selbstverständnis
Durch die Existenz von Arbeitsemigranten und ihren Familienangehörigen sowie von Flüchtlingen hat sich die BRD – durch das Zusammenleben verschiedener Nationaliäten – zu einer multikulturellen Gesellschaft entwickelt. Hierdurch wird das kulturelle Leben um neue Dimensionen und Qualitäten bereichert. Diese Entwicklung erfordert ein Umdenken und eine Neuorientierung auf allen gesellschaftlichen Ebenen. Werte und Vorstellungen müssen dahingehend verändert werden, daß andere kulturelle Ausdrucksformen des Zusammenlebens von Menschen die gleiche Existenzberechtigung erhalten.

Die in der BRD lebenden Ausländer/innen werden ständig mit der Forderung nach Integration konfrontiert. Die Begriffe »Integration« und »Wahrung kultureller Identität« tauchen in dem Zusammenhang ständig auf. Dabei wird Kultur jedoch meist auf einen sehr eng umgrenzten Bereich reduziert wie Religion, Essen, Kleidung, Folklore, Musik und Muttersprache. Ein solch enges Kulturverständnis wird den Menschen und ihren Lebensbedingungen in einem fremden Land nicht gerecht. Kultur schließt auch alltägliche Lebensgewohnheiten ein sowie soziale Beziehungen, Vorstellungen über Leben und Gesellschaft, politische und religiöse Anschauungen und auch existenzielle Bedingungen, Arbeitsformen, Erziehung und Bildung. Dabei ist Kultur niemals ein festgeschriebenes statisches Gebilde, sondern mit den Lebensbedingungen der Menschen ständig in Veränderung begriffen.

Ein Zusammenleben verschiedener Nationalitäten in einer Gesellschaft erfordert ein erweitertes Verständnis von Kultur, in dem es nicht darum gehen kann, daß sich eine Minderheit der vorherrschenden Mehrheit anpaßt, sondern daß eine Auseinandersetzung mit den Inhalten verschiedener Kulturen auf allen Seiten stattfindet, um Vorurteile und Diskriminierungen auszuräumen.

Die Situation der in der BRD lebenden Ausländer ist gekennzeichnet von Ausgrenzung, von sozialer, politischer und rechtlicher Benachteiligung. Eine Ausländerpolitik, die ausländische Bürger/innen einer beständigen politischen und rechtlichen Unsicherheit aussetzt, unterstützt und betreibt selbst Fremdenfeindlichkeit, Diskriminierung und Rassismus.

Integration kann auf diesem kulturellen und politischen Hintergrund nur verstanden werden als Schaffung der Möglichkeit, eine Position in unserer Gesellschaft einzunehmen unter Wahrung eigener Identität, eigener Interessen und unter der Voraussetzung von Chancengleichheit und Gleichberechtigung in allen gesellschaftlichen Bereichen.

Das IBZ Friedenshaus arbeitet auf der Grundlage eines interkulturellen Ansatzes, das heißt, wir verfolgen das Ziel, Begegnung und Austausch zwischen den Angehörigen unterschiedlicher Kulturen zu ermöglichen und Prozesse gegenseitigen Verstehens und gegenseitiger Akzeptanz und Toleranz zu fördern. Dabei sollen Barrieren und Vorurteile, die ein gegenseitiges Verstehen behindern, abgebaut werden. Praktisch werden diese Ziele und Vorstellungen in den verschiedenen Bereichen unserer Arbeit umgesetzt, in denen eine Zusammenarbeit zwischen Menschen aus verschiedenen Ländern möglich ist.

Aufgabe interkultureller Arbeit ist es, ein Bewußtsein zu schaffen für die Verhältnisse in einer multikulturellen Gesellschaft. Dazu gehört es, soziale und politische Prozesse zu fördern, die einen kulturellen Dialog ermöglichen, die auf Selbstbestimmung, Mitsprache und aktive Teilnahme am politischen Leben sowie auch Gleichberechtigung und Chancengleichheit der Ausländer/innen abzielen. Dieses schließt auch die Forderung nach einer Veränderung gesellschaftlicher und politisch-rechtlicher Rahmenbedingungen ein, da diese zur Einschränkung der politischen und kulturellen Praxismöglichkeiten der ausländischen Bürger/innen beitragen und sich auf den Prozeß ihrer kulturellen Entfaltung hemmend auswirken.

Kennzeichnend für den interkulturellen Prozeß ist, daß er nicht starr ist, sondern eine dynamische Entwicklung beinhaltet, die auch Veränderung einbezieht.

Unter interkultureller Arbeit verstehen wir eine Chance, die existenziellen Situationen von Menschen in ihrem Alltagsleben aufzugreifen und sie zum Gegenstand gemeinsamer kreativer und politischer Arbeit zu machen. In diesem Prozeß kann die Aufgeschlossenheit der einzelnen füreinander wachsen sowie die Bereitschaft, sich mit eigenen und fremden Kulturwerten auseinanderzusetzen und zu versuchen, Konflikte produktiv zu lösen.

Das IBZ Friedenshaus ist aus einer Initiative von Deutschen und Ausländern in Bielefeld im April 1981 als Verein gegründet worden. Hintergrund der Vereinsgründung war, unabhängig von den Wohlfahrtsverbänden, denen die Betreuung der Ausländer, aufgeteilt nach Religionszugehörigkeit, zugewiesen ist, eine von den Betroffenen selbstbestimmte Arbeit zu beginnen. Der Vorstand, der die politischen und inhaltlichen Zielsetzungen des Vereins festlegt, ist international zusammengesetzt. Derzeit kommen von den sieben Vorstandsmitgliedern einer aus Chile, einer aus Spanien, einer aus der Türkei, einer ist Palästinenser, drei sind Deutsche.

Im Verein treffen sich eine Reihe ausländischer Gruppen und Vereine, die über keine eigenen Vereinsräume verfügen. Neben den Aufgabenbereichen der hauptamtlichen Mitarbeiter gibt es Arbeitsgruppen, die zu den Themen Kultur, Faschismus und Beratung arbeiten.

Aufgabenbereiche
Durch die im folgenden beschriebenen Gruppen, Kurse, Seminare, Veranstaltungen, Beratungsangebote und so weiter versucht der Verein, seine Ziele umzusetzen. Dazu sind oft viele kleine Schritte notwendig; dabei ist wichtig, das Gesamtziel nicht aus den Augen zu verlieren.
● Fremdsprachenkurse.
● Musik-, Tanz- und Theaterkurse.
● Nähkurse.
● Deutschkurse.
● Kurse der politischen Bildung in deutscher, türkischer und griechischer Sprache, in enger Zusammenarbeit mit ausländischen Vereinen, zu den Schwerpunkten Herkunftsländer der Arbeitsemigranten/innen, Bundesrepublik Deutschland als »Gastland«, Frauen, Kinder und Jugendliche.

Die Kurs- und Seminarangebote werden von den dem IBZ angegliederten Bildungswerken »Interkulturelles Bildungswerk Friedenshaus« und »Institut für Friedenserziehung« finanziert und organisiert.

Neben den Bildungsangeboten ist es möglich, durch einen Zuschuß des Landes Nordrhein-Westfalen für »Maßnahmen zur Integration« weitere Gruppen im Sprach-, Freizeit-, Kreativitäts- und Beratungsbereich für Jugendliche und Erwachsene anzubieten. Dazu zählen: muttersprachliche Hausaufgaben-

betreuung, Kochkurse, Medienarbeit, Englischkurse für griechische Jugendliche, Einzel- und Gruppenberatung.
● Beratung: Dieser Arbeitskreis hat sich aus den täglichen Fragen, Sorgen und Problemen der Besucher des Vereins heraus entwickelt. Anfangs ehrenamtlich geleistet, ist man heute in der Lage, die Beratungsarbeit wenigstens zum Teil finanziert zu bekommen. Eine gewisse Professionalisierung war notwendig, da die Zahl der Ratsuchenden täglich zunahm und eine effektive Beratung kontinuierliche Ansprechpartner verlangt. In griechisch, türkisch und kurdisch findet eine muttersprachliche Beratung statt. Für die Angehörigen anderer Nationalitäten wird versucht, wenn notwendig, die anstehenden Fragen mit Hilfe von Dolmetschern zu lösen, die meist unter unseren Mitgliedern gesucht werden.

Selbstverständlich werden auch Flüchtlinge beraten, insbesondere wird der Verein durch das muttersprachliche Angebot von kurdischen Flüchtlingen aufgesucht.
● Kinder- und Jugendbereich: Neben regelmäßiger Hausaufgabenbetreuung und Spielgruppen werden Ausflüge, Feste und Theaterveranstaltungen organisiert, teils auch für die Eltern.

Die in den Verein kommenden Jugendlichen sind in der Planung ihrer Aktivitäten sehr selbständig. Sie organisieren sich nach Interessengruppen (Chor, Folklore, Sport). Sie nutzen die Kantine des Vereins als Treffpunkt, treten mit ihren Gruppen bei Festen auf.

Der vielzitierten Zerrissenheit der Kinder und Jugendlichen in zwei Welten versucht man damit zu begegnen, daß hier »beide Welten« in der Wertschätzung gleichermaßen anerkannt sind. Es wird niemand angehalten, hier unbedingt deutsch zu sprechen, wie es oft in Kindergärten und Schulen der Fall ist. So steht es den Zielen auch nicht entgegen, wenn sich die Jugendlichen in nationalen Gruppen treffen. Für diese Altersgruppe ist es wichtig, ein Rückzugsgebiet zu haben, wo sie in ihrer Sprache und kulturellen Ausdrucksform angenommen sind, um so eine sichere Ausgangsbasis für die Auseinandersetzung mit dem Neuen zu haben.
● Kultur: In regelmäßigen Abständen findet eine Abendveranstaltung (Café-Konzert) statt, bei der Interpreten aus verschiedenen Ländern Beiträge aus den Bereichen Musik, Tanz, Poesie und Theater darbieten. Interpreten dieser Veranstaltungsreihe sind deutsche und ausländische Kulturschaffende aus der Stadt und der Umgebung.

Eine andere seit langem bestehende Kulturveranstaltung ist die Chile-Peña. Sie hat ebenfalls ihren festen Platz in dem Haus. Nach dem Vorbild der von Violette Para in Chile gegründeten Peña werden hier Beiträge aus dem lateinamerikanischen Kulturleben und auch darüber hinaus dargeboten.
● Die Kantine: Zentraler Treffpunkt des Hauses ist die Kantine. Zentral gelegen, so daß für jeden, der ins Haus kommt, auf den ersten Blick zu sehen ist, wer gerade dort ist. Die Kantine bietet von montags bis freitags Getränke und kleine Speisen an, die für jeden erschwinglich sein sollen. Man kann dort griechische, türkische und deutsche Tageszeitungen lesen oder Tavla spielen. Es gibt keinen Verzehrzwang.

In der Kantine finden in informeller Form viele interkulturelle Begegnungen statt. Hier trifft man sich nach den Sprachkursen und kann das Gelernte gleich in der Praxis anwenden, oder es werden aktuelle politische Ereignisse aus der Sichtweise der Angehörigen verschiedener Nationalitäten diskutiert. Planen lassen sich die Treffen in der Kantine nicht. Aber dafür sind die oftmals unvorhergesehenen, langen Abende immer sehr gemütlich.

Die Mitarbeiter/innen: Diese vielfältigen Aufgaben in dem Verein erledigen derzeit zehn Mitarbeiter/innen und zwei Zivildienstleistende. Man ist jedoch immer wieder darauf angewiesen, ABM-Stellen des Arbeitsamtes bewilligt zu bekommen, um Personen für die Umsetzung neuer Ideen zu haben. Bei der Besetzung der Stellen ist man darauf bedacht, das Verhältnis zwischen deutschen und ausländischen Mitarbeiter/innen im Gleichgewicht zu halten.

Politische Arbeit: Die Ausführungen zum Selbstverständnis machen deutlich, daß eine der Aufgaben darin besteht, klar Stellung zu beziehen gegen jegliche Form von Fremdenfeindlichkeit und Rassismus. Es werden Veranstaltungen durchgeführt, die sich thematisch mit Faschismus und Fremdenfeindlichkeit sowie der politischen und rechtlichen Benachteiligung der Emigranten und Flüchtlinge auseinandersetzen; Politiker werden zu Diskussionen eingeladen und öffentliche Aktionen geplant, um auf die Forderungen des Vereins nach Chancengleichheit und Gleichberechtigung von Ausländern und Deutschen aufmerksam zu machen. Darüber hinaus wird bestehenden Gruppen angeboten, mit dem Verein über seine Arbeit und seine Forderungen zu diskutieren.

In der politischen Arbeit nach außen ist der Verein offen für die Zusammenarbeit mit anderen Initiativen und Organisationen. Dabei entstehen punktuelle Bündnisse zu bestimmten Forderungen und Aktionen sowie auch langfristig angelegte Kooperationen zwischen dem IBZ Friedenshaus und zum Beispiel ausländischen Vereinen.

(gekürzt und leicht verändert aus einer Selbstdarstellung)

Anschrift: Internationales Begegnungszentrum Friedenshaus e.V., Teutoburger Str. 106, 4800 Bielefeld, Tel.: 0521/69874

Intercent Marl und christlich-islamischer Dialog

Die im ersten »Aktionshandbuch Ausländer« beschriebene Aktion »100 Marler lernen türkisch« hatte als Sprachkurs kaum den erhofften Erfolg. Nach einem halben Jahr hatten sich die zahlreichen Sprachkurse, die mit großem Elan und guter Öffentlichkeitsarbeit begonnen waren, zum größten Teil aufgelöst. Aber dies führte zur Entstehung des »Intercent«, einem Haus und Treffpunkt für Ausländer und Deutsche, das der »Koordinierungskreis deutscher und türkischer Bürger« in Marl Anfang der achtziger Jahre gründete. Dieses Haus wird nicht nur in der Bevölkerung akzeptiert, sondern von allen politischen Parteien am Ort, von den Wohlfahrtsverbänden, Moscheen und Kirchen unterstützt. In einer Zeit zunehmender Ausländerfeindlichkeit und wachsenden Hasses gegen Türken in der Bundesrepublik wirkt »Intercent« als ein am Ort akzeptiertes Projekt integrierend.

Parallel zu den Sprachkursen »Türkisch für Deutsche« und der Gründung des »Intercent« hatte sich das Jugendamt der Stadt Marl um eine türkenfreundliche Fortbildung der deutschen Erzieherinnen, um Beschäftigungsmöglichkeiten für türkische Erzieherinnen, um besondere Förderung türkischer Kleinkinder und um Kinderfeste bemüht, bei denen türkische Kinder und ihre Familien eine Möglichkeit zur Darstellung ihrer Kultur fanden, wodurch Sympathie bei vielen Deutschen aufgebaut werden konnte. Die Marler Presse bemüht sich kontinuierlich um Berichterstattung. Das ist ein Verstärker für ausländerfreundliche Initiativen.

In einer überschaubaren Stadt wie Marl (95000 Einwohner) wächst die Nähe zwischen Personen – gleich welcher Nationalität, Weltanschauung oder beruflicher Einbindung – relativ leicht. Studienreisen in die Türkei spielten hierbei eine wichtige Rolle, besonders drei Reisen, die bisher vom Jugendamt und dem »Intercent« durchgeführt wurden.

Christlich-islamischer Dialog: Aus diesen Verbindungen und Projekten verstärkte sich die Einsicht, als zusätzliche Ebene »Religion« zum Thema zu machen. Es müßte möglich sein, Kirchen und Moscheen in einen christlich-islamischen Dialog zu bringen. Bei Vorgesprächen zeigte sich, daß die drei über das Stadtgebiet verteilten Moscheen im Leben der Türken wichtig sind. Zwei von ihnen sind Diyanet-Moscheen, während die dritte zu der Islamischen Union gehört. Die Zusammenarbeit mit den beiden christlichen Konfessionen klappt in Marl vorzüglich.

Christlich-Islamische Woche: Die Initiative hierzu kam sowohl von den in Marl kooperierenden Kreisen als auch von der überregional tätigen »Christlich-Islamischen Gesellschaft e.V.«. Nachdem 1984 und 1985 die beiden ersten Christlich-Islamischen Wochen in Witten erfolgreich stattgefunden hatten, wurde für die dritte Woche dieser Art 1986 in Marl ein größerer Rahmen geschaffen. Die Trägerschaft hatten örtliche und überörtliche Partner, was sich im Programm der Woche in einer Kombination zentraler und dezentraler (das heißt stadtteilbezogener) Veranstaltungen auswirkte. Dieses hatte zur Folge, daß sich bei den Besuchern die auswärtigen Teilnehmer mit Deutschen und Türken in den Stadtteilen mischten. Das führte dazu, daß die dritte Christlich-Islamische Woche überregional unerwartet großes Interesse fand. Für die Beteiligten am Ort hat sich die Zusammenarbeit vertieft.

Die dezentral stattfindenden sechs Arbeitsgruppen trafen sich an zwei Tagen. Ihre Themen: »Leben in der Schule«, »Begegnung zwischen christlichen und muslimischen Gemeinden«, »Religiöse Feste im Kindergarten«, »Reisen in islamische Länder«, »Christen und Muslime als Nachbarn«, »Erfahrungen in den Familien/Rolle der Frauen«. Eine Lehrerfortbildung wurde integriert. Auch die Freitagsgebete und die Sonntagsgottesdienste standen im Zeichen des Dialogs.

Begegnung bedeutet Treue zur eigenen Identität und Recht auf Wahrung dieser Identität, aber zugleich Bereitschaft, den jeweils anderen in seiner Religion, Kultur und Mentalität besser zu verstehen und anzunehmen. So waren die Erwartungen gespannt, als der damalige Bürgermeister und der Referent für »Ausländerfragen und soziale Bewegungen« im Januar 1985 zu einem Rundgespräch in eine der beiden Diyanet-Moscheen nahe der Zeche »Auguste Victoria« Personen des religiösen und sozialen Lebens dieser Stadt einluden. Ein Kreis von etwa 40 Personen überstieg die positiven Erwartungen. In einer Stimmung des Aufbruchs bildeten sich zwei Arbeitsgruppen. Eine beschäftigte sich mit dem Zusammenleben in der Schule und mit Fragen der Einführung des islamischen Religionsunterrichts. Die Einführung des islamischen Religionsunterrichts scheitert an Schwierigkeiten, auf die die Stadt keinen Einfluß hat.

Die andere Arbeitsgruppe »Begegnung zwischen christlichen und islamischen Gemeinden« trifft sich seitdem regelmäßig. Man begann damit, sich gemeinsame Glaubensgestalten in Bibel und Koran zu vergegenwärtigen. »Abrahamitische Ökumene« – eine Hoffnung, die auch in Marl lebendig wurde. Der Kreis von Teilnehmerinnen und Teilnehmern umfaßt die Hodschas, Religionspädagogen, Ordensschwestern, Pfarrerinnen und Pfarrer, Religionserfahrene und religiös Distanzierte. Die Arbeitsgruppe arbeitete meist ohne auswärtige Referenten. Es kam zu gegenseitigen Besuchen bei Freitagsgebeten und Gottesdiensten. Auch die Moschee der Islamischen Union beteiligte sich so lange, wie ein pensionierter Hodscha mit all seiner Altersweisheit und Toleranz dort wirkte.

»Das Gemeinsame soll herausgestellt, das Trennende nach Möglichkeit so erklärt werden, daß die gegenseitige Verständigung fortschreitet ... Sie ist auch bemüht, in der breiten christlichen und moslemischen Öffentlichkeit eine intensive Aufklärungsarbeit zu betreiben und die Haltung der kritischen Sympathie und des offenen Vertrauens zu fördern.« (Satzung der Christlich-Islamischen Gesellschaft)

Seit der dritten Christlich-Islamischen Woche ist in Marl der Alltag wieder eingekehrt. Die Arbeitsgruppe »Begegnung zwischen christlichen und muslimischen Gemeinden« trifft sich weiter; sie hat sich auch praktischeren Fragen zugewandt, zum Beispiel wechselseitige Information und Öffentlichkeitsarbeit, bezogen auf die großen religiösen Feste im Jahreskreis; Unterstützung des geplanten Baues einer neuen Moschee als Kristallisationspunkt der muslimischen Türken, zur Förderung des sozialen Miteinanders von Türken und Deutschen und zum Dialog zwischen Muslimen und Christen. Dieses Projekt wird ausdrücklich von der Stadt Marl unterstützt, die übrigens auch den Islamischen Weltkongreß (mit Sitz in Karachi/Pakistan) zu seiner kommenden Weltversammlung nach Marl eingeladen hat (was auf positive Resonanz bei dieser Art islamischer Ökumene gestoßen ist). Die Arbeitsgruppe befaßt sich auch damit, wie islamischer Religionsunterricht trotz aller Schwierigkeiten höheren Orts dort eingeführt werden kann, wo zum Beispiel Grundschulrektoren es mit türkischen Eltern zusammen wünschen.

Hartmut Dreier, Islambeauftragter
im Ev. Kirchenkreis Recklinghausen

Anschrift: Ev. Kirchengemeinde Hüls (Pauluskirche), Bachstr. 7a, 4370 Marl-Hüls, Tel. 02365/4 22 56

Initiativen im Stadtteil

Internationaler Treffpunkt Karolinenstraße e. V.

»... einen Beitrag zu leisten zur Verbesserung der nachbarschaftlichen Verhältnisse zwischen Deutschen und Ausländern im Bezirk Karolinenviertel und darüber hinaus. ... In Zusammenarbeit mit allen interessierten Deutschen und Ausländern will der Verein Spannungen abbauen, soziale Notlagen mindern und ein interkulturelles Verstehen und Miteinanderleben in der Bevölkerung entwickeln«. – So steht es in der Satzung vom Mai 1984.

Bereits im Mai 1982 hatten Theologiestudenten im Viertel mit Handzetteln und Hausbesuchen dazu eingeladen, daß sich Türken und Deutsche regelmäßig an einem Abend der Woche treffen können, um bei einer Tasse Tee einander persönlich ein bißchen näherzukommen. Ort war das Büro der Ev.-luth. Gemeinde der Gnadenkirche im Nordteil von St. Pauli in der Karolinenstraße. Für die Studenten gab es damals auf diese Weise den Praxisbezug zu einem Ethik-Seminar »Die Verantwortung der Christen gegenüber ausländischen Mitbürgern«, an dem auch einer der Gemeindepastoren teilgenommen hatte.

Das Karolinenviertel, das einen markanten Ausschnitt des Gemeindebezirks darstellt und seit Jahrzehnten zu den sanierungsbedürftigen Stadtteilen Hamburgs zählt, macht eine enorme Abwanderung deutscher Familien durch. Mehr als die Hälfte der Bewohner sind Ausländer. In den beiden Grundschulen sind inzwischen rund 80 Prozent der Kinder ausländischer, überwiegend türkischer Nationalität. Unter der deutschen Bevölkerung machen sich resignative und auch aggressive Stimmungen breit. Fremdenfreundliche Einstellungen überwiegen bei den jungen Intellektuellen, die das Wohnen in der »Szene« und in Universitätsnähe schätzen, aber ihre Kinder dann doch lieber in Kindergärten und Schulen anderer Stadtteile anmelden.

Beachtlich ist, daß der zunächst mehrheitlich konservativ zusammengesetzte Kirchenvorstand dem »Treffpunkt« die

Räume öffnete und finanzielle Unterstützung gewährte. Inzwischen kommen drei der elf Kirchenvorsteher/innen aus dem Treffpunkt-Team.

Der ideenreiche Dozent aus dem Fachbereich Theologie der Universität, der damals hier seinen Studenten Praxis vermittelte, hatte aus seiner Nachbarschaft gleich eine Türkin mit hervorragenden Deutschkenntnissen als Dolmetscherin mitgebracht. Doch die Gelegenheit, Kontakte und Rat beim »Treffpunkt« zu bekommen, wurde zunächst nur von türkischen Männern angenommen. Über thematische Abendveranstaltungen zu Problemen, die Schule oder die Sicherheit der Kinder auf der Straße betreffend, und bei Festen ließen sich nach und nach auch Frauen und Kinder einbeziehen. Deutsche kamen eher von außerhalb der Gemeinde, und so ist es leider immer noch. Hier steckt das härteste Problem, mit dem sich die Aktiven durchgängig auseinanderzusetzen haben.

Bald gingen die Organisationen des Treffpunkts und zunehmende Beratungsaufgaben über die Kräfte der engagierten Studenten und Studentinnen, bei denen es mittlerweile schon einen »Generations«-wechsel gegeben hatte. Wieder war der Kirchenvorstand zu einem großen Schritt bereit, über Bedenken und Einwände hinweg (»Sind wir mit unseren geringen finanziellen Mitteln nicht in erster Linie den Christen im Bezirk verpflichtet?«), und beschloß die Finanzierung einer Halbtagsstelle für eine Sozialberaterin, die daraufhin der aus Gemeindemitgliedern, Studenten und Türken gegründete Verein unter Vertrag nehmen konnte. Diese Sozialberaterin war und ist die schon erwähnte Dolmetscherin, die inzwischen eine Ausbildung für den gewünschten Aufgabenbereich absolviert hatte.

Durch sie wurde aus dem Treffpunkt für Männer ein Treffpunkt für Frauen, die solche Gelegenheit zum Kontakt mit anderen bekanntlich noch nötiger haben. Ein Alphabetisierungskurs für türkische Frauen wurde eingerichtet, eine Lesegruppe und ein Deutschkurs. Für türkische und deutsche Schülerinnen gibt es einen Nähkurs, der zugleich eine von den Eltern erlaubte Geselligkeit ermöglicht.

Die gemeinsame Feier des Fastenbrechens im Monat Ramadan, das islamische Opferfest und das christliche Weihnachtsfest sind gewissermaßen schon Tradition im »Treffpunkt« geworden. Die Festlegenden von Abrahams Opfer und Christi Geburt werden dann sowohl aus der Bibel als aus dem Koran vorgelesen. Lieder erklingen und der charakteristische Raumschmuck sowie die entsprechenden kulinarischen Spezialitäten gehören dazu.

Man macht auch gemeinsame Ausflüge und beteiligt sich an Aktivitäten der Kirchengemeinde, zum Beispiel dem Weihnachtsbasar oder an einem Straßenfest.

In der Kirche gab es rege besuchte Ausstellungen zur interkulturellen Begegnung: »Die Sprache der Kopftücher« und »Anatolische Webteppiche«. Aus der Themenliste der Vortrags- und Diskussionsabende, zu denen allgemein eingeladen wird, seien erwähnt: »Erzähl doch mal von euren Festen!«, »Islamischer Religionsunterricht an deutschen Schulen?«, »Kommunales Wahlrecht für Ausländer«, »Rettet unsere Schulen!« In diesen Kontext gehört aber auch der Gottesdienst aller Hamburger christlichen Gemeinden unterschiedlicher Sprache und Herkunft, der jährlich zum Abschluß der »Woche der ausländischen Mitbürger« in der Gnadenkirche stattfindet.

Bei bestimmten Projekten helfen die Behörden. Dank des Entgegenkommens der Baubehörde konnte der expandierende »Treffpunkt« einen Laden mitten im Viertel beziehen. Die Behörde für Arbeit und Soziales und die Kulturbehörde gewährten Zuschüsse. Ein wichtiger Begleiter der Arbeit ist auch das Ökumene-Referat des Diakonischen Werks in Hamburg.

Anschrift: Olcay Kavukcuoglu oder Hartmut Winde, Internationaler Treffpunkt Karolinenstraße e.V., Marktstraße 119, 2000 Hamburg 6, Tel.: 040/4 39 27 81 oder 43 23 93

Verein für internationale Zusammenarbeit Dortmund

Der Verein für internationale Zusammenarbeit e.V. unterhält ein Ladenlokal im Stadtteil Dortmund-Eving, der durch einen hohen Ausländeranteil, schlechte infrastrukturelle Versorgung und die Zechenschließung der Anlage Minister Stein im März 1987 geprägt ist.

Im Jahr 1975 drehte der WDR in der Siedlung »Alte Kolonie« einen Fernsehfilm zum Thema »Immer Ärger mit den Ausländern«. In diesem Filmbeitrag wurden die Aggressionen der deutschen Bewohner gegenüber den türkischen Nachbarn erschreckend deutlich. Um die sich häufenden Konflikte zu entschärfen und die Beziehungen zwischen deutschen und türkischen Familien zu verbessern, gründeten interessierte türkische und deutsche Bürger den Verein für internationale Zusammenarbeit e.V. Am 1. Mai 1978 fand die Gründungsversammlung statt, am 1. Juli 1978 erfolgte die Eröffnung des Internationalen Zentrums.

Die Vereinsarbeit hat familiären Charakter, richtet sich an alle Altersstufen vom Vorschulkind bis hin zum Erwachsenen. Neben der Zentrumsarbeit (Offene-Tür-Arbeit mit vielfältigen Angeboten im Ladenlokal) legen die Mitarbeiter großen Wert auf die siedlungsorientierte Ausländerarbeit. Das bedeutet, daß besonders in den Sommermonaten verstärkt Angebote in den Wohnsiedlungen (in Form von Kindernachmittagen, jährlichen Straßenfeste etc.) stattfinden, um den Kontakt zu den dort wohnenden Ausländern zu intensivieren.

Mittlerweile sind die beiden Hauptamtlichen in den Siedlungen bekannt und werden bei den vielen Hausbesuchen als »Apla« (Schwester) empfangen und in die Familie integriert.

Der Hauptaufgabenschwerpunkt der Arbeit im Ladenlokal ist die Schulaufgabenhilfe. Aber auch rollenspezifische Angebote (zum Beispiel Nähkurse) für türkische Frauen und Mädchen stehen im Vordergrund. Das eigentliche Nähen hat Priorität, dennoch ist der Nähkurs ein ganz wichtiges Forum für die türkischen Frauen und Mädchen, sich zu treffen, Tee zu trinken und sich auszutauschen.

(aus einer Selbstdarstellung)

Anschrift: Verein für internationale Zusammenarbeit Dortmund e.V., Deutsche Str. 59, 4600 Dortmund 16 (Eving), Tel.: 02 31/80 63 27

Lernstatt im Wohnbezirk, Berlin

Dieses Kommunikationsprojekt mit Ausländern in Berlin-Wedding entstand 1976, als es von der Stiftung Volkswagenwerk finanziert wurde. Zwei Jahre später schloß sich eine Finanzierung durch den Senator für Familie, Jugend und Sport in Berlin an. Ein dreiviertel Jahr war das Projekt 1980 auf Selbsthilfe angewiesen. Seitdem gibt es wieder Zuschüsse des Senats.

Das Ziel der Lernstatt ist es, durch Gruppenarbeit und andere Gespräche den Anstoß zum Kontakt zwischen Ausländern und Deutschen zu geben und somit einen Beitrag zur Integration zu leisten. Die Kommunikation zwischen Ausländern und Deutschen wird durch themenzentrierte Gruppenarbeitsmethoden den Teilnehmern erleichtert. Dazu sind folgende Punkte zu nennen:

● Vermittlung sozialer Kompetenz (Entwicklung kommunikativer Fähigkeiten, wie zum Beispiel Kontakte zu Deutschen aufnehmen; sich im Umgang mit Behörden, Hausbesitzern und so weiter durchzusetzen).

● Herstellung eines vorurteilfreien Klimas unter den verschiedenen Nationalitäten des Quartiers als vorbereitender Beitrag zur gemeinsamen Interessenvertretung und -durchsetzung.

● Konkrete Hilfestellung – Hilfe zur Selbsthilfe (Formulare, Behördengänge, Hausaufgabenbetreuung).

● Sprachkurse – deutsch und türkisch.

● Alphabetisierungs-, Näh- und Frisierkurse.

● Freizeitaktivitäten (Folklore, Musikgruppe, Fußball, Fotogruppe).

Von Montag bis Freitag finden täglich Beratungen statt. Sie erleichtern die Kontaktaufnahme zwischen den Bewohnern der Umgebung und der Lernstatt. Zusätzlich wird durch sie eine Möglichkeit geschaffen, private Zusammentreffen außerhalb des Ladens zwischen deutschen und ausländischen Anwohnern zu fördern. Drei Aktivitäten sollen hier ein wenig erläutert werden:

Frauenkurse: Die Situation für die Frauen ist noch immer durch Isolation von dem sie umgebenden gesellschaftlichen Leben gekennzeichnet. Nur für Frauen, die erwerbstätig sind, ist es möglich, die Isolation abzubauen. Dies gestaltet sich so lange schwierig, wie sie weder lesen und schreiben noch deutsch sprechen können. Gerade für diese Zielgruppe ist es daher wichtig, die Hilflosigkeit in Bezug auf die veränderten gesellschaftlichen Umstände in der Bundesrepublik, im Gegensatz zu ihrem bisherigen Leben in der Türkei, abzubauen, denn sonst geben sie diese Hilflosigkeit zwangsweise an ihre Kinder weiter, die dann noch größere Integrationsschwierigkeiten haben und in zwei Welten leben müssen.

Videovorführungen und Videokurs: Die Kurse richten sich an Mitarbeiter, die auf diesem Gebiet noch keinerlei Erfahrung besitzen, um sich mit der Videotechnik vertraut machen zu können. Die Teilnahme und das Interesse waren sehr groß.

Als sehr geeignetes Anwendungsgebiet erwies sich die Videotechnik für den Schularbeitszirkel. Hier konnten die

Betreuer die Kinder im improvisierten Rollenspiel filmen und die Aufnahmen anschließend vorspielen. Dies war nicht nur eine große Freude für die Kinder, sondern bot auch die Möglichkeit der Selbsterfahrung der Kinder in verschiedenen Rollen und Verhaltensweisen.

Mehrfach wurde auch ein improvisierter Streifen über die nähere Umgebung der Lernstatt gedreht, was Anlaß und Möglichkeit bot, mit den Kindern Themen zur Sozial- und Infrastruktur ihres Wohnbezirks zu erarbeiten. Außerdem wurden in beiden Lernstätten regelmäßig türkische Spielfilme oder Aufzeichnungen von Fernsehsendungen politischen und sozialen Inhalts vorgeführt und im Anschluß mit den Teilnehmern (deutschen und ausländischen Mitbürgern) diskutiert.

Auch die *Folkloregruppe* wird als wichtiger Bestandteil der Arbeit angesehen. Die Vermittlung der Folklore, zum Beispiel aus der Türkei, ist ein wichtiger Faktor der Integration. Sie erleichtert das Verständnis für die andere Kultur.

Adresse: Lernstatt im Wohnbezirk e.V., Malpalquetstraße 32a, 1000 Berlin 65, Tel. 030/4 55 30 43; Groninger Straße 32–34, 1000 Berlin 65, Tel. 030/4 55 30 11.
Eine umfassende Beschreibung und Methodik des Projekts ist in dem Buch: Lernstatt im Wohnbezirk, Kommunikationsprojekt mit Ausländern in Berlin-Wedding, Campus Verlag, Frankfurt/New York 1978, zu finden.
(leicht verändert aus verschiedenen Tätigkeitsberichten übernommen)

Nachbarschaftsladen ELELE e.V., Berlin

ELELE ist ein Nachbarschaftsladen, der seit November 1983 als Initiative engagierter deutscher und ausländischer Nachbarn existiert. Aufbau und Betreiben dieses Ladens sollte gemeinsam geleistet werden, zusammen mit interessierten und betroffenen Nachbarn. Dieses Vorhaben stand Pate für den Namen des Ladens: ELELE ist türkisch und heißt »Hand in Hand«.

1. Die Nachbarschaft
Es gibt hier keine größeren Grünanlagen und Spielplätze. Die Luft ist extrem schlecht. Es gibt keine Freizeiteinrichtungen, keine ausreichenden Kita- oder Hortplätze, keine Beratungsangebote für sich ergebende Fragen im Umgang mit Behörden.

Deutsche und ausländische Arbeiterfamilien leiden unter dem miserablen Zustand ihrer Wohnungen. Sie bewohnen in der Regel die vernachlässigten Häuser dieses Wohngebiets, in dem aber die ausländischen Familien mit Abstand am menschenunwürdigsten wohnen.

Treffpunkte, die für alle Anwohner zugänglich sind und eine Möglichkeit zum Ausweichen oder zum Kennenlernen von anderen Nachbarn sein könnten, gibt es in der Umgebung nicht. So ist für viele deutsche Nachbarn auch die Isoliertheit ein Problem: Man kennt die Nachbarn nicht, wagt niemanden um etwas zu bitten, jeder erledigt seine Aufgaben – mehr schlecht als recht – allein. Nur unter den ausländischen Familien gibt es hier intensive Nachbarschaftsbeziehungen, die sich nicht auf das Grüßen im Treppenhaus beschränken: Sie helfen sich gegenseitig bei der Kinderbetreuung, kaufen zusammen auf dem Markt ein, tauschen Tips aus bei der Arbeitssuche, »mischen sich ein« in die Kindererziehung der jeweils anderen Familie und so weiter.

Angesichts dieser lebhaften Beziehungen scheinen sich ältere Neuköllner an bessere, aber vergangene Tage zu erinnern – und reagieren mit (vielleicht neidvoller) Ablehnung. Ausländerfeindliche Äußerungen und Haltungen gehören hier zum Alltag, was die immer wiederkehrenden Parolen an Häuserwänden bezeugen. Was fehlt, sind gemeinsame Erfahrungen von deutschen und ausländischen Nachbarn, um Vorurteile und Feindseligkeiten abzubauen, um Gemeinsamkeiten zu erkennen und Anderssein zu akzeptieren.

ELELE erfüllt als für alle offene Begegnungsstätte eine wichtige Voraussetzung, um Vereinzelung, Leiden unter bestehenden Mängeln, Vorurteile und unnötige Abgrenzungen in diesem Wohngebiet anzugehen.

Seit Mitte November 1983 wird ELELE als Selbsthilfeprojekt gefördert, das heißt Bewirtschaftungskosten, einige Sachmittel und minimale Personalhonorare bezuschußt die Senatsverwaltung für Gesundheit und Soziales (Zuschüsse insgesamt: 1983: 3 210 DM; 1984; 17 561 DM; 1985: 24 838 DM; 1986: 42 000 DM; 1987: 38 000 DM).

2. Entwicklung des Nachbarschaftsladens und derzeitiger Stand
Am deutlichsten zeigten die Kinder ihr Bedürfnis nach einem Treffpunkt zum Spielen und für Schulaufgaben. Die Zahl der Kinder, die den Laden in den Nachmittagsstunden regelmäßig

besuchen, hat kontinuierlich zugenommen. Heute sind es über 30, die den Laden als einen festen Bestandteil im Kiez betrachten.

Die Kinder besuchen in der Regel keine Kindergärten oder Schülerhorte, weil sie keine Plätze finden oder der Beitrag für die Eltern zu hoch ist. Ein Teil der Kinder ist außerdem über 12 Jahre alt und fällt in die Betreuungs»lücke« zwischen Kinder- und Jugendeinrichtungen.

Regelmäßige Unterstützung bei den Schulaufgaben führte dazu, daß die Kinder endlich Anerkennung in der Schule bekamen und ihrem Gefühl des Versagens und Ausgeliefertseins etwas Sicherheit und Selbstvertrauen entgegengesetzt werden konnte. Dadurch wuchs das Vertrauen der Nachbarn in den Laden.

Die Versuche der Mitarbeiter/innen, über Elterngespräche, Lehrergespräche, Unterrichtshospitanten die schulische Situation der Kinder kennenzulernen, deckten massive Probleme auf.

Auf Seiten der Eltern bestanden Bedürfnisse nach Kommunikation, Beratung (in Arbeits-, Miet-, Schulfragen), nach gemütlichem Beisammensein, nach Ruhe. Aus ihrer Sicht konnten diese Bedürfnisse aber nicht ohne weiteres im Nachbarschaftsladen befriedigt werden: Frau M., eine Griechin, die den ganzen Entstehungsprozeß von ELELE miterlebt hatte, kam einige Male an den Nachmittagen während der Spiel- und Schularbeitsstunden in den Laden. Nach einigen Tagen erklärte sie, warum sie nicht mehr kommen wolle: »Es ist so laut! So viele Kinder, die schreien und sprechen! Ich habe genug mit den Kindern zu Hause! Im Laden ist keine Ruhe, einfach zum Sitzen und sich unterhalten ...«.

Wie sollte man ELELE den Eltern erklären? Es war weder Kindergarten noch Hort, weder politischer Verein noch kirchliche Initiative, weder Jugendverband noch Freizeitheim, weder Beratungsstelle noch Schule. Mit Ausnahme einer von aktiven Nachbarinnen gegründeten Kleinstkindgruppe erfolgte eine selbständige intensive Nutzung des Ladens durch erwachsene Nachbarn sporadisch. Aktivitäten wie Feste, Elterntreffen etc. entwickelten sich nur, wenn »Initiatoren«, meist aus der Reihe der »sozialpädagogisch Interessierten«, diese ankurbelten.

Die Anwesenheit einer türkischen Honorarkraft an den Nachmittagen führte dann dazu, daß sich vor allem türkische Eltern zunehmend mit Fragen und Sorgen an sie wandten. Ein

Kursangebot für Eltern und Kinder seit Sommer 1985, für das Honorarmittel bewilligt wurden (Werken, Basteln, Singen, Theater, Volkstanz, Fachvorträge) beziehungsweise die Volkshochschule Neukölln aufkommt (Deutschkurs für Familien aus der Türkei, Nähkurs, Alphabetisierungskurs, Werkkurs), bietet für Erwachsene die Möglichkeit, den Laden für ihre Bedürfnisse zu nutzen.

3. Die Mitarbeiter/innen

Die Initiatoren des Selbsthilfeprojekts sind größtenteils Studenten und schon im Beruf stehende Akademiker (Bibliothekarin, Lehrerin, Sozialarbeiter), deren Gemeinsamkeit das Interesse an der Verbesserung nachbarschaftlicher Beziehungen und der Lebensqualität im Kiez ist. Mitarbeit bei ELELE heißt aber nicht nur zwei Stunden Schularbeitsbetreuung pro Woche. Es heißt auch, jede zweite Woche das Plenum besuchen, sich an Reparaturen beteiligen, am Saubermachen, Aufräumen, Heizen des Ladens; den Verwaltungskram zu machen, der ungeheuer arbeitsintensiv ist (vor allem für uns Ungeübte); Einkäufe machen; Kostenvoranschläge einholen; Handwerker finden und beauftragen; Eltern besuchen; Schulen besuchen, Gespräche mit Lehrern führen; Schreiben für die ELELE-Öffentlichkeitsarbeit; Unstimmigkeiten mit dem Hauptmieter regeln; die Selbsthilfeprojekte betreffenden Veranstaltungen besuchen und so weiter und so weiter.

3. Ausblick

Je mehr ELELE in der Nachbarschaft verankert ist und im Bewußtsein der Nachbarn zur Anlaufstelle für vielfältige Fragen, Anliegen, Probleme und Ideen wird, um so weitgefächerter sind die zum Vorschein kommenden Bedürfnisse und Forderungen.

Die größte Schwierigkeit ist, den expandierenden Funktionen von ELELE in personeller Sicht gerecht zu werden. Eine zielgerichtete Arbeit in ELELE erfordert so viel an fachlicher Qualifikation, an Koordinierung und Kontinuität (in inhaltlicher und personeller Hinsicht), daß sie ohne festangestellte, qualifizierte Gemeinwesenarbeiter (Sozialarbeiter/-pädagogen) nicht möglich ist.

Anschrift: Nachbarschaftsladen ELELE e.V., Liberdastr. 10, 1000 Berlin 44 (Neukölln), Tel.: 030/6 23 60 92

FC St. Pauli Hamburg

Ali Capaci, der türkische Mannschaftskapitän, drischt den Ball nach vorn. Rechtsaußen Fernando da Silva, Portugiese, knallt ihn zurück in die Mitte zu seinem griechischen Mitspieler Lacki Anestis, der wiederum mit einem langen Paß den Jugoslawen Paschk Prenrekay einsetzt...

Keine inszenierte Ausländerfreundlichkeit, sondern regulärer Fußballalltag. Die illustre Mannschaft mit den klingenden Namen war in der vergangenen Saison eines der erfolgreichsten Schülerteams in Hamburg. Im Endspiel um den Schülerpokal schlugen sie sogar den HSV. Als sie dann aber im Stadion am Millerntor vor einem Ligaspiel der Profis geehrt werden sollten, hatten sie nicht nur alle Gegner sportlich besiegt, sondern auch den Stadionsprecher geschafft. Der brachte kaum einen der Spielernamen auch nur halbwegs richtig über die Lippen. Kein Wunder, denn in der Truppe gibt es eine winzige Minderheit: Deutsche. Zur Zeit sind es lediglich zwei.

»Fast vierzig Prozent unserer Jugendabteilung sind Ausländer«, erklärt Jürgen Schönberg, 59, seit zwei Jahren Jugendleiter des Vereins. (Der Bundesdurchschnitt liegt bei sechs Prozent.) »Wenn es irgend geht, nehmen wir jeden auf«, sagt er, »abgewiesen haben wir noch keinen. Aber wir könnten sicher leicht das Doppelte aufnehmen, so groß ist die Nachfrage.«

Daß ihm die Jugendlichen die Bude einrennen, kann nicht verwundern. Schon immer hat der Verein alles aufgesogen, was sich rundum auf dem Kiez tat. St. Pauli ist der Stadtteil mit dem höchsten Ausländeranteil in der Hansestadt, und es hat sich längst bei ihnen rumgesprochen, daß sie am Millerntor gut gelitten sind. Ali Capaci: »Ein Freund meines Vaters hat von dem Verein geschwärmt, und so habe ich mich mit meinem Bruder hier angemeldet.« Ähnlich ging es Lacki Anestis, der mit einem türkischen Freund zum FC St. Pauli wechselte. Fernando da Silva wurde von seinem Vater angemeldet, der selbst in einer rein portugiesischen Seniorenmannschaft in den braun-weißen Vereinsfarben kickt. Fernandos Vater, der am Hafen ein Restaurant besitzt, hat auch die Mannschaftstrikots gestiftet.

Auf die Frage, ob es denn bei den verschiedenen Nationalitäten nicht mal Ärger gäbe, tönt es unisono »Nö, warum?« zurück. Ali ist sogar sauer und mault: »Wir hatten noch nie

Schwierigkeiten in der Mannschaft.« Für sie ist die Situation auch längst Gewohnheit. »Bei mir sind nur fünf Deutsche in der Klasse«, sagt Lacki, der auch seine Freizeit mit türkischen Freunden verbringt. Und in Fernandos achter Hauptschulklasse sitzen nur noch zwei mit einem bundesdeutschen Paß.

Amtssprache ist Deutsch, das sie fast alle besser sprechen als ihre Muttersprache, ganz gleich, ob sie in der Bundesrepublik aufgewachsen sind oder anderswo.

Ali ist in Tarsus in Südanatolien geboren, im September 1971. Dort ist er zusammen mit seinem Bruder aufgewachsen, dort ging er zur Grundschule, bis er 1976 nach Hamburg kam. »Meine Mutter war sehr schwer asthmakrank, und die medizinische Versorgung in der Türkei ist miserabel, deshalb sind wir in die Bundesrepublik gekommen«, erzählt er. Sein Vater arbeitet lange schon bei der Stadtreinigung, seine Mutter als Putzfrau.

Hartmut Giencke, dem Trainer, kommt das Modewort Integration der Ausländer wohl nie über die Lippen, obwohl er sie seit langem praktiziert. Er steht auf dem Spielfeld, dirigiert seine Jungs und sieht dabei nie so aus, als würde er seine Arbeit übertrieben ernst nehmen. »Das war vielleicht eine wilde Horde, als ich die vor vier Jahren übernahm«, erzählt er. »Zehn Nationalitäten waren da noch zusammen, sogar einen Brasilianer hatten wir dabei.«

Der 43jährige Maschinenbauer hat selbst fünf Jahre in Portugal gearbeitet, er weiß, wie das ist als Ausländer. Er hat dort eine Portugiesin geheiratet, seine beiden Kinder sind in Lissabon geboren. »Ich bin da nie als Ausländer behandelt worden, es gab eigentlich nie Probleme«, berichtet er.

Genauso sieht er seine Jungs. Ohne großen ideologischen oder politischen Anspruch. Er versteht gar nicht so recht, warum er mit den Türken, Griechen, Jugoslawen und Portugiesen Schwierigkeiten haben sollte.

Die Selbstverständlichkeit des Hartmut Giencke im Umgang mit den ausländischen Jugendlichen ist ebenso selten wie für den FC St. Pauli typisch.

(gekürzt und leicht verändert aus: Süddeutsche Zeitung vom 31. Dezember 1986)

Vorurteile mit Fußball abbauen

Das Turnier zweier italienischer, einer türkischen und einer deutschen Mannschaft war der Höhepunkt eines einwöchigen Internationalen Jugendaustausches. 24 Jugendliche aus Bologna waren zu Gast in Stuttgart. Eingeladen hatte sie das Jugendhaus Nord zusammen mit der türkischen Jugendvereinigung SGB und dem italienischen Verein Arces. Das Fußballturnier haben die Gäste aus Bologna gewonnen, gefolgt von der Arces-Mannschaft, den türkischen Kickern und den Gastgebern vom Jugendhaus.

Seit 1984 bereits besteht die Verbindung des Jugendhauses Nord zu zwei Jugendhäusern in Bologna – innerhalb der ersten Jahre haben schon einige Besuche und Gegenbesuche stattgefunden. »Vorurteile abzubauen, indem man die Lebensweise ausländischer Jugendlicher kennenlernt und Kontakte zwischen ihnen herstellt«, dies ist das Ziel, das Mustafa Akdenizli vom Jugendhaus Nord hinter diesen Begegnungen sieht. Und diese Absicht klappt auch gerade deshalb ganz gut, weil die ausländischen Jugendlichen als Gäste da sind, die Gastgeber sich daher auch mehr um sie bemühen müssen.

»Die Fronten sind schon aufgebrochen«, stellt Ulla Bischoff – wie Mustafa Akdenizli Sozialarbeiterin im Jugendhaus Nord – fest, wobei dies ihrer Erfahrung nach nicht nur für das Verhältnis der deutschen, sondern auch für das der türkischen Jugendlichen zu den jungen Italienern gilt. So sollen die Begegnungen denn auch weitergeführt werden: Bereits für den Sommer sind gemeinsame Ferien in Italien geplant.

(leicht verändert aus Stuttgarter Zeitung vom 1. April 1986)

Anschrift: Jugendhaus Nord, Mittnachtstr. 20, 7000 Stuttgart 1, Tel.: 0711/2 57 64 88

Interkulturelle, spielerische Aktivitäten

Modellprojekt Kulturarbeit

Von 1983 bis 1986 führte die *Ausländerinitiative Freiburg* ein Modellprojekt zur sozialen Kulturarbeit mit Ausländern und Deutschen mit dem Ziel durch, verschiedene Ansätze einer sozialpädagogisch orientierten Bildungs- und Kulturarbeit zu erproben und Materialien zur Weitergabe der Erfahrungen zu erarbeiten.

Mit offenen Programmangeboten und gruppenbezogenen Aktivitäten wurden ausländische und deutsche Kinder, Jugendliche und Erwachsene angesprochen: Da gab es unter anderem Koch- und Fotokurse, Gesprächskreise und Wochenendseminare, eine internationale Theatergruppe, eine Fußballmannschaft und eine Redaktionsgruppe zur Herausgabe von »FREUNDE – Zeitung für Ausländer und Deutsche«; verschiedene Ausstellungen wurden zusammen mit Ausländer/innen erarbeitet: »Merhaba – Leben, arbeiten, Feste feiern in der Türkei«, »Alltagskunst ausländischer Frauen« und »Ausländer in Freiburg«.

Dabei ging es immer um interkulturelle Begegnung, um Austausch und Dialog. Das Bemühen galt einerseits der Öffnung und Sensibilisierung deutscher Bildungs- und Kultureinrichtungen für die Einwanderer und ihre besonderen Probleme, andererseits der Vermittlung ihrer Kultur an ein deutsches Publikum – in Kooperation mit den Ausländern. Fernziele waren: Gleichberechtigung der Einwanderer auf juristisch-politischer Ebene, aktive Teilhabe am gesellschaftlichen Leben und selbstbewußte Bewältigung und Gestaltung ihrer persönlichen Situation.

Die letztgenannte Ausstellung umfaßt 31 Text- und Bildtafeln. Dafür benötigt man zirka 25 Meter Wandfläche. Interessenten können die Ausstellung gegen eine Leihgebühr wie auch eine um einige Materialien erweiterte Dokumentation dieser Ausstellung bei der Ausländerinitiative Freiburg ausleihen.

(leicht verändert aus »Ausländer in Freiburg«, hrsg. von der Ausländerinitiative Freiburg e.V., erschienen im Frühjahr 1986)
Adresse: Ausländerinitiative Freiburg e.V., Lorettostraße 42, 7800 Freiburg, Tel. 0761/40 55 55

Auf der Spur der fremden Freunde

»Die Griechen machen keinen Unterschied zwischen Gast und Fremder. Beides heißt Xenos,« sagt die 15jährige Annette Kaiser. »Ein Fremder ist in Griechenland immer ein Gast. Aber bei uns sind Fremde immer fremd.« Diese Einsicht der Münchener Gymnasiastin reifte auf einer dreiwöchigen Reise durch Hellas.

Annette gehörte zu einer Münchener Kindergruppe von Zehn- bis 15jährigen, die eine in Deutschland bisher einmalige Ferien-Expedition unternahmen. Sie kurvten in einem zum Wohnmobil umgebauten alten städtischen Verkehrsbus durch Griechenland: auf der Spur von »Gastarbeiterkindern«, die sie zuvor in München kennengelernt hatten. Ihre Eindrücke sammelten sie auf Fotos, Filmen, Tonbändern, in gemalten Bildern und Tagebüchern. Zu Hause bastelten die Jungen und Mädchen daraus eine Wanderausstellung, die jetzt durch bayerische Schulen und Freizeitheime zieht und auch schon von anderen Bundesländern angefordert worden ist. »So unterminieren wir die ›Ausländer raus‹-Bewegung«, sagt die Kunsterzieherin Sylvia Heinje, die die Kinderaktion in Sachen Völkerverständigung betreute.

(Aus: Aktionshandbuch Ausländische und deutsche Jugendliche, hrsg. von den Jusos Hessen-Nord. Diese Broschüre ist zum Preis von 1,50 DM zu beziehen über Juso-Bundessekretariat, Ollenhauer-Straße 1, 5300 Bonn 1, Tel.: 02 28/53 21)

Einen ähnlichen Ansatz verfolgten ausländische und deutsche Schüler aus achten Klassen in Gladbeck, als sie die Biographie ihrer Eltern und Großeltern im Rahmen eines Projektes erforschten.

Anschrift: Projekt »Deutsche und ausländische Kinder erforschen die Geschichte ihrer Ahnen«, Kulturamt der Stadt Gladbeck, Herr Hoffmann, Rathaus, 4390 Gladbeck, Tel.: 0 20 43/27 53 95.

Dort ist auch mehr zu den Projekten »Kultur und Kinder« und »Kultur und Jugend« zu erfahren. Ähnliche Projekte gibt es in einer Anzahl weiterer Städte in Nordrhein-Westfalen. Das Neue beziehungsweise Zukunftsweisende an der bunten Mischung traditioneller Formen aus dem musisch-kreativen Bereich der »Kinderkulturkiste«, wie zum Beispiel werken, malen, zeichnen, spielen, singen, musizieren, Theater spielen, ist die Verknüpfung verschiedener Kriterien zu neuer Qualität.

Die einzelnen Aktivitäten sind dezentral und wohnbereichsbezogen, bedürfnisorientiert und auf eigenes Tun hin angelegt. Beispielsweise tingelt eine Gruppe von Kindern, die Spaß am Theaterspielen hat, mit ihrem Stück durch den Stadtteil.

(gekürzt und verändert übernommen aus: Gemeinsam, Nr. 4, März 1987 herausgegeben von der regionalen Arbeitsstelle Duisburg)

Unter dem Motto »Heimat ist dort, wo ich respektiert werde« sind seit 1984 Schüler der Wetzlarer August-Bebel-Schule, einer Gesamtschule, die zum Kreis der UNESCO-Schulen gehört, im Rahmen von Unterrichtsprojekten auf der Suche nach ihrer kulturellen Identität.

Anschrift: August-Begel-Schule, Am Sportfeld, 6330 Wetzlar, Tel.: 0 64 41/3 20 74

Türkeireise des Internationalen Jugendtreffs Reutlingen

Der Internationale Jugendtreff ist seit seiner Gründung im März 1983 ein regelmäßiger wöchentlicher Treffpunkt für 15 bis 20 ausländische und deutsche Jugendliche beiderlei Geschlechts aus dem Raum Reutlingen geworden. Entstanden ist er aus den Besuchern zweier Klassen des Berufsvorbereitungsjahres im Schuljahr 1982/1983.

In diesem Rahmen nahmen die Jugendlichen an einem Projekt der interkulturellen-ästhetischen Erziehung teil, das sich mit dem türkischen Schattenspieltheater intensiv auseinandersetzte. Aufgrund der Arbeit an diesem Projekt kam der Wunsch auf, eine gemeinsame Studienreise in die Türkei durchzuführen und nach der Rückkehr an den gemeinsam gemachten Erfahrungen weiterzuarbeiten.

Elf Teilnehmer aus dem Jugendtreff und Mitarbeiter bei RIDAF (siehe Seite 140) fuhren für drei Wochen in die Türkei. Ziel der Reise war,
● den sozio-kulturellen Hintergrund der türkischen Jugendlichen durch konkrete Kontakte im Heimatort kennenzulernen,
● das Leben in einer türkischen Familie zu erleben,
● das Zentrum des türkischen Schattentheaters in Bursa zu ergründen,

● türkische Jugendliche nach ihrer Rückkehr in die Türkei über ihre Situation und ihre Probleme zu befragen,
● Erfahrungen armenischer Familien erfahren zu können.

Die Durchführung erfolgte so, daß sie sich überwiegend in den Heimatorten der mitfahrenden türkischen Freunde aufhielten. Diese beziehungsweise ihre Angehörigen waren Anlaufstelle und Partner bei den Erkundungen und Gesprächen. Die jeweiligen Standorte boten darüber hinaus genügend Möglichkeiten, sich auch entwicklungspolitischer Themen zu widmen (zum Beispiel Zunahme des Tourismus in der Türkei, Auswirkung der Rückkehrer auf Infrastruktur, Sitte und Gebräuche, Reintegrationsprobleme...).

Die Reise führte zunächst nach Istanbul, wo man viele Kontakte herstellte und pflegte und eine Reihe der kulturhistorischen Gebäude kennenlernen wollte. Anschließend ging es weiter nach Bursa (historisches Zentrum des türkischen Schattentheaters und Hamambesuch), um danach in der Nähe eine Familie zu besuchen.

Ein zweiter Schwerpunkt der Reise führte dann über Ankara zu weiteren Familienbesuchen. Zum Schluß blieb die Gruppe noch einige Tage in Side am Mittelmeer, wo kulturgeschichtliche Exkursionen, Auswirkungen des Massentourismus sowie Baden auf dem Programm standen.

Finanziert wurde die Reise durch die Eigenbeiträge der Teilnehmer sowie durch Mittel des Landesjugendplanes, des Landkreises Reutlingen und des Zentrums für entwicklungspolitische Bildung in Stuttgart.

Die Familienbesuche boten die Möglichkeit, unterschiedliche Familien in Stadt und Land, im Westen und in Mittel-Anatolien sowohl in türkischer als auch armenischer Tradition zu erleben. Diese Möglichkeit wurde auch von vielen genutzt, selbst wenn fehlende Sprachkenntnisse, großer Reisestreß, Unsicherheit und Akklimatisierungsprobleme einige Teilnehmer bei der Kommunikation behinderten. Allerdings wurden diese Probleme durch die »internen« Dolmetscher zum größten Teil gelöst. Die türkischen Teilnehmer hatten allerdings nicht immer Lust zu übersetzen und sagten: »Lernst halt gefälligst selbst türkisch!«

Als große Diskriminierung empfanden die türkischen Reiseteilnehmer, daß die Gruppe nicht als Einheit in die Türkei fliegen konnte. Eine IATA-Bestimmung besagt, daß die

Charterlinien, zum Beispiel Condor, Türken nicht in die Türkei fliegen dürfen, sondern daß diese mit der Türkish Airlines zum sogenannten »Gastarbeitertarif« fliegen müssen.

Problematisch war, daß alle türkischen Teilnehmer von ihren Verwandten im Heimatort in Beschlag genommen wurden und sie sich diesem Druck nicht entziehen konnten oder wollten. Sicherlich war die Belastung für die türkischen Teilnehmer insgesamt sehr groß. Dies muß bei der Planung einer Reise realistisch eingeschätzt werden. (Ausfall des jeweiligen Jugendlichen in der Gruppe für die Zeit, in der er bei seinen Verwandten ist.)

Allen Jugendlichen, unabhängig von ihrer Nationalität, hat die Reise gefallen. Freundschaften bestehen weiter und haben durch die Reise eine neue Qualität bekommen.

Die türkischen Jugendlichen sammelten in der Türkei Erfahrungen, die sich auf ihr Verhältnis zu ihrem Heimatland beziehungsweise dem Heimatland ihrer Eltern auswirkten, aber auch zu ihren in der Bundesrepublik lebenden Landsleuten. Für sie stand außerdem die Frage im Vordergrund, ob sie in die Türkei zurückkehren möchten und wenn ja, in welcher Stadt oder Region dies möglich wäre. Eine türkische Reiseteilnehmerin schrieb: »Das erste Mal in meinem Leben hatte ich beim Abschied Schmerzen. Durch die Reise quer durch das Land und die vielen Dinge, die ich erlebt und gesehen hatte mit meinen Landsleuten, ist mir die Türkei sehr ans Herz gewachsen. Inzwischen ist der Reiz, öfters und länger in der Türkei zu bleiben, sehr stark. Es hat aber auch damit zu tun, daß ich ohne meine Eltern die Türkei erlebt habe und von meinen eigenen Fähigkeiten abhängig war. Ich bekomme Heimweh, wenn ich türkische Lieder höre, und fühle mich hier unter den Türken nicht mehr so sehr als Randperson. Meinen Türkischkenntnissen hat das auch sehr gut getan.«

Bei den deutschen Teilnehmern, die durchweg das erste Mal in die Türkei reisten, zeigt sich, daß türkische Familien und ihre Angehörigen in der Bundesrepublik in einem neuen Licht erscheinen. Allein die Tatsache, daß türkische Kollegen erfahren, daß man in der Türkei war, bringt einen enormen Vertrauensvorschuß und eine bisher nicht erlebte Freundlichkeit in der Beziehung zueinander. Es wird spürbar, daß Türken es als sehr wohltuend erleben, wenn wir als Deutsche in die Türkei in Urlaub fahren beziehungsweise eine Studienreise in ihrem Land durchführen. Immer wieder wird nachgefragt: »Wie hat es euch gefallen? Wo habt ihr euch aufgehalten? Was habt ihr alles erlebt?« Die bisherigen Kontakte zu türkischen Familien haben durch diese Studienreise eine völlig neue Qualität erhalten.

Mehr über die Reise ist zu erfahren beim Internationalen Treffpunkt RIDAF e.V., Gmindener Straße 12, 7410 Reutlingen, Tel.: 07121/3 75 73.

Ähnliche Ziele wie die Reutlinger Gruppe hatte der *Stadtjugendring Darmstadt e.V.* bei seiner Bildungsurlaubs-Studienreise in die Türkei. Die nach der Reise entstandene Ton-Dia-Reihe sowie eine Dokumentation geben die wichtigsten Erfahrungen der Reise weiter. Die Ton-Dia-Reihe ist mit Text beim Stadtjugendring Darmstadt auszuleihen.

In einer 80seitigen Broschüre wird über die Reise berichtet: Wir waren dort..., »reuse« Nr. 47. Sie beinhaltet auch den Begleittext zur Dia-Serie über die Türkei. Die Broschüre kann zum Preis von 3,00 DM, die Dia-Serie mit Text für 10,00 DM bezogen werden bei: Stadtjugendring Darmstadt e.V., Eckhardtstraße 7, 6100 Darmstadt, Tel.: 0 61 51/7 97 33.

Hacivat und Karagöz – Türkisches Schattentheater

Das Projekt wurde im Rahmen des Internationalen Jugendtreffs bei der Reutlinger Initiative deutsche und ausländische Familien (RIDAF e.V.) durchgeführt.

Auf der Suche nach Inhalten aus der kulturellen Tradition ausländischer Jugendlicher, die Möglichkeiten zur Vermittlung sprachlicher, handwerklicher und sozialer Fähigkeiten und Fertigkeiten bieten, stieß man auf Karagöz, das türkische Schattentheater.

Über die Ursprünge des Schattentheaters existieren verschiedene Thesen. Am wahrscheinlichsten scheint zu sein, daß es von China aus im 14. Jahrhundert in die Türkei kam.

Die flachen Figuren sind zirka 25 bis 30 cm hoch und wurden ursprünglich aus transparent gegerbter Kamelhaut gefertigt und mit leuchtenden Naturfarben bemalt. Sie erhalten ihre Beweglichkeit daher, daß sie aus einzelnen Teilen bestehen, die mit Darmsaiten an den Gelenkstellen miteinander verbunden werden. Geführt werden sie mit langen Holzstäben, die horizontal in Ösen eingesteckt werden. Die Schattenspielbühne besteht aus einem rechteckigen Spielfeld das mit einem transparenten Material bespannt ist. Während des Spiels werden die Figuren an den Spielschirm gehalten und von hinten mit einer Lichtquelle angestrahlt.

Die Karagöz-Spieler benutzten ihre Stücke früher als politisches Vehikel, um Sultan, Großwesir und Angehörige aller sozialen Schichten und Berufe bissig-ironisch zu karikieren. Bis heute hat das türkische Schattentheater nie wieder die radikale politische Kritik früherer Zeiten erreichen können. Durch Zensur verloren die Stücke ab der zweiten Hälfte des 19. Jahrhunderts immer mehr ihre gesellschaftskritischen Züge. Auch durch die massenhafte Verbreitung von Film, Funk und Fernsehen verlor das Live-Schattentheater große Teile seines Publikums.

Zu den Hauptpersonen: Karagöz verkörpert volkstümliche Denkweisen, Vorstellungen, Wünsche und Träume. Er ist ein Prahlhans, der nichts unversucht läßt, seine Interessen, Wünsche und Träume zu realisieren, sich dabei selbst überschätzt und in Situationen bringt, in denen er ohne seine Bauernschläue zum Scheitern verurteilt wäre.

Hacivat dagegen ist ein Gebildeter, der für die Kultur und Sprache der Herrschenden steht und dementsprechend die offiziell anerkannten Moral- und Wertvorstellungen vertritt. Er repräsentiert die von oben gesetzten Grenzen, die Karagöz überschreitet.

Witz, Komik und Ironie beziehen die Karagöz-Stücke aus der Überzeichnung und stereotypen Darstellung der gesellschaftlichen Gruppen und Randgruppen in den Schattenspielfiguren als ihren Repräsentanten und aus der diesen Figuren zugeordneten Sprache, die Mißverständnisse und Wortspiele hervorbringt.

Die »klassischen« Stücke haben alle denselben Aufbau. Sie folgen einem bestimmten, genau festgelegten Schema, das vier Teile umfaßt: Prolog, Dialog, Haupthandlung und Epilog. Traditionell sind an einer Schattenspielaufführung ein Schattenspieler, der Figuren und Bühne baut und die Figuren spielt und spricht, sowie ein Saz-Spieler beteiligt.

Zu Beginn des Projektes stand man nun zuerst einmal vor dem Problem, ob man eine fremde kulturelle Tradition wie das türkische Schattentheater überhaupt in einen anderen kulturellen Kontext verpflanzen kann. Mutet es nicht seltsam an, wenn türkische Jugendliche zusammen mit Jugendlichen anderer Nationalität türkisches Schattentheater in deutscher Sprache schreiben und spielen, und das noch mit deutschen Anleitern?

Nach einer kulturgeschichtlichen Informationsphase über das türkische Schattentheater wagte man den letztendlich erfolgreichen Versuch, diese vorher beschriebenen Grundmuster des traditionellen türkischen Schattentheaters auf bundesrepublikanische Verhältnisse zu übertragen. Man knüpfte an den überlieferten Inhalten an, orientierte sich am traditionellen Aufbau und an den traditionellen Figuren, hat aber die Form der Darstellung des Spiels und der dazugehörigen Vorbereitung so abgewandelt, daß eine Gruppe von etwa zehn Jugendlichen Schattentheater, mit allem, was dazugehört, vorbereiten, entwickeln und spielen kann.

Nach dem gemeinsamen Besuch einer traditionellen Schattenspielaufführung und einer Nachbereitung in Form eines Gesprächskreises mit dem Akteur Taccedin Diker wagte man sich an den Produktionsprozeß, der sich über ein halbes Jahr erstreckte. Er war in überschaubare Einheiten gegliedert. Man fertigte Figuren, baute und bemalte die Bühne, nähte den Vorhang, sammelte Ideen für die Stücke, entwickelte einzelne Spielszenen, übte die Spieltechnik ein, entwarf und malte die Bühnenbilder, stellte Musik zusammen, übte die Texte ein und hatte nach Abschluß der Arbeiten öffentliche Aufführungen.

Sehr hilfreich – sowohl in der Planung als auch in der Durchführung des Projekts – waren die Fachzeitschriften und die in einem Buch dargestellten Erfahrungen von H.-L. Bopper, M.-L. Hirschberger und R. Kersten (Türkisches Schattentheater Karagöz – Eine Handreichung für lustvolles Lernen, Frankfurt/M. 1983, Verlag Puppen und Masken, Eppensteiner Straße 22, 6000 Frankfurt/Main), die in Hessen im Rahmen der Lehrerfortbildung ein ähnliches Projekt mit türkischen Jugendlichen durchführten.

Wer mehr darüber erfahren möchte, wende sich an: RIDAF e.V., Gmindener Str. 12, 7410 Reutlingen, Tel.: 0 71 21/3 75 73.
In »Lernen in Deutschland« Nr. 3/87, der Zeitschrift für interkulturelle Erziehung, findet sich ein längerer Beitrag »Karagöz und Kasper: Türkische und deutsche Schüler führen ein Puppenspiel auf«. Bezugsanschrift: Pädagogischer Verlag, Burgbücherei Schneider GmbH, Wilhelmstraße 13, 7066 Baltmannsweiler 2, Tel.: 0 71 53/42 06.

Musikkurse mit türkischen und deutschen Frauen

Rezepte und Strickmuster austauschen, das ist zu wenig für eine interkulturelle Bildungsarbeit mit Frauen. Für alle Frauen ist es wichtig, etwas Neues zu lernen, etwas, das über die im Haushalt verlangten Fähigkeiten hinausgeht. Das stärkt das Selbstbewußtsein.

Im Mittwochscafé (siehe Seite 149) boten wir zwei Musikkurse mit unterschiedlichen Schwerpunkten an.

Eine deutsche Musikpädagogin und die deutsche Begleiterin des Mittwochscafés arbeiteten zusammen. Eine türkische Musikerin oder Musikpädagogin konnten wir damals nicht finden. Trotzdem lernten wir alle durch die Kurse.

Im ersten Kurs übten wir deutsche und türkische Volkslieder mit Teilnehmerinnen beider Nationalitäten. Wir suchten Lieder aus zu Liebe, Natur, Landarbeit und Armut. Dadurch konnten wir vergleichen, wie in der türkischen und deutschen Volkskultur mit diesen Themen umgegangen wird.

Für die deutschen Teilnehmerinnen war es das erste Mal, daß sie sich mit türkischer Sprache auseinandersetzten. Um die türkischen Lieder singen zu können, lernten sie Schreibweise und Aussprache und sogar Vokabeln.

Die meisten türkischen Teilnehmerinnen konnten einfaches Deutsch, trotzdem mußten die Liedtexte besprochen werden, weil deutsche Volkslieder sprachliche Eigenarten aufweisen, die der heutigen Umgangssprache fremd sind.

Interessant war der Vergleich der Texte. Lieder über Natur, Landarbeit und Armut gibt es hier wie da. Sie zeigen, daß Sozialstrukturen in beiden Ländern, vergleicht man sie historisch, Ähnlichkeiten aufweisen.

Bei den Liebesliedern haben wir einen unscheinbaren, aber wichtigen Unterschied gefunden: Wir haben kein deutsches Lied gefunden, das aus der Sicht einer Frau die Freuden und Qualen eines Liebesverhältnisses beschrieben hätte. Anders bei den türkischen Liedern. Hier sind Texte sowohl aus der Sicht von Frauen als auch von Männern überliefert. Was mag die Ursache hierfür sein? Hatten deutsche Frauen keine Liebesgefühle, oder verkniffen sie sie sich entsprechend christlicher Tradition? Oder wurden ihre Lieder in den Sammlungen, die beginnend mit dem 18. Jahrhundert von Männern aufgeschrieben wurden, nicht aufgeführt? Wie steht es mit der Emanzipation von Frauen in einer Kultur, die ihnen keine Möglichkeit zum musikalischen Ausdruck gibt beziehungsweise ihn nicht überliefert?

Solche Aspekte in der gemeinsamen Diskussion sind wichtig und interessant: Sie räumen auf beiden Seiten mit dem Vorurteil auf, daß türkische Frauen besonders unterdrückt seien, deutsche dagegen jede Freiheit hätten. Die Erkenntnis, daß Frauen in verschiedenen Kulturen unterschiedliche Erfahrungen mit patriarchaler Unterdrückung machen, daß aber keine Kultur frei davon ist, hat in der Frauenbildungsarbeit wichtige Bedeutung und wirkt gegen frauenspezifische Vorurteile.

In einem zweiten Kurs bastelten wir Musikinstrumente selbst. Gemeinsam stellten türkische und deutsche Frauen Rasseln, Bambusglockenspiele und anderes her. Mit den selbstgebastelten Instrumenten spielten wir die Begleitung für die Lieder, die wir schon kannten. Am Ende dieses Kurses luden wir zu einem großen Musikfest ein: Wir stellten den vielen interessierten Frauen unsere Lieder und Spezialitäten aus Kochtopf und Backröhre vor. Schließlich sang eine türkische Künstlerin noch Balladen und vertonte Gedichte, die uns Deutschen einen weitergehenden Einblick in türkische Musik gaben und bei den türkischen Frauen Freude und Erinnerungen weckten.

Cornelia Mansfeld

Spiele zum interkulturellen Lernen

Eine neue Sammlung von Spielen zum interkulturellen Lernen eignet sich sehr gut für Begegnungen deutsch-ausländischer Gruppen. Die Autoren haben sich bei der Auswahl hauptsächlich auf solche Spiele beschränkt, die in irgendeiner Form problematisieren, daß Ausländer und Deutsche in der Gruppe vertreten sind, also Spiele, die die Vorurteilsproblematik, das Befinden von Ausländern hier, Kulturunterschiede und so weiter zum Thema haben. Die fünfzig Spiele gliedern sich in drei Arten auf:
● Stegreifspiele, die keine thematische Vorarbeit und in der Regel kein längeres Kennen der Gruppenmitglieder unterein-

ander zur Voraussetzung haben, die meist schnell, ohne großen Material- und Zeitaufwand einsetzbar sind.
● Wissens- und Lernspiele, bei denen die Wissensvermittlung im Vordergrund steht (sowohl auf kognitivem als auch auf emotionalem Wege).
● Spiele zum Zusammenleben von Ausländern und Deutschen, wobei das gemeinsame Erleben im Spiel eine tiefergehende Auseinandersetzung zwischen den Nationen ermöglicht (in der Gruppenanfangsphase) beziehungsweise wo bereits eine Reihe von Vorerfahrungen verlangt werden.

Grundsätzlich sind alle Spiele für gemischt-nationale Gruppen entworfen.

Die Autoren gehen davon aus, daß wir bei interkultureller Begegnung akzeptieren müssen, daß Deutsche und Ausländer sich nicht automatisch verstehen und einander näherkommen, das heißt, daß oft zunächst einmal gegenseitige Barrieren vorhanden sind.

Ein geselliger Abend mit ein paar Ausländern in einer Kneipe ermöglicht meist auch keinen näheren Kontakt mit ihnen. Er vermittelt vielleicht das Gefühl, ein paar exotische Erfahrungen gemacht zu haben.

Ein gegenseitiger Kulturaustausch (zum Beispiel sich gegenseitig Tänze oder Kochen beibringen oder die Spiele aus den Heimatländern der ausländischen Mitbürger kennenlernen) reicht sicherlich auch noch nicht aus, um sich unterschiedliche Lebensvorstellungen näherzubringen.

Bei Überlegungen zum interkulturellen Lernen sollten wir uns bewußt sein, daß wir in unserem Denken, Wahrnehmen und Fühlen von unserer Kultur geprägt sind (Ethnozentrismus). Mit diesen Wahrnehmungsrastern und den entsprechenden Handlungsmustern treten wir einer anderen Kultur gegenüber. Dieser Tatsache sind sich die meisten Pädagogen nicht bewußt und erst recht nicht die Jugendlichen. Wenn wir auf eine andere Kultur treffen, nehmen wir sie durch unsere »Brille« wahr. Wir kennen die Hintergründe nicht, verstehen viele Dinge nicht richtig, und vieles am Verhalten dieser »anderen« Menschen ist uns fremd.

Ziel des interkulturellen Lernens ist es, eine »Art suchender Neugier ... in Richtung auf das Unbekannte, das nicht Vorhersehbare, das Komplexe, das Gegensätzliche, das Widersprüchliche, das Unverständliche, das Unvereinbare (und Aufmerksamkeit) auf sichtbare und unsichtbare Machtverhältnisse

...« zu wecken. Phänomene individueller und kollektiver Macht und Gewalt spielen bei Prozessen zwischen den Kulturen eine wichtige Rolle und müssen daher auch thematisiert werden.

Für die Auswahl der Spiele bedeutet dies, daß sie so angelegt sein müssen, daß sie eine stärkere Öffnung zum Fremden, Unbekannten, dem Nichtgewußten einer anderen Kultur bewirken, ja, eventuell sogar zu dieser Öffnung provozieren. Interkulturelle Erziehung setzt dabei voraus, daß der einzelne sensibler für interkulturelle Prozesse wird, daß er sein Wahrnehmungsvermögen im Hinblick auf andere Kulturen erhöht, versucht, sich stärker in sie hineinzuversetzen.

Während nicht selten Pädagogen bei interkulturellen Begegnungen Konflikte zugunsten eines falschen Harmoniebedürfnisses scheuen (häufig werden Ziele genannt wie »Deutsche und Ausländer sollen Freundschaften miteinander schließen«), ergibt sich die Frage, ob nicht letztendlich gemeinsam durchlebte und ausgetragene Konflikte einen nachhaltigeren Lernerfolg als solche Begegnungen erzielen, bei denen versucht wird, Problemsituationen erst gar nicht entstehen zu lassen.

Die Möglichkeiten interkulturellen Lernens bei kurzzeitpädagogischen Maßnahmen sind sicherlich nur sehr begrenzt. Spiele bieten aber die Möglichkeit, nicht nur mit dem Kopf zu arbeiten, sondern der ganze Mensch wird beansprucht. »Beim Spiel ist man mit Haut und Haaren dabei.«

Leicht verändert übernommen aus: Spiele zum interkulturellen Lernen, von Helmot Rademacher und Maria Wilhelm, Verlag Ulrich Baer, herausgegeben in Zusammenarbeit mit der Akademie Remscheid, Köln 1987, 9,80 DM. Dieses Heft kann bestellt werden beim Robin-Hood-Versand, Große Brinkgasse 7, 5000 Köln 1, Tel.: 02 11/2 40 21 23.

International Spielen war das Sonderthema auf dem Spielmarkt '87 der Akademie Remscheid im März 1987 mit zahlreichen Workshops und Ausstellungen. Der Katalog hierzu mit vielen Hinweisen auf Veröffentlichungen, Initiativen und so weiter zu Spielen aller Art ist für 1,00 DM erhältlich bei Akademie Remscheid, Küppelstein 34, 5630 Remscheid, Tel.: 0 21 91/79 41.

Außerdem erschien zum gleichen Thema ein 16seitiges kostenloses Werbeheft aus »Gruppe & Spiel«, Heft 1/87, der Zeitschrift für Gruppenpädagogik und Soziales Lernen. »Gruppe & Spiel« ist erhältlich beim Verlag Ulrich Baer, Große Brinkgasse 7, 5000 Köln 1.

Ausländische Frauen

Internationales Frauenfest

Zum ersten Mal fand in Ludwigsburg eine Veranstaltung zum Internationalen Frauentag statt, die diesen Namen wirklich verdiente.

Ein zentraler Programmteil gleich zu Beginn der Veranstaltung war die Lesung der türkischen Schriftstellerin Saliha Scheinhardt, die seit etwa zwanzig Jahren in der Bundesrepublik lebt und als erste Ausländerin den Literaturpreis der Stadt Offenbach erhielt. Sie las aus ihrem Buch »Frauen, die sterben, ohne daß sie gelebt haben«. Anschließend gab es eine Diskussion über die besondere ausländerrechtliche Situation von ausländischen Frauen und die Problematik der türkischen Mädchen in der Bundesrepublik. Die Frauen gestalteten das kulturelle Programm mit und bereiteten Spezialitäten zu, die ein umfangreiches internationales kaltes Buffet ergaben. Gesangs- und Tanzeinlagen, das Vortragen eines Gedichtes, ägyptischer und arabischer Bauchtanz gehörten ebenso zu der Veranstaltung wie das gemeinsame Singen und Tanzen. Dieses nichtprofessionelle Programm trug wesentlich zur ausgelassenen Stimmung des Festes bei, das ein voller Erfolg war. Es fand im »Großen Saal« der Jugendberatungsstelle des Diakonischen Werkes statt, der jedoch bald zu klein wurde, da der Ansturm überwältigend und die Plätze nicht ausreichend waren.

Wie wurde das Fest organisiert?
Die hauptamtliche Mitarbeiterin des Vereins DAZ und die Jugendberaterin des Diakonischen Werkes Württemberg übernahmen die Planung und Koordination der Vorbereitung. In der Arbeitsgruppe Frauen im DAZ wurde der grobe Rahmen der Veranstaltung vorbesprochen und ein Programmteil – die Lesung der türkischen Schriftstellerin Saliha Scheinhardt – festgelegt. Dies geschah bereits sechs Monate vor der Veranstaltung.

Drei Monate vor der Veranstaltung wurde zum ersten gemeinsamen Termin eingeladen. Angesprochen wurden alle ausländischen und deutschen Frauengruppen, Sozialberaterinnen, Kursleiterinnen der Sprach-, Alphabetisierungs- und Nähkurse. Wichtig dabei zu erwähnen ist, daß die Kontakte zu diesen Multiplikatorinnen bereits vorher bestanden haben, das heißt, es war klar, mit wem es die Frauen zu tun hatten. Darüber hinaus wurde auch im informellen Gespräch über das Vorhaben Frauenfest gesprochen, wenn sich gerade die Gelegenheit bot.

Zum ersten Termin kamen natürlich nicht alle Vertreterinnen der jeweiligen Gruppen, aber die Anwesenden brachten schon eine Menge an Ideen und Vorschlägen ein, so daß der Ablauf des Festes bereits Konturen bekam. Alle Beteiligten waren sich einig, daß das Programm in der Hauptsache selbst von den Frauen gestaltet werden sollte. So brachte zum Beispiel die portugiesische Sozialberaterin den Vorschlag ihrer Gruppe ein, einen Tanz einzuüben und vorzuführen. Andere wollten singen und dabei dann auch das Publikum einbeziehen.

Auch über die Bewirtung wurde gesprochen. Jede Gruppe beziehungsweise Nationalität sollte je nach Möglichkeit einen Beitrag leisten. Die Spezialitäten sollten kostenlos angeboten werden. Die Kosten für die Zubereitung des Essens übernahmen die Frauengruppen selbst. Kaffee, Tee und kalte Getränke sollten von den Hauptamtlichen organisiert werden. Diese sollten verkauft werden, um mit dem Erlös die anfallenden Kosten zu decken.

Ein weiterer Punkt war die Dekoration des Saales. Auch hier wurden Aufgaben delegiert. Die Frauen einigten sich darauf, daß jede Frau eine Blume erhalten sollte.

Die Organisierung einer Kinderbetreuung wurde an die Hauptamtlichen delegiert und dann vom Verband der Christlichen Pfadfinder übernommen.

Das Protokoll mit der Einladung zum nächsten Vorbereitungstreffen wurde wieder an alle Ansprechpartnerinnen verschickt, so daß interessierten Gruppen immer noch die Möglichkeit zur Beteiligung gegeben war.

Zum zweiten Vorbereitungstreffen kamen noch interessierte Frauen dazu, und das Programm und der Ablauf des Festes konnte nun konkreter besprochen werden. Ein Einladungsblatt war zu diesem Zeitpunkt schon erstellt und konnte an die Frauen zur Verteilung weitergegeben werden. Das genaue Programm zum Ablauf des Festes mit der Angabe aller beteiligten Gruppen wurde beim Fest selbst verteilt.

In Kürze nun noch einmal einige wichtige Punkte, die bei der Organisation zu beachten sind:
- Mit der Planung frühzeitig beginnen.
- Die möglichen Ansprechpartnerinnen am besten persönlich informieren.
- Zwei bis drei Besprechungen zur Vorbereitung einplanen.
- Die Teilnehmerinnen motivieren, sich selbst einzubringen.
- Für eine Kinderbetreuung sorgen.
- Das Fest wirklich *nur* für Frauen machen.
- Alle deutschen und ausländischen Frauengruppen am Ort einladen, zum Beispiel auch die gewerkschaftlich organisierten Frauen.

Anschriften: Beratungsstelle für ausländische Kinder und Jugendliche, Diakonisches Werk, Richard-Wagner-Str. 24, 7140 Ludwigsburg, Tel.: 0 71 41/90 11 53 und DAZ (siehe S. 110).

(unter anderem entnommen dem Ludwigsburger Stadtblatt Nr. 66 vom April 1987 und der Ludwigsburger Kreiszeitung vom 16. März 1987)

Das Mittwochscafé

Das Mittwochscafé ist ein Treffpunkt für ausländische und deutsche Frauen, angeboten seit Juni 1985 von der Ev. St.-Raphael-Gemeinde im Hamburger Arbeiterbezirk Wilhelmsburg.

Im Gemeindebezirk stehen sanierungsbedürftige Häuser und moderne Neubauten eng beieinander; ausländische Familien leben in den alten Häusern, deutsche in den neuen. Gegenseitiges Kennenlernen ist unter diesen Umständen schwer: Viele Deutsche kennen nicht einmal die Leute, mit denen sie in einem Haus wohnen; wie sollten sie die Familien in anderen Häusern kennenlernen? Oft gab es Streitereien zwischen ausländischen und deutschen Müttern, die die Zwistigkeiten ihrer Kinder in der Schule oder auf der Straße fortsetzten.

In dieser Situation wollte die Gemeinde eingreifen: Gegenseitiges Verstehen sollte möglich werden. Wir wollten Frieden im Kleinen stiften, ohne Konflikte zu verwischen.

Im Mittwochscafé treffen sich jeden Mittwochnachmittag Frauen auf dem Weg vom oder zum Einkaufen, Frauen, die raus aus den eigenen vier Wänden wollen. Hauptsächlich sind es türkische und deutsche Frauen, manchmal kommen auch Jugoslawinnen oder Griechinnen.

Für die deutschen Frauen ist es wichtig, daß sie einen Treffpunkt haben und aus ihrer Isolation herauskommen. Nur vielleicht jede dritte deutsche Frau kommt ins Café, weil sie Ausländerinnen kennenlernen will. Dagegen sind ausländische Frauen stark an der Unterhaltung mit Deutschen interessiert. Sie leben weniger vereinsamt als viele deutsche Frauen, denn sie besuchen sich oft gegenseitig.

Das Mittwochscafé ist ein offener Treff, damit die Frauen einen leichteren Zugang zum Café haben. In der für die meisten ungewohnten Situation, Kontakt mit Frauen anderer Nationalität zu haben, sollen sie sich zu nichts verpflichtet fühlen.

Frauen, die das Mittwochscafé schon kennen, bringen oft Kuchen mit. An Gesprächsstoff mangelt es nicht: Die Deutschen haben viele Fragen. »Warum tragen nicht alle Türkinnen ein Kopftuch?«, »Haben Sie sich ihren Ehemann selbst ausgewählt?«. Aufgabe der Gruppenleiterinnen ist es, darauf zu achten, daß auch Ausländerinnen Fragen stellen. Ein einseitiges Ausfragen der Ausländerinnen durch die Deutschen gibt meistens nur die bekannten Vorurteile wider und führt außerdem zu einer Hierarchie in der Gruppe, denn die Ausgefragten sind in einer schwächeren Position. Dabei können die deutschen Frauen sich selbst und die anderen nur kennenlernen, wenn auch sie ausgefragt werden. Denn wer von uns müßte nicht bei der Frage nachdenken: »Haben Sie aus Liebe geheiratet?« oder »Finden Sie wirklich, daß deutsche Frauen ein freies Leben führen können?«

Die Gespräche, aus denen manchmal heftige Diskussionen werden, werden auf türkisch und deutsch geführt. Aufgabe der deutschen und der türkischen Gruppenleiterin ist es, darauf zu achten, daß zusammenfassend übersetzt wird, damit sich alle am Gespräch beteiligen können.

In den zwei Jahren, in denen das Mittwochscafé existiert, hat sich eine feste Stammgruppe von drei türkischen und drei deutschen Besucherinnen herausgebildet. Diese Frauen besuchen sich gegenseitig, gehen zusammen einkaufen, unterstützen sich in schwierigen Familiensituationen und bei Behördengängen. »Durch die vielen Gespräche im Mittwochscafé habe ich gelernt, daß wir gar nicht so verschieden leben, wie ich immer dachte«, meint eine deutsche Teilnehmerin. Eine Türkin sagt: »Ich habe immer geglaubt, die deutschen Frauen hätten alle Freiheiten, und ich kam mir so unterentwickelt vor. Jetzt weiß ich, daß wir viele gemeinsame Probleme haben.«

Zwar kommen auch Frauen ohne Deutschkenntnisse in unser Café und fühlen sich wohl, so intensive Freundschaften wie unter den sechs Stammfrauen setzen jedoch gute Sprachkenntnisse bei den Ausländerinnen voraus. Alle drei Türkinnen dieser Gruppe sprechen gut deutsch; eine Deutsche hat begonnen, türkisch zu lernen.

Andere Frauen empfinden es als enorme Veränderung, daß sie sich jetzt gegenseitig auf der Staße grüßen, daß Kinder miteinander spielen, deren Mütter ins Mittwochscafé kommen.

Einige besondere Angebote im Mittwochscafé haben stark zu dieser Verständigung beigetragen: Zweimal wurde ein Musikkurs (siehe Seite 143) angeboten, bei dem türkische und deutsche Volkslieder gesungen wurden. Das förderte nicht nur den Einblick in die andere Sprache, sondern auch in die andere Kultur.

Der Dia-Vortrag einer 75jährigen Frau, die seit ihrer Geburt im Gemeindebezirk lebt, brachte den Jungen und Zugezogenen die Geschichte des Stadtteils näher.

Unser Sommerprogramm mit Ausflügen und Grillen für die Zuhausegebliebenen läßt ausländische und deutsche Frauen gemeinsam Spaß erleben und sich miteinander freuen.

Finanziert wird das Mittwochscafé durch Zuschüsse vom Weltgebettagskomitee und vom Bezirksamt Hamburg-Harburg. Davon können Sachmittel und Honorare für die türkische und die deutsche Begleiterin, die einfaches Türkisch spricht, finanziert werden.

Cornelia Mansfeld

Anschrift: Liesel Unkraut's Mittwochscafé, c/o St.-Raphael-Gemeinde, Wehrmannstr. 7-9, 2102 Hamburg 93, Tel.: 040/7 54 35 05

Interkulturelle Bildungsarbeit mit Frauen

Wilhelmsburg ist ein Hamburger Arbeiterbezirk, der sicher mit vielen anderen Arbeiterstadtvierteln vergleichbar ist. Wie auch in Berlin-Kreuzberg und im Ruhrgebiet fand die erste Immigrationsbewegung nach Wilhelmsburg nicht erst in den frühen sechziger Jahren statt, als Italiener, Spanier, Portugiesen und später Türken kamen, sondern bereits um die Jahrhundertwende. Menschen aus Schlesien, Pommern, Ostpreußen, die dort nicht mehr als Landarbeiter gebraucht wurden, zogen in der Hoffnung auf Lohnarbeitsplätze in den industrialisierten Westen. Viele Wilhelmsburgerinnen und Wilhelmsburger sind Nachfahren dieser Migranten. Die Großeltern und Eltern von anderen kamen als nicht erbberechtigte Bauernkinder aus der Lüneburger Heide. Bewußt ist den wenigsten jedoch ihre Herkunft.

Warum die Geschichte des Stadtteils kennenlernen?

Soziale Probleme, aber auch Herkunft der Einwanderinnen und Einwanderer der ersten Immigranten nach Wilhelmsburg gleichen in vielem der heutigen Situation von Arbeitsmigrantinnen und -migranten. Die polnischen Frauen und Männer wurden ganz ähnlich diskriminiert wie heute Frauen und Männer aus der Türkei. Sie erhielten die niedrigsten Löhne, waren besonders der Gefahr von Arbeitsunfällen ausgesetzt und wurden wegen ihres katholischen Glaubens inmitten des Protestantismus schief angesehen.

Die polnisch-katholische Gemeinde kämpfte jahrelang gegen die katholische Amtskirche für einen polnischsprachigen Geistlichen. Die polnischen Arbeiterinnen der Wollkämmerei streikten 1906 für mehr Lohn. Polnische Immigranten, Deutsche aus der Lüneburger Heide, Italiener, Spanier und Türken heute, sie alle stammen aus verarmten Dörfern, sind oder waren Landarbeiter und Kleinbauern, die, aus Mangel am Nötigsten, Industriearbeiterinnen und -arbeiter werden mußten.

Schlechte, feuchte, dunkle Wohnungen wurden damals wie heute beklagt.

In der Verständigungs- und Bildungsarbeit mit ausländischen und deutschen Frauen können diese Beziehungen zwischen Gegenwart und Vergangenheit eines Stadtteils so aufgegriffen werden, daß die beteiligten Frauen Spaß daran haben, die Probleme zu Hause einmal vergessen können, aber auch ihren Stadtteil ganz neu kennenlernen, vielleicht sogar ein Gefühl entwickeln wie »Hier ist mein Zuhause«. Ein solches Heimatgefühl ist für Ausländerinnen wie Deutsche gleichermaßen wichtig: Ausländerinnen müssen eine positive Bindung zu ihrer »zweiten Heimat« entwickeln können, um sich hier für ihre Rechte einsetzen zu können. Deutsche wohnen ungern in Stadtteilen, in denen saniert wird und anonyme Neubauten entstehen. Wenn sie sich jedoch ihrem Stadtteil verbunden fühlen, setzen sie sich auch eher für Veränderungen und Verbesserungen ein.

Ausflüge sind eine Möglichkeit, den Stadtteil kennenzulernen. Im Mittwochscafé (siehe Seite 149) und auch in anderen Wilhelmsburger Frauengruppen habe ich dazu eingeladen.

Ausflug ins Wilhelmsburger Heimatmuseum: Um die ländliche Herkunft der meisten Wilhelmsburger Immigrantinnen und Immigranten wie auch die bäuerliche Tradition der Insel selbst sowie ihre Veränderungen kennenzulernen, organisierten wir einen Ausflug ins Wilhelmsburger Heimatmuseum, das die ländliche Kultur dokumentiert. Wie selbstverständlich regte die Ausstellung die Frauen zum Vergleich an. Im Unterschied zu den meisten deutschen Besuchern erkannten die türkischen Frauen die Funktion fast aller Gerätschaften. In Wilhelmsburg gab es Aussteuertruhen für Frauen und Männer, in der Türkei gibt es sie nur für Frauen. Aber hier wie dort wird/wurde die Aussteuer vor der Hochzeit durchs Dorf gefahren.

Eine Wilhelmsburgerin ohne Kopfbedeckung – ein kunstvoll besticktes Häubchen – war früher undenkbar, genauso wie das Kopftuch für Frauen aus der Türkei zum Alltag gehört und schön umhäkelt werden muß.

Ein kleines durchlöchertes Holzkästchen mit Henkel und Metalleinsatz wurde von den türkischen Frauen sofort als Fußwärmer für den Winter erkannt, der mit glühender Holzkohle gefüllt wurde. Seine Großmutter sei damit in den Wintermonaten die Nachbarinnen besuchen gegangen, erzählte der Museumsführer. Die arbeitsarme Zeit sei zum gegenseitigen Austausch und zum gemeinsamen Handarbeiten genutzt worden. Das Kästchen wurde dann unter den weiten Rock gestellt und die Füße darauf, denn es gab nur sehr wenig Holz in Wilhelmsburg, und deshalb mußte sparsam geheizt werden. Dieses Problem ist den türkischen Frauen geläufig, während die Deutschen dachten, in der Türkei sei es so heiß, daß nie geheizt werden müßte. Neu aber war für die türkischen Frauen, daß auch deutsche Frauen sich früher einmal gegenseitig besucht haben sollen, um gemeinsam zu handarbeiten.

Die Diskussion ergab die Gründe für die veränderten Kommunikationsformen: Fabrikarbeit, Kleinfamilie und Fernsehen. Es wurde klar, daß sich auch in den türkischen Familien schon viel geändert hat, daß die Arbeitsbedingungen das Zusammenleben der Menschen prägen.

Eine Dampferfahrt »rund um Wilhelmsburg«: Fährt man mit einem Schiff um die Elbinsel Wilhelmsburg herum, läßt sich die Geschichte der Industrialisierung an der Landschaft nachvollziehen: Wir kommen von der noch heute landwirtschaftlich genutzten Südostspitze bis zu dem Elbarm, der im 17. Jahrhundert Ausgangspunkt der Industrialisierung war.

Die Probleme, die im 19. Jahrhundert durch die Industrialisierung auftraten, waren Vorboten der jetzigen Situation. 1861 sollte eine Leim- und Düngerfabrik gebaut werden. Der Gemeinderat war dagegen, weil er meinte, daß eine solche Fabrik Luft und Wasser verdürbe und deshalb schädlich sei für Mensch und Tier. Warum er sich nicht durchsetzen konnte, war nicht ausfindig zu machen; die Fabrik wurde gebaut. Drei Jahrzehnte später warb Wilhelmsburg um Industrieansiedlung, damit es seine Unabhängigkeit gegenüber dem übermächtigen Hamburg erhalten könnte.

Eine Kohlensäurefabrik, die um die Jahrhundertwende gebaut wurde, war so modern, daß nur acht Arbeiter benötigt wurden. Rationalisierung vor 80 Jahren. Aus der Geschichte ergaben sich keine Anregungen, wie wir uns heute der Umweltvergiftung und Rationalisierung widersetzen könnten. Jedoch konnte die gemeinsame Betroffenheit ausländischer und deutscher Wilhelmsburgerinnen deutlich gemacht werden. Außerdem wurde klar, daß Wilhelmsburg schon immer vom reichen Hamburg benutzt wurde: nicht nur als Lagerstätte für Giftmüll, Standort für umweltbelastende Industrien, sondern auch als Schlafstadt für Arbeiterinnen und Arbeiter, denn erst unter den Nazis wurde Wilhelmsburg ein Stadtteil Hamburgs.

Können wir das ausnutzende Verhältnis Hamburgs gegenüber Wilhelmsburg mit der Beziehung Bundesrepublik – Türkei vergleichen? Auch die Bundesrepublik bezahlte nicht für die Ausbildung der Arbeiterinnen und Arbeiter, die sie anwarb, und versucht Menschen aus der Türkei, die hier nicht mehr gebraucht werden, wieder loszuwerden. Die hitzige Diskussion, die sich unter den Frauen zu dieser Frage entwickelte, führte nicht zum Konsens, machte es aber besonders für deutsche Frauen notwendig, einmal über das Verhältnis der beiden Länder zueinander nachzudenken.

Cornelia Mansfeld

Ernährung und Umwelt

»Rettet eure Gesundheit, damit ihr eure Zukunft rettet!« Zu diesem Thema hatte der *Verein für internationale Jugendarbeit e.V. - Arbeitsgemeinschaft christlicher Frauen - Stuttgart* zu einem Tagesseminar im April 1987 griechische Frauengruppenleiterinnen aus dem bayerischen Raum eingeladen. Einige hatten dieses Seminar 1986 in Stuttgart miterlebt und dafür geworben. Es kamen Frauen aus fünf verschiedenen Städten (Nürnberg, Augsburg, München, Erlangen und Rötenbach a. d. Pregnitz) und zehn verschiedenen Frauengruppen.

Der Reaktorunfall in Tschernobyl, andere Umweltkatastrophen und die lückenhafte Information für die ausländische Bevölkerung hatten besonders unter den ausländischen Frauen zu einer starken Verunsicherung geführt. Sie wußten nicht mehr, was sie zum Wohl ihrer Familie tun sollten. Das Thema des Tagesseminars entsprach deshalb einem ganz besonderen Bedürfnis.

Eine griechisch sprechende Ernährungsberaterin führte zuerst in einem theoretischen Teil in die Zusammenhänge von Lebensmitteln, denaturisierten Nahrungsmitteln und ihren Wirkungen auf den Organismus ein.

Zum Mittagessen wurden für viele Frauen ganz neue Salate und Rohkostplatten angeboten (Salat aus rohen Zucchini, Kohlrabi und Karotten, gemischter Salat mit Champignons). Nachmittags erklärte die Beraterin anhand einer Tabelle, wie und in welcher Form Obst, Früchte, Getränke und Grundnahrungsmittel für den Körper gut und in welcher Form sie wertlos oder sogar krankmachend sind.

Als ein Beispiel von sehr einfacher gesunder Vollwertkost wurde ein Müsli vorgestellt, das mit großem Appetit anstelle von Kuchen zum Nachmittagskaffee gegessen wurde.

An beide Programme schlossen sich an- und aufregende Diskussionen an. Über die direkten Fragen die Gesundheit betreffend kam man schnell zu Verbraucherfragen, Einkaufsstrategien und Fragen gesellschaftspolitischer Verantwortung.

Die Frauen nahmen für ihre Gruppe sehr viele Ideen und Vorschläge mit, die sie nun umsetzen wollen. Gerade die Themen der Umwelt und der gesunden Ernährung geben den griechischen und anderen ausländischen Frauen die Möglichkeit, viel mehr und leichter mit deutschen Frauen, die sie durch Kurse in Familienbildungsstätten kennengelernt haben, in

Kontakt zu kommen. Sie haben plötzlich Gemeinsamkeiten entdeckt.

Wichtig ist bei solchen Veranstaltungen, daß die ausgebildeten Fachkräfte auch die Sprache der ausländischen Frauen beherrschen. Der Verein bietet solche Fachkräfte und Seminare an.

(aus Berichten des Vereins für Internationale Jugendarbeit e.V., Moserstraße 10, 7000 Stuttgart 1, Tel.: 0711/23 47 82/6)

Dritte-Welt-Frauen-Informationszentrum

Zürich, Samstagnacht: Die Kantonspolizei liefert im Kantonsspital eine Afrikanerin mit Verletzungen ein, die offensichtlich von Mißhandlungen herrühren. Am Sonntagmorgen wird Mary gegen ihren Willen ins Zürcher Frauenhaus gebracht. Ihr Gesicht zeigt immer noch Spuren der erlittenen Mißhandlungen, ihr Körper ist voller Narben, von früheren Schlägen. Sie scheint gehetzt, will sofort in ihre Wohnung im Zürcher Niederdorf zurück, da sie Geld verdienen müsse. Allein will sie nicht gehen, denn sie hat panische Angst vor ihrem »Freund«. Die um Hilfe gebetenen Polizeistellen schieben einander die Verantwortung zu, wollen sich nicht in Milieugeschichten einmischen. Die Sittenpolizei sagt schließlich: »Wenn die Frau etwas will, soll sie vorbeikommen.« Darauf ging Mary weg, wohin wissen wir nicht.

Das ist nur ein Beispiel, unter welch menschenunwürdigen Bedingungen Frauen aus den armen Regionen der Welt von Männern aus den reichen Industrienationen als Sexobjekte ausgebeutet werden. Diese Frauen, oft von gewissenlosen Geschäftemachern mit der Aussicht auf Arbeit und Verdienst in die Schweiz gelockt, stranden hier fast ohne Rechte; viele werden mißbraucht, verachtet und unterdrückt.

Mit dem Boom des Sextourismus Anfang der siebziger Jahre tauchten immer öfters Frauen aus Asien, Afrika und Lateinamerika in der Schweiz auf. Sie arbeiteten in der schweizerischen Sexindustrie, als Gogo-Girls, als Prostituierte. Viele dieser Frauen konnten kein Deutsch, kannten ihre Rechte nicht, fanden sich in unserer Kultur nicht zurecht und strandeten, ausgebeutet und mißbraucht.

Immer öfters wurden Frauenhäuser, kirchliche und soziale Institutionen mit den vielfältigen Problemen dieser Frauen konfrontiert, sie fühlten sich überfordert.

Aufgrund all dieser Probleme wurde das FIZ, »Dritte-Welt-Frauen-Informationszentrum«, im Februar 1985 gegründet. Wir befassen uns mit den Problemen der Frauen aus der Dritten Welt in der Schweiz, versuchen ihnen Hilfe und Beratung zu vermitteln.

Mit Öffentlichkeitsarbeit in der Schweiz machen wir hier auf die Probleme dieser Frauen aufmerksam, zeigen die Gründe auf, warum und wie sie hierher kamen, hoffen, Verständnis für die Lage der Frauen zu schaffen. Auf politische Gremien wird zur Verbesserung der rechtlichen Stellung der betroffenen Frauen Einfluß genommen. Es bestehen gute Kontakte mit kirchlichen, sozialen und anderen Institutionen, die Anlaufstellen für Frauen aus der Dritten Welt sind.

In der Dritten Welt versuchen wir, mit Informationen ein realistisches Bild der Lebens- und Arbeitsbedingungen in der Schweiz zu zeichnen und so ein Gegengewicht zu schaffen zu den Vorstellungen der Frauen über ein Leben in der Schweiz.

Im Mai 1986, etwas mehr als ein Jahr nach der Gründung des FIZ, wurde der Verein »Dritte-Welt-Frauen-Informationszentrum« gegründet, mit dem Ziel, die Aktivitäten des FIZ in der schweizerischen Öffentlichkeit breiter abzustützen und weitere Personenkreise zu sensibilisieren.

Das »Dritte-Welt-Frauen-Informationszentrum« ist ein parteipolitisch unabhängiger Verein, der finanziell von verschiedenen Frauen- und entwicklungspolitischen Organisationen, von Hilfswerken und kirchlichen Stellen sowie den Mitgliedsbeiträgen getragen wird.

(aus verschiedenen Selbstdarstellungen)

Anschrift: Dritte-Welt-Frauen-Informationszentrum, Quellengasse 25, CH-8005 Zürich, Tel.: 01/42 82 82

Dort wie auch beim Zentrum für Entwicklungsbezogene Bildung (ZEB), Gerokstraße 17, 7000 Stuttgart 1, ist ein gemeinsames Faltblatt über »Mythen ... und Argumentation gegen Sextourismus« erhältlich.

In Stuttgart begann im Oktober 1987 ein ähnliches Projekt seine Arbeit, dessen Träger der Verein für Internationale Jugendarbeit ist. Anschrift: Landhausstraße 62, 7000 Stuttgart 1, Tel. 07 11/26 18 91

Kurse, Seminare, Vorschläge für Gruppenarbeit und Schule

BALD – Ein Projekt des DGB-Bildungswerks

Bei den meisten Kursen und Seminaren fällt auf, daß der Bereich Arbeitswelt in der Regel ausgespart bleibt. Dafür gibt es nun seit einiger Zeit BALD (Bildungsarbeit mit ausländischen und deutschen Arbeitnehmern). BALD ist ein Projekt des DGB-Bildungswerks e.V. in Kooperation mit der Sozialakademie Dortmund (Fachbereich Soziologie). Dort wurde eine Modell-Seminarkonzeption entwickelt und in einem DGB-Kreis sowie in zwei Verwaltungsstellen erprobt, wozu auch Teamer- und Referentenqualifizierungsseminare für die Umsetzung der Konzeption in weiteren DGB-Kreisen und gewerkschaftlichen Verwaltungsstellen gehören.

Für die Seminarkonzeption entstanden eine Anzahl von Lerneinheiten zu verschiedenen Problemlagen von Ausländern und zum Verhältnis von Aus- und Inländern. Örtliche Gewerkschaften, Teamer und Referenten sollen dadurch die Möglichkeit haben, unter Materialien auszuwählen, die eigenen und betrieblichen Problemlagen nahekommen. In einem regelmäßigen Info wird über das Projekt berichtet.

Anschrift: Projekt »BALD« des DGB-Bildungswerkes e.V., Splintstraße 2, 4600 Dortmund 1, Tel.: 02 31/14 00 11

Schulprojektwoche in Oldenburg

Im Rahmen einer Schulprojektwoche wurde das folgende Einzelprojekt für die Schüler der Sekundarstufe I ausgeschrieben: Die Schüler hatten sich für die Teilnahme freiwillig entschieden. Die Zielsetzung war, daß die Schüler Sachkenntnisse über Anzahl, Wohn- und Lebensbedingungen und Probleme von

Ausländern in Oldenburg, über die Ausländerarbeit kirchlicher, städtischer, parteipolitischer, betrieblicher und privater Art sowie über das Ausländer- und Asylrecht der Bundesrepublik erwerben und sensibel für die Probleme ausländischer Mitbürger werden.

Zunächst ging es um die Entwicklung eigener Fragestellungen zu dem Thema und die organisatorische Planung eines Arbeitsvorhabens, dann um Ermittlung von Informationsquellen (zum Beispiel Behörden), die Beschaffung und Auswertung von Informationsmaterial (Statistiken, Schaubilder, Broschüren und so weiter), die Vorbereitung und Durchführung von Interviews sowie die Dokumentation der Arbeitsergebnisse.

Die Projektleiter hatten sich vor Beginn der Projektwoche mit den zuständigen Behörden (Ausländeramt, Sozialamt, Wohnungsamt, Einwohnermeldeamt) sowie anderen Organisationen (Arbeiterwohlfahrt, Diakonisches Werk, Caritas) in Verbindung gesetzt und diese über das Arbeitsvorhaben informiert. Die entsprechenden Institutionen wurden auf mögliche Schülerbesuche vorbereitet und um Kooperation gebeten. Mit den Ausländersozialberatern der vorgenannten drei Wohlfahrtsverbände wurde ein Gesprächstermin über ihre Arbeit während der Projektwoche vereinbart. Im Rahmen einer Vorbesprechung zur Projektwoche erhielten die Schüler den Arbeitsauftrag, während der Herbstferien in der Lokalpresse Artikel zum Thema zu sammeln und ihr persönliches Erkenntnisinteresse zu formulieren.

Die Projektwoche
Alle Schüler waren während der gesamten Projektwoche anwesend.
Montag:
● Einstieg in die Projektwoche (persönliche Vorstellung, Erfahrungen, persönliche und beobachtete/gehörte Verhaltensweisen und Vorurteile gegenüber Ausländern) (3/4 Stunde)
● Erstellen von Arbeitshypothesen, Festlegung der Zielsetzung des Projekts (1 Stunde)
● Überlegungen zur Frage der Informationsbeschaffung, Erstellung einer Liste von Ansprechpartnern/Informationsquellen (1 Stunde)
● Informationsbeschaffung (Behördengänge) (1 Stunde)
● Auswertung: Berichterstattung der Gruppen

● Hausaufgabe: Zusammentragen weiterer Zeitungsartikel über »Ausländerwoche«, Durcharbeiten des Informationsmaterials

Dienstag:
● Berichterstattung der Gruppen (Schluß) (1/2 Stunde)
● Zahlen: Wie viele und welche Ausländer gibt es im Ort? (2 Stunden)
● Wohnsituation der ausländischen Mitbürger im Ort (2 Stunden)
● Vorbereitung der Hausaufgabe (1/2 Stunde)
Einteilung der Schüler in vier Gruppen zur Bearbeitung folgender Themen:
a) Probleme von Ausländern allgemein
b) Probleme ausländischer Kinder
c) Probleme, die sich aus kulturellen und religiösen Unterschieden ergeben
d) Welche Organisationen/Privatinitiativen engagieren sich für/gegen Ausländer in Oldenburg?
● Besuch im Jugendtreff für Ausländer »Gaslicht« (2 Stunden)
● Hausaufgabe: Lesen der in den einzelnen Gruppen ausgewählten Informationsschriften und schriftliche Zusammenfassung.

Mittwoch:
● Berichte der einzelnen Gruppen (2 Stunden)
● Vorbereitung auf das Gespräch mit den Sozialberatern (1 Stunde)
● Gespräch mit den Sozialberatern (2 Stunden)

Donnerstag:
● Arbeitsteilige Vorbereitung von Interviews mit verschiedenen Adressatengruppen (ausländische Mitbürger am Arbeitsplatz, ausländische und deutsche Passanten in der Innenstadt, ausländische Schüler in der Hauptschule S.) (2 Stunden)
● Durchführung der Interviews (2 Stunden)
● Erlebnisberichte und mündliche Auswertung im Plenum (1 Stunde)
● Hausaufgabe: Schriftliche Fixierung der Interviews beziehungsweise Abfassen von Erlebnisberichten

Freitag:
● Schülerreferat zum Thema »Ausländer raus! Was dann?« (1/2 Stunde)
● Ergebnissicherung und Planung der Kommentation (Materialauswahl für Wandzeitung) (1 Stunde)

- Erstellen der Wandzeitung (4 Stunden)

Samstag:
- Abschließende Auswertung des Projekts, persönliche Stellungnahmen der Schüler und Lehrer, Kritik, Verbesserungsvorschläge (1 Stunde)

Als Beispiel für die Vertiefung einzelner Programmpunkte soll die Problematisierung des Zahlenmaterials erwähnt werden:
- Haben zum Beispiel Briten und Holländer in Oldenburg auch Probleme? (Hinweis auf einen entsprechenden Zeitungsartikel) Wo arbeiten sie?
- Warum denken wir beim Wort »Ausländer« immer nur an Türken?
- Welche Probleme ergeben sich aus der überproportional hohen Zahl der Kinder innerhalb der Gruppe der Türken? Und so weiter.

Auswertungsbericht

Die Schüler waren während der gesamten Projektwoche voll bei der Sache. Auffällig war das starke Interesse an persönlicher Kontaktaufnahme mit ausländischen Mitbürgern. Aus diesem Grunde besuchte die Projektwoche ein städtisches Zentrum für ausländische Jugendliche. Darüber hinaus wurden durch Kontaktaufnahme mit ausländischen Geschäftsleuten sowie der Leiterin einer Hauptschule mit hohem Anteil ausländischer Schüler Termine für persönliche Gespräche vermittelt. Es ist besonders erfreulich, daß sich aus diesen Gesprächen private, auch nach einiger Zeit noch andauernde Kontakte zwischen deutschen und türkischen Schülerinnen ergeben haben.

Die Motivation der Schüler für die Beschäftigung mit dem Thema blieb während der gesamten Woche erhalten, was sich an der ausgesprochen positiven Arbeitshaltung (Überschreiten der vorgesehenen Arbeitszeit von fünf Schulstunden täglich, freiwillige Übernahme von Sonderaufgaben für den Nachmittag, selbständige Absprache und Durchführung von Gesprächen mit Behördenvertretern auch am Nachmittag und so weiter) zeigte. Die in Form einer umfangreichen Wandzeitung dokumentierten Ergebnisse beweisen, daß die Schüler konzentriert und produktiv gearbeitet haben.

Gegen Ende der Projektwoche wurde eine Aktion einiger Schülerinnen, die sich als Türkinnen verkleideten, noch zu einem Höhepunkt. Verkleidet als Türkinnen fragten sie in Oldenburgs Innenstadt Passanten nach der Uhrzeit oder dem

Weg, besuchten ein Kaufhaus und ein Café des gehobeneren Niveaus. In ihrem Bericht hieß es anschließend: »Wir wurden ständig von oben bis unten gemustert.« In all diesen Blicken sei immer wieder Mißtrauen zum Ausdruck gekommen. Denn: »Unverkleidet durften wir aber immer alles anfassen, ohne daß die Verkäuferinnen Mißtrauen zeigten.« Andererseits wußten die Schülerinnen auch darüber zu berichten, »daß uns einige Leute sehr nett weitergeholfen haben«.

Informationen über dieses Projekt sind erhältlich über: Graf-Anton-Günther-Gymnasium, Schleusenstr. 4, 2900 Oldenburg beziehungsweise Diakonisches Werk Oldenburg, Ausländerreferat, Gottorpstraße 23, 2900 Oldenburg, Tel.: 04 41/21 00 10

Schülerprojektwoche in Leverkusen-Opladen

Ähnlich wie in Oldenburg beschäftigten sich 21 deutsche und ausländische Schülerinnen und Schüler im Alter von 16 bis 18 Jahren des Gymnasiums »Landrat Lucas« in Leverkusen-Opladen im Rahmen einer Projektwoche fünf Tage lang auf eigenen Wunsch mit der Situation der Ausländer in ihrer Stadt. Das besondere Interesse der Schüler galt der politischen Vertretung der Ausländer, ihrer Wohnsituation, ihren Problemen auf Ämtern und in Schulen.

Eine Beschreibung der Woche findet sich in: INCONTRI, Zeitschrift für Italiener und Deutsche, Nr. 12, Dezember 1986. (Diese immer in deutsch und italienisch geschriebene Zeitschrift kostet im Jahresabonnement 35,- DM. Anschrift: INCONTRI, Leibnizstraße 56, 1000 Berlin 62, Tel.: 030/8 83 20 61.) Die Anschrift der Schule lautet: »Landrat Lucas«, Peter-Neunhauser-Str. 7–11, 5090 Leverkusen 3, Tel.: 0 21 71/40 54 26

Altennachmittag

Das im folgenden dargestellte Seminar »Altennachmittag« wurde im Bereich des Diakonischen Werkes im norddeutschen Raum eingesetzt. Mit leichten Änderungen ließe es sich ohne weiteres auch für andere Personenkreise verwenden.

Das Seminar stand unter dem Thema: Welche Kenntnisse habe ich von Ausländern in meiner Gemeinde? In dem ersten

Arbeitsblock von etwa einer Stunde ging es darum, in Kleingruppen eigene Erfahrungen und persönliche Beziehungen zu diesem Thema herauszuarbeiten. Als Einstieg und als Anregung dienten die Grafik »Wurzelmann«

und der Spruch: »Alle Menschen sind Ausländer. Fast überall.«
Folgende Leitfragen regten das Gespräch über diesen Spruch und die Grafik an:
- Was fällt Ihnen an der Grafik auf?
- Was symbolisiert die Grafik?
- Wer ist der Mensch in der Grafik?

- Könnte der Mensch auch für uns stehen (Entwurzelung, Verlust der Heimat, Flucht, neue Wurzeln in fremder Umgebung finden und so weiter)?
- Was will der Spruch aussagen?
- Ist der Spruch wahr oder eine überzogene Provokation?
- Besteht zwischen Grafik und Spruch eine inhaltliche Verbindung? Welche?
- Gibt es Ausländer in Ihrer Gemeinde? Kennen Sie persönlich Ihre ausländischen Mitbürger/Nachbarn? Was wissen Sie von Ihnen?
- Was verbindet Sie mit »Ausländern«?
- Was möchten Sie im anschließenden Plenum zum Thema »Ausländer« erfahren? Welche konkreten Fragen haben Sie?

Es hat sich als sinnvoll erwiesen, die Arbeitsgruppen-Ergebnisse aufzuschreiben, nach Möglichkeit auf einer Wandzeitung.

Nach einer Pause wurden die Ergebnisse im Plenum, das etwa eineinhalb Stunden dauerte, dargestellt. Aufgetauchte Fragen konnten beantwortet werden, Erläuterungen zum Thema fanden statt.

Zielvorstellungen für solch ein Seminar können sein:
- Im »Ausländer« den Menschen sehen,
- eigene »Fremdheitserlebnisse« und so weiter in Verbindung setzen,
- Vorurteile durch sachgerechtes Wissen ersetzen,
- Mutmachen, Ausländern unbefangen begegnen,
- Anregungen für Altennachmittage zu vermitteln.

Teilnehmer des Seminars waren die Altenkreisleiterinnen zweier ländlicher Kirchenkreise. Die Erfahrung, daß gerade alte Menschen auf dem Land sich häufig schwertun, »Fremden/Ausländern« relativ unbefangen zu begegnen und zu erkennen, daß viele Ausländer wie sie mittlerweile ins »Seniorenalter« gekommen sind, war auf Wunsch der Teilnehmerinnen Anlaß für dieses Seminar. Es hatte exemplarischen Charakter, damit die Altenkreisleiterinnen (zum großen Teil selbst Senioren) es als Multiplikatoren in ihrem Altenkreis umsetzen konnten.

Der Einstieg in das Seminar durch die Grafik »Wurzelmann« erwies sich als sehr hilfreich. Sie wurde als Symbol für eigene Entwurzelungs- und Fremdheitserfahrungen angenommen und ermöglichte eine unbefangene Auseinandersetzung mit dem Thema. Das Ziel, im »Ausländer« den Menschen und sich selbst als Mensch wiederzuerkennen, konnte so erreicht werden.

Der Erfolg des Seminars zeigte sich darin, daß in der Folgezeit viele Altenkreise der beteiligten Kirchenkreise das Thema aufgegriffen haben. Dabei erwies sich die Einladung von »Fachleuten« als Gesprächspartner als hilfreich. Insgesamt hat sich gezeigt, daß es wichtig war, zuerst die Altenkreisleiterinnen als Multiplikatoren zu gewinnen.

Als vertiefende Themen für Altenkreise (und andere Personenkreise) bieten sich aufgrund der Erfahrungen zur Information und Diskussion an:

● Ausländische Arbeitnehmer, unsere Nachbarn (Geschichte der Anwerbung, Probleme der Ausländer, Vorurteile und so weiter)
● Heimat: Was bedeutet sie uns, was für Ausländer? (Was ist Heimat, was verbinden wir damit?)
● Unsere Nachbarn wanderten aus? (Wer, wann, warum, was wissen wir heute noch von ihnen?)
● Fremde und Flüchtlinge in der Bibel (exemplarische Bibelstellen und Personen, zum Beispiel Abraham, die Flucht der Heiligen Familie nach Ägypten und so weiter)
● Herkunftsland Türkei (Geschichte, Land und Leute, Religion und so weiter)
● Der Islam (fremde Religion, Gemeinsames und Trennendes und so weiter)
● Orthodoxe Christen als unsere Nachbarn (Unterschiede, Besonderheiten, Gemeinsamkeiten und so weiter)

Soweit die örtlichen Gegebenheiten es zulassen, sollten auch Begegnungsveranstaltungen einbezogen werden:

● Wir laden ein und lassen uns von ausländischen Arbeitnehmern, Sozialberatern für ausländische Mitbürger berichten.
● Wir besuchen einen islamischen Gebetsraum.
● Wir feiern ein Fest mit ausländischen Mitbürgern aus unserer Gemeinde.

Arbeitshilfe zum Thema: Alte Menschen und Ausländer im Stadtteil. Anregungen für Kirchengemeinden sowie haupt- und ehrenamtliche Mitarbeiter in der Altenhilfe, Herausgeber: Diakonisches Werk der EKD, Referat für soziale Fragen der Ausländerbeschäftigung, Stafflenbergstr. 76, 7000 Stuttgart 1, Tel.: 0711/2 15 93 38

Begegnungen zwischen Einheimischen und Ausländern

An zahlreichen Orten in den Niederlanden finden eine Vielzahl von Begegnungen statt. Sie können sehr hilfreich sein. Jedoch ist der Anfang schwer. Bei »alten« und »neuen« Bewohnern bestehen nämlich verschiedene Erwartungen gegenüber solchen Begegnungen. Es ist darum sehr wichtig, diese zur Sprache zu bringen. Deshalb einige Anmerkungen hierzu:

1. Eine Begegnung hat das Ziel, den anderen besser kennenzulernen. Das ist ein Ziel, das viel Einsatz kostet. Häufig bleiben Begegnungen nämlich in einer spielerischen oder oberflächlichen Atmosphäre stecken. So birgt die Begegnung zwischen einigen niederländischen und einigen türkischen Familien die Gefahr in sich, daß es beim Reden über kulturelle Hintergründe bleibt. Interesse an den kulturellen Hintergründen von Türken und Niederländern ist gewiß eine Bedingung für ein besseres Kennenlernen, aber es ist bloß der Anfang.

2. Das Organisieren von Begegnungen kommt vielen »neuen« und »alten« Einwohnern der Niederlande unnatürlich vor. Das Einander-Besser-Kennenlernen, das Schließen von Freundschaften kann man schwer organisieren. »Alte« Niederländer kennen viele organisierte Formen des Zeitvertreibs, in den Clubs und Vereinen. In vielen anderen Kulturen wird jedoch viel weniger organisiert. Man sieht das Organisieren von Begegnungen dann als typisch abendländisch an.

3. Es empfiehlt sich deshalb zu fragen, warum man eine Begegnung zu organisieren versucht. Geht es in erster Linie um ein Bedürfnis der »neuen« Bewohner an Kontakt oder ist es, weil die Niederländer es gerne wollen? Es kann gut sein, daß die betreffende Migrantengruppe ganz und gar kein Bedürfnis an einer Begegnung hat. Gewiß sucht man tiefgehende Kontakte lieber in der eigenen Gruppe. Deshalb muß man darauf achten, daß – wenn man Begegnungsversammlungen organisiert – auch die Migranten ihre Wünsche zu erkennen geben.

4. Eine Begegnung muß nicht etwas Freischwebendes werden, sondern sie muß zum gemeinsamen Anpacken von Aktivitäten führen. Welche Aktivitäten es sein werden, sollte in beiderseitiger Beratung festgelegt werden.

(aus der Handreichung für Kirchengemeinden, um zum Kontakt mit Migranten zu kommen, »Aufeinander angewiesen«, Nr. 3, Was

tun?, *herausgegeben von der Arbeitsgruppe »Pluriformes Zusammenleben« des Rates der Niederländischen Kirchen, 1985)*

Einsatz von Karikaturen in Seminaren

Es hat sich gezeigt, daß sich Karikaturen bei Kursen, Seminaren, in Gruppensitzungen und so weiter sehr gut eignen, um für das Thema »Ausländer« Interesse zu wecken beziehungsweise bestimmte Aspekte der Ausländerpolitik oder des Ausländer- und Inländer-Daseins anzusprechen. Anregende Beispiele finden sich in den Unterrichtshilfen von B. Hoffmann, die unter anderem folgende Themen anbieten:
- Die Verwendung der Karikatur im Unterricht
- Die Karikatur als Zerrbild
- Einige Beispiele für die Darstellung von Ausländern in der Karikatur
- Vorschläge für den Einsatz des Beispielmaterials im Unterricht
- Einige Unterrichtsbeispiele, wie Karikaturen Vorurteile aufbauen über Kultur/Werte und Normen/Sprache und zur Entwicklung der Migration ausländischer Arbeitnehmer.

Titel der Veröffentlichung: B. Hoffmann, Ausländer in der Karikatur, Unterrichtshilfen für den projektorientierten Kunstunterricht IV, hrsg. von der Stadt Krefeld – Der Oberstadtdirektor/Pädagogischer und Psychologischer Dienst – Pädagogische Arbeitsstelle, Krefeld 1985.

Deutschkurse in der Vollzugsanstalt Mannheim

Seit einigen Semestern bietet die Mannheimer Abendakademie in der Vollzugsanstalt Mannheim für die dort inhaftierten ausländischen Gefangenen Deutschkurse an. Diese ergänzen ein vielfältiges Ausbildungs- und Freizeitangebot, was sonst nicht so verbreitet ist. Die Gefangenen können in der Vollzugsanstalt eine Lehre in anerkannten Ausbildungsberufen wie Kraftfahrzeugmechaniker, Bäcker, Koch oder auch Buchbinder absolvieren. Insassen, die noch keinen Hauptschulabschluß haben, können diesen nachholen.

In der Regel nehmen zwischen zehn und fünfzehn Teilnehmer verschiedener Nationalität an den Kursen teil, wobei die

Türken die größte Gruppe bilden. Die durchschnittliche Verweildauer beträgt ein bis anderthalb Jahre. Ein Teilnehmer nahm sogar vier Jahre lang teil. Ein häufiger Grund für den Abbruch des Kurses ist die Abschiebung der Teilnehmer in ihr Herkunftsland.

Sprachkurse, die hinter Gefängnismauern stattfinden, verfolgen wie andere Sprachkurse auch das Ziel, die Teilnehmer zu befähigen, sich in dem Land zurechtzufinden, in dem sie sich aufhalten. Die Lerninhalte richten sich nach den Bedürfnissen und Vorkenntnissen der Teilnehmer. Da verschiedene Altersgruppen in einem Kurs zusammen sind, muß der Kursleiter immer wieder versuchen, den verschiedenen Interessen gerecht zu werden. Die Gefangenen sind naturgemäß auf die Angebote innerhalb der Vollzugsanstalt angewiesen. Doch obwohl die Teilnahme an den Kursen freiwillig ist, werden diese regelmäßiger besucht als Kurse außerhalb. Der Kursleiter sieht sich hier seltener als sonst vor das Problem wechselnder Anwesenheit gestellt.

Neben der Vermittlung der Sprache erfüllen die Kurse die Funktion einer sinnvollen Freizeitbeschäftigung. Die Teilnehmer bekommen hier auch die Gelegenheit, Wünsche und Bedürfnisse zu artikulieren und die Anerkennung zu finden, die ihnen sonst nicht zuteil wird. Der Kursleiter stellt außerdem eine Verbindung zur Außenwelt dar, er ist Lehrer und Ansprechpartner zugleich.

Die Kurse stellen einen wichtigen Baustein im Freizeitangebot der Vollzugsanstalt dar, und sie sind für die Gefangenen eine Vorbereitung auf die Zeit danach.

Nähere Informationen bei: Mannheimer Abendakademie und Volkshochschule GmbH, R 3, 13, Postfach 1507, 6800 Mannheim 1, Tel.: 06 21/1 07 61 08

(aus einer Selbstdarstellung)

Deutsch-ausländische Jugendzeitungen

»Dostluk« (Freundschaft) heißt die deutsch-türkische Schülerzeitung in der Westerholter Martin-Luther-Schule (Gemeinschaftshauptschule). Türkische und deutsche Schüler sowie ein türkischer Lehrer bilden das Redaktionsteam. Andere Schüler beliefern die Redaktion mit Texten und Bildern.

Frieden in der Schule stiften ist das Ziel des Lehrers. Dazu gehört für die türkischen Schüler ein offener Brief an ihre deutschen Kameraden in »Dostluk«, in dem es unter anderem heißt: »Bitte beschimpft uns nicht mit Sachen, die uns verletzen. Versucht nicht, mit uns zu streiten, weil ihr in der Mehrzahl seid. Sagt uns, wenn wir irgendwelche Fehler haben.« Daneben erinnern sich türkische Schüler, wann und warum sie ihre Heimat verließen, wird über das türkische Kinderfest berichtet, über den Islam, das Opferfest, Meinungen der Elternvertreter, Arbeitslosigkeit und Ausbildungsplätze, Frieden, muttersprachlichen Unterricht, wird eine Schülerbefragung durchgeführt. Witze, Gedichte, Rätsel, Spiele, Rezepte und so weiter runden die Zeitschrift ab. Eine Initiative, die viele Nachahmer/innen verdient.

Dies gilt auch für die deutsch-türkische Jugendzeitung »Kupon« in Kassel, die etwa alle zwei Monate in Form eines beidseitig bedruckten Faltblattes in einer Auflage von 3 000 Stück erscheint. Artikel über die radioaktive Verseuchung nach Tschernobyl, Wohnprobleme, Kochrezepte, Berichte über Sportmannschaften, Reiseberichte gehören zu den Inhalten. Die Zeitung ist sozusagen das Standbein des gleichnamigen Vereins, der vor einigen Jahren von Sozialpädagoginnen, Lehrern, Sozialarbeitern und einem Grafiker gegründet wurde. Deshalb wird sie redaktionell von türkischen und deutschen Mitgliedern des Vereins und von Jugendlichen betreut. Verteilt wird sie kostenlos vom Kasseler Stadtschülerrat an Schulen und Jugendzentren. Ebenso ist sie in Cafés, Kinos, Läden oder Rechtsanwaltbüros zu finden.

In jeder Ausgabe gibt es einen Abschnitt, den die Leser mit ihren Kommentaren sowie Name und Adresse an die Redaktion schicken können, denn die Teilnahme an einer Verlosung mit kleinen Gewinnen wie Kinokarten, Spielen oder türkischen Musikkassetten lockt.

Preisgekrönt mit einem 3.000 DM dotierten Jugendpreis der Stadt Hof ist der dortige türkisch-deutsche Arbeitskreis, der die Auszeichnung für »Kontakt«, eine Zeitung des türkisch-deutschen Jugendtreffs, 1986 erhielt. Themen waren bisher: Ausländerbeiräte, Verlorene Jugend, Asylbewerber unter uns, Ausländerfeindlichkeit, Arbeitslosigkeit, Wohnungsprobleme, Zukunftserwartungen, deutsche Jugendliche über türkische Altersgenossen, Religion, Reiseeindrücke aus der Türkei, Situation türkischer Mädchen und Frauen, Geschichte der Kopftücher.

Anschriften: Dostluk, Martin-Luther-Schule, Martin-Luther-Str. 3, 4352 Herten, Tel.: 02 09/61 03 28.

»Dostluk« heißt auch die Zeitung des Vereins der Türken in Wilhelmshaven und Umgebung e.V., Rheinstraße 123, 2940 Wilhelshaven, die in Zusammenarbeit mit der Bürgerinitiative gegen Ausländerfeindlichkeit herausgegeben wird.
Kupon e.V., Möncheberstr. 33, 3500 Kassel, Tel.: 05 61/87 59 30
Kontakt, Zeitung des deutsch-türkischen Arbeitskreises der Ev. Industriejugend und Berufsschülerarbeit Oberfranken, Königstr. 36, 8670 Hof 1, Tel.: 0 92 81/8 68 55

Wie schon im Beitrag über Statistiken und Argumente gegen Ausländerfeindlichkeit zur Informationsbeschaffung erwähnt, können die jungen Redakteure/innen der Jugendzeitungen bei den verschiedenen Ämtern nachfragen, wie zum Beispiel Statistisches Amt, Sozialamt, Wohnungsamt, Ausländerbehörde, Schulverwaltungsbehörde, Ausländerbeiräte/-ausschüsse, Arbeitsamt, Wohlfahrtsverbände, Kirchen und Parteien. Als ebenso hilfreich haben sich Gespräche mit ausländischen Vereinen, Initiativen und Gewerkschaften sowie manchen Lokaljournalisten erwiesen.

Ausländerfreundliche Maßnahmen

Um Nägel mit Köpfen zu machen, haben wir Jugendliche aus Evangelischen Jugendzentren und Gemeinden im Bereich der Ev. Kirche von Westfalen zu einem »Ausländerfreundlichen Aktionswochenende« eingeladen – 28 Jugendliche sind zu uns in ein Jugendzentrum in Wattenscheid gekommen. Wir haben beraten, was zu tun sei, Rückblick halten, Einblick in die Situation gewonnen und dann beschlossen, ein »Aktionshandbuch Ausländerfreundliche Maßnahmen für die Evangelische Jugend« zu schreiben. Weil alle Jugendlichen schon auf Erfahrungen zurückgreifen konnten, haben wir die schon erprobten Aktionsformen überprüft, um sie als Handlungshilfe anderen Jugendlichen vorzustellen.

Zuerst haben wir einmal nach den Problemen der »Ausländer« gefragt, im rechtlichen Bereich, bezogen auf Isolation, Wohnsituation und Sprache, die Probleme der zweiten Generation. Ausgehend von dem Gedanken der Ökumene haben wir festgestellt, daß das griechische Wort »Oikomine« heißt und der »gesamte bewohnte Erdkreis – alle Menschen« bedeutet und daß alle Menschen (auch die Nichtgetauften) in dieser Ökumene eingeschlossen sind. Wenn wir die »Fremden« in unserem Land nicht zu Objekten unseres karitativen Handelns (sei es auch aus bester Absicht heraus) degradieren wollen, so können wir nur mit ihnen zusammen, partnerschaftlich die notwendigen Veränderungen anstreben. Das heißt, daß wir sie akzeptieren, so, wie sie sind, und nicht so, wie wir sie gern hätten, daß wir ihren Glauben respektieren, so, wie wir das Evangelium achten, auch wenn wir manchmal nicht wahrhaben wollen, daß, wenn wir groß sein wollen, wir uns ganz klein machen müssen...

In unserem »Aktionshandbuch« beschreiben Jugendliche mögliche Aktionsformen, die alle von ihnen selber schon in die Tat umgesetzt wurden. Wir haben dabei die Erfahrung gemacht, daß es unbedingt Voraussetzung ist, dies gemeinsam mit »ausländischen« Jugendlichen zu tun. Dies deshalb, weil wir nicht über sie reden und handeln können, und nachher war alles nur Schall und Rauch ... Wir wissen, daß hier für uns alle ein großes Defizit liegt, weil zum Beispiel muslimische Jugendliche in der Evangelischen Jugend oft gar nicht vorkommen. Wir haben erlebt, wie schwer es ist, an diese jungen Leute (vor allem an Mädchen) heranzukommen und sie bei uns aufzunehmen – vor allem deshalb, weil wir es oft selber sind, die die Kontaktaufnahme blockieren. Denn stell dir einmal vor, sie kommen wirklich in eine Jugendgruppe oder ihr fahrt gemeinsam in die Freizeit, und du verliebst dich in eine/n Ausländer/in – wie wirst du mit deinen Vorurteilen, geschweige denn mit denen deiner Eltern und Freunde fertig? Also, wir müssen bei uns selbst anfangen, wir müssen auf die »Fremden« zugehen, wir müssen die Tür aufmachen und aufpassen, daß sie keiner wieder zuschlägt.

Unser »Aktionshandbuch« hat uns bei der Herstellung viel Mut und Spaß gemacht. Was darin beschrieben wird? Von Hausaufgabenhilfen, Literaturarbeit, Dichterlesungen werden bis Mieterhilfe, Kinderhilfe, Foto-Ausstellung, Flugblättern, Erstellen von Großplakaten, Verkleiden als Türken, Fragebogen-Aktion, Buttons und Feten viele Bereiche dargestellt.

(teilweise übernommen aus: Aktionshandbuch ausländerfreundliche Maßnahmen)

Das Aktionshandbuch Ausländerfreundliche Maßnahmen ist zum Preis von 5,00 DM erhältlich beim Amt für Jugendarbeit der Ev. Kirche von Westfalen, Haus Villigst, Iserlohner Str. 25, 5840 Schwerte 5, Tel.: 02304/7161. Da die Gruppe auch nach der Veröffentlichung des Buches weitere Aktionen durchgeführt hat (unter anderem auf dem Deutschen Ev. Kirchentag im Juni 1987 in Frankfurt), lohnt sich ein Nachfragen nach zusätzlichen Materialien.

Im »Mitarbeiterbrief« Nr. 178 vom Januar-März 1986 der Jugendkammern der Ev. Kirchen im Rheinland und in Westfalen sind unter anderem ein deutsch-türkisches Mädchenzentrum in Gladbeck, eine »Türkische Nacht« in einer Offenen Tür in Wattenscheid, ein Bericht über die Türkei-Expedition-Spurensuche, ein Plädoyer für deutsch-türkische Reisegruppen und Freundschaften und eine Sklaventerminbörse in Rheine ausführlich dargestellt.

Schüler, ein Riesenpuzzle und ein Riesenfest

Angesprochen, zur internationalen Woche der Verständigung einen schulischen Beitrag zu leisten, entschied sich ein Kunsterzieher am Korntal-Münchinger Gymnasium für Originalität. Ein großflächiges Bild mit Symbolen europäischer Kultur, beschloß der Kunsterzieher gemeinsam mit den Schülern eines Kunst-Leistungskurses der Klasse 13, sollte zerschnitten werden und durch die Mithilfe der Bevölkerung wieder entstehen, ein Riesenpuzzle also.

Mit Tempo und Begeisterung gingen die vierzehn Schülerinnen und Schüler des Kurses vor den Sommerferien 1985 zu Werke. In dreitägiger Arbeit brachten sie Sinnbilder der Antike, der Frührenaissance und Renaissance, abendländische Kulturleistungen zu Papier, freilich nicht, ohne hier und da am Werk der alten Meister zu retuschieren und zu aktualisieren.

Als die Schüler die Pinsel zur Seite legten, blickte von der 4 x 1,50 Meter großen Leinwand ein mondäner »David« von Michelangelo im 20. Jahrhundert, schlug gleichzeitig die Geburtsstunde von Botticellis »Venus«, entstand ein griechischer Panthion, und nebenbei war nach Meinung des Kunsterziehers ein wichtiges Unterrichtsziel erfüllt.

»Viele Nationen – alle Bürger in einer Stadt«, bevor die internationale Woche der Verständigung in Korntal-Münchingen eröffnet wurde, zerfiel das Bild des »geeinten Europas« in Stückwerk. »David«, »Venus«, der griechische Panthion und eine Moschee wurden in rund 650 Teile zerlegt, numeriert und von Schülern aller Korntal-Münchinger Schulen an ebensoviele Haushalte verteilt. Die einzige Maßgabe an die Schüler war: Die Puzzle-Teile mußten den Bürgern persönlich überbracht werden. Auf diese Weise, hofften die Organisatoren, würden möglicherweise schon im Vorfeld Kontakte entstehen. Als zusätzlichen Anreiz für die Bürger, das »vereinte Europa« am folgenden Sonntag beim Korntaler Rathaus wieder entstehen zu lassen, hatten der Kunsterzieher und die Organisatorin der internationalen Woche vereinbart, daß jedes zweite der numerierten Teile mit einem Lotteriegewinn verbunden war. Es war klar, daß, wenn auch nur ein Puzzle-Teil fehlt, das Bild unvollendet blieb.

Am Sonntag fehlten 120 Teile, das heißt 20 Prozent. Das Bild eines geeinten Europas hatte Lücken. Jeder fünfte Korntal-Münchinger war zu Hause geblieben, und »Venus« hatte keine Beine. Weiße Flächen und Zahlen markierten wie Feigenblätter jene Stellen, an denen sich die Bürger Blößen gegeben hatten. Dennoch waren die Organisatoren insgesamt zufrieden. »Anstatt das Verhältnis zwischen Deutschen und Ausländern zu problematisieren, wollten wir einfach nur einen Fest-Beitrag leisten.«

Dieses Puzzle fand im Rahmen einer großen internationalen Hocketse statt, mit Musik, Tanz, Kindertheater, Spiel, Folklore und ausländischen Spezialitäten. Ohne dieses Fest wären die Leute nicht gekommen. »Über das gemeinsame Feiern einander näherkommen«, hofften der Kunsterzieher und die Schüler. Das haben sie erreicht.

(verändert und ergänzt übernommen aus den Materialien zur Woche der ausländischen Mitbürger 1987)

Kulturveranstaltungen, Wochen, Feste

Woche der ausländischen Mitbürger

»Kommunales Wahlrecht für Ausländer – in Holland möglich, warum nicht auch bei uns?« lautet das Thema der Hauptveranstaltung der Mainzer »Woche der ausländischen Mitbürger« 1987. Zwar fordern Kirchen, Gewerkschaften, Wohlfahrtsorganisationen und Initiativen seit langem das kommunale Wahlrecht. Auch verschiedene politische Parteien haben sich dafür ausgesprochen. In der Öffentlichkeit und der politischen Diskussion wurde dies jedoch in der Vergangenheit kaum beachtet. Durch die »Woche der ausländischen Mitbürger« 1987 ist dies anders geworden. Sie stand unter dem Motto »Gemeinsam leben – gemeinsam entscheiden«. Bei Hunderten von Veranstaltungen wurde über die Verbesserung des Ausländerrechts und die Einführung des kommunalen Wahlrechts gesprochen.

»Ausländertage« gibt es seit 1975. Die Initiative dazu ging von den Kirchen aus. Die Kirchen hatten erkannt, daß ihre politischen Forderungen nur dann eine Chance haben, realisiert zu werden, wenn sie von der eigenen Basis und auch von anderen relevanten gesellschaftlichen Gruppen mitgetragen werden. Nur politischer Druck von weiten Teilen der Gesellschaft kann eine ideologisch verkrustete Ausländerpolitik verändern. Die »Woche der ausländischen Mitbürger« wird inzwischen von Gewerkschaften, Kommunen, Sportvereinen sowie vor allem zahlreichen deutsch-ausländischen Initiativen und Ausländerbeiräten unterstützt. Für jeden bieten sich vor Ort Mitwirkungsmöglichkeiten an.

Die Ausländerwochen stehen jedes Jahr unter einem bestimmten Motto: 1975 war der Schwerpunkt die Verbesserung des Ausländerrechts. Das Motto lautete »Miteinander für Gerechtigkeit«. 1978 stand die Situation der ausländischen Kinder und Jugendlichen im Mittelpunkt. 1980 prägte die Feststellung, daß die Bundesrepublik zur multikulturellen Gesellschaft geworden ist, die öffentliche Diskussion. 1982 riefen erstmals gemeinsam der Deutsche Gewerkschaftsbund und die Kirchen dazu auf, Rechtsextremismus und Rassismus entgegenzutreten. Angesichts der Wahlerfolge rechtsextremer Parteien durch ausländerfeindliche Parolen bei Landtagswahlen in Bayern 1986 und in Bremen 1987 sind solche Initiativen notwendiger denn je.

In den letzten Jahren konzentrierte sich das Interesse bei der Ausländerwoche auf die Verbesserung der Nachbarschaft und auf die Verhinderung eines verschärften Ausländerrechts. Ein gemeinsamer Vorstoß des Ökumenischen Vorbereitungsausschusses zur »Woche der ausländischen Mitbürger« und des DGB, unterstützt von zahlreichen Initiativen, hatte Erfolg. In der letzten Legislaturperiode wurde eine Verschärfung des Ausländerrechts verhindert. Heute sehen nun auch die Arbeitgeberverbände die Notwendigkeit, das Ausländerrecht zu verbessern. In einer gemeinsamen Erklärung vom 15. September 1987 von Kirchen, Gewerkschaften und Arbeitgebern heißt es: »Die rechtliche Situation für die seit langem hier lebenden Ausländer und deren Familien muß verbessert werden. Dies gilt insbesondere auch für das Zusammenziehen und Zusammenleben der ausländischen Familien.«

Während heute die »Woche der ausländischen Mitbürger« weitgehend unumstritten ist, wurde sie zu Beginn auch von Ausländern kritisiert. Feste und Folklore standen zu sehr im Mittelpunkt. Heute sind es neben den oben genannten politischen Schwerpunktveranstaltungen vor allem kulturelle Veranstaltungen, die das Zusammenleben von Deutschen und Ausländern verbessern helfen. Viele ausländische Künstler sind durch die »Woche der ausländischen Mitbürger« bekannt geworden.

Während sich das Zusammenleben von Deutschen und Ausländern vor Ort verbessert hat, gibt es noch erhebliche Probleme bei dem Zusammenleben mit Flüchtlingen. Die Kampagne gegen Flüchtlinge 1986 hat weite Teile der Bevölkerung gegen Flüchtlinge aufgebracht und rechtsextremen Stimmungen, Rassismus und Ausländerfeindlichkeit neue Nahrung gegeben. Der Tag des Flüchtlings, der am Freitag in der »Woche der ausländischen Mitbürger« stattfindet, versucht hier gegenzusteuern. Die bundesweite Arbeitsgemeinschaft PRO ASYL, Kirchen, Gewerkschaften, Wohlfahrts- und Menschenrechtsorganisationen sowie Flüchtlingsräte rufen dazu auf. Es ist zu hoffen, daß durch die »Woche der ausländischen Mitbürger« dem um sich greifenden Rassismus auch in Zukunft Einhalt geboten werden kann.

Günter Burkhardt, Ökumenischer Vorbereitungsausschuß zur Woche der ausländischen Mitbürger, Neue Schlesingergasse 22–24, 6000 Frankfurt, Tel.: 0 69/29 31 60. Material zur »Woche der ausländischen Mitbürger« (Termin 1988: 25. September bis 1. Oktober) kann dort angefordert werden.
Die Termine in den folgenden Jahren sind:
1989: 24. September bis 30. September,
1990: 23. September bis 29. September,
1991: 29. September bis 5. Oktober,
1992: 27. September bis 3. Oktober.

Checkliste zur Organisation einer Woche der ausländischen Mitbürger oder ähnlicher Veranstaltungen

1. Mit welchem Ziel führe ich die Woche der ausländischen Mitbürger durch?
● Möchte ich bestehende Kreise, Gemeindegruppen und so weiter über die Situation der Ausländer informieren?
● Will ich mehr die Deutschen über die Situation der Ausländer aufklären?
● Liegt mir mehr an der Begegnung von Deutschen und Ausländern?
● Gibt es einen konkreten Ansatzpunkt im Stadtteil, in der Gemeinde, in meiner Umgebung, warum ich dieses Thema aufgreifen will (zum Beispiel Konflikte zwischen Deutschen und Ausländern, Wohnprobleme)?
● Möchte ich vor allem die Kultur der hier lebenden Ausländern vermitteln?
● Dient die Woche der ausländischen Mitbürger dazu, die Ausländerarbeit im Stadtteil, in unserer Gemeinde neu anzuregen? Ist sie Höhepunkt für eine bestehende Ausländerarbeit?
Es geht also um die Frage der Schwerpunktsetzung.

2. Wer könnte mitorganisieren?
● Gibt es im Stadtteil, in der Gemeinde, in unserem Umfeld Spiel- und Lernhilfen für ausländische Kinder?
● Gibt es ausländische Vereine oder Zentren?
● Arbeitet eine gemischte kulturelle Initiative bei uns in der Umgebung?

● Welche haupt- und ehrenamtlichen Mitarbeiter in der Kirchengemeinde, in den Gewerkschaften und Wohlfahrtsverbänden (zum Beispiel ausländische Sozialberater) stehen als Ansprechpartner zur Verfügung?
● Kenne ich ausländische Geistliche oder ausländische Missionen in unserem Gebiet?
● Gibt es in unserem Gebiet Lehrer/innen, die durch die Schule in besonderem Maße mit der Situation von Ausländern konfrontiert sind?
● Wie ist die Situation in der (offenen) Jugendarbeit? Gibt es dort auch ausländische Jugendliche oder überwiegend?
● Sind im Kindergarten viele ausländische Kinder? Wie ist dort der Kontakt zu den ausländischen Eltern?
● Gibt es Kontakte zu örtlichen Gewerkschaften beziehungsweise Gewerkschaftssekretären?

3. Wer lädt zum Vorbereitungstreffen ein? Wer fungiert als Veranstalter der Woche der ausländischen Mitbürger?
● Wichtig: Bestehen persönliche Kontakte zu Ausländern und/oder ausländischen Gruppen? Schriftliche Einladungen allein sind meistens sinnlos.
● Sehr frühzeitig einladen, damit genügend Vorbereitungszeit bleibt.
● Sich vor dem Treffen klar werden, ob der Umfang und die Art der Veranstaltung zur Disposition steht oder ob klare Vorgaben vorhanden sind: zum Beispiel nur internationales Fest, nur Gottesdienst und so weiter.

4. Welche Art von Veranstaltungen kommen in Frage?
● Informationsveranstaltungen
Themen könnten unter anderem sein: Nachbarschaft von Ausländern und Deutschen – eine Aufgabe der Kirchengemeinden? Ausländer als Arbeitskollegen. Die Situation ausländischer Frauen und Mädchen. Informationen über ein Herkunftsland. Gründe der Auswanderung – was macht die Rückkehr schwierig? Weitere Themen können diesem Buch entnommen werden, wie zum Beispiel das Kommunalwahlrecht für Ausländer. Referenten zum Beispiel über die Landesgeschäftsstellen der verschiedenen Wohlfahrtsverbände oder Gewerkschaften, Abteilung Ausländer.
● Begegnungsveranstaltungen
Internationale Feste. Begegnungen zwischen Frauen. Ökume-

nische Gottesdienste. Begegnungen mit Muslimen. Gemeindenachmittage.
● Ausländische Künstler und ausländische Kultur
Ausstellungen ausländischer Künstler. Theater. Pantomime. Autorenlesungen. Musikveranstaltungen.
● Filmveranstaltungen
(siehe hierzu die Hinweise am Ende des Buches)
● Workshop
Internationales Kochen. Internationale Folkloretänze. Handarbeiten aus verschiedenen Herkunftsländern (zum Beispiel Spitzen, Knüpfen und so weiter). Theaterprojekt unter dem Thema: Karagöz, Karagiosis, Kasperle.
● Öffentliche Aktionen
Informationsstand in der Fußgängerzone zu verschiedenen Themen. Straßentheater. Straßenmusik. Internationale Hokketse (Stadtteil-, Straßenfeste).
● Veranstaltungen für Kinder und Jugendliche
Stadtteilspiel. Quiz. Märchenstunde. Vorlesestunde. Malwettbewerb. Internationale Jugend-Disco; Rock-Konzert mit ausländischen Rockgruppen. Spielturniere. Sportturniere.

5. Was muß ich bei der Planung beachten?
● Klare Zuständigkeiten: Wer ist für was verantwortlich?
● Arbeit auf möglichst viele Schultern verteilen.
● Beteiligung vieler Gruppen bei der Vorbereitung ist gleichzeitig sehr werbewirksam: In diesem Zusammenhang ist auch zu beachten, daß bei Folklore-Festen auch deutsche Gruppen mit einbezogen werden sollten.
● Fallen GEMA-Gebühren an?
● Rechtzeitig an die Werbung denken.
● Ersatzprogramm für Veranstaltungen im Freien bei Regen.

6. Wie will ich werben? Wie kann ich am besten Personen ansprechen beziehungsweise sie auf die Veranstaltung aufmerksam machen?
● Die beste Propaganda ist die Mund-zu-Mund-Propaganda.
● Plakate über den ökumenischen Vorbereitungsausschuß zur Woche der ausländischen Mitbürger.
● Handzettel mit Programm gestalten.
● Örtliche Presse und Ausländer-Rundfunk informieren.
● In verschiedenen Gaststätten im Ort und in verschiedenen Läden Plakate aushängen.

verteilen, das Gesamtpuzzle wird dann bei der Veranstaltung zusammengesetzt.
● Informationen über die Stadtteilzeitung und so weiter.

(zusammengestellt von Peter Ruf)

Schutz und Beratung

Katastrophenschutz

An einem Samstag (1. November 1986) war morgens um vier die Welt in Basel nicht mehr in Ordnung. Das Großfeuer, die Chemiekatastrophe bei Sandoz nahm ihren Lauf.

Ganz zu Beginn waren die Warnungen im Radio nur in den drei Landessprachen zu hören. Später – erst zirka eine Stunde vor der Entwarnung – wurde die Warnung dann auch in türkischer und spanischer Sprache gesprochen.

Bei Radio DRS liegen bei Katastrophenfällen Kuverts bereit. Das entsprechende Kuvert war geöffnet worden. Der Text enthielt unter anderem Telefonnummern für Übersetzungen. Der Anruf ergab: »Dududu – diese Nummer ist nicht mehr in Betrieb! Dududu...«

Dies war die Katastrophenschutz-Vorrichtung in einem Land mit einer Wohnbevölkerung von zirka 6,5 Millionen, von denen beinahe eine Million Ausländer sind. Der Chef des Schweizer Bundesamtes für Zivilschutz erklärte auf die Frage nach den Konsequenzen nach dem Chemieunfall im Rundfunk: »Ich finde es wichtig und nötig, daß jeder Schweizer weiß, wo er im Falle einer Katastrophe hingehört.« Diese Sprachregelung, nur von Schweizern zu reden, reiht sich nahtlos an die Beispiele, wie Behörden-Mitglieder an jenem Samstagmorgen mit der ausländischen Wohnbevölkerung umgesprungen sind: arrogant und schamlos-ignorant.

Ein Türke berichtete von jener Nacht: »Ich habe in der Nacht den Alarm gehört. Und ich habe nicht verstanden, was los ist. Ein paar Minuten später hat die Mutter meiner Freundin angerufen und sagte, wir müßten alle Fenster zumachen. Nachher haben wir das Radio angestellt. Alles, was ich verstanden habe, ist, daß wir die Fenster zumachen müßten und daß die Kinder nicht in die Schule gehen dürften ... Ich begreife auch jetzt nicht, ob die Luft wirklich krank ist oder nicht. Warum sind viele Fische gestorben? Werden wir auch krank und sterben wie die Fische?«

Eine Woche nach der Katastrophe fand eine Demonstration in Basel statt, auf der die Sekretärin der Schweizer Initiative Mitenand folgende Rede hielt:

»Roja semi SANDOZ étazehirli gaz derketiye. Wa chebera je melete Kurcanra kurmanci beyan nekirn. Komita Itticaciyen (Mitenand) widurumi protest tikin. (Kurdisch)

Ich hoffe nun, ihr habt mich verstanden ... Nein?! So wie euch jetzt muß es den tamilischen, kurdischen, jugoslawischen und vietnamesischen Mitbürgerinnen und Mitbürgern am letzten Samstag zumute gewesen sein. Sie haben nämlich auch kein Wort verstanden, denn niemand der verantwortlichen Behörden fand es nötig, die Katastrophenwarnung auch diesen anderssprachigen Mitmenschen verständlich zu machen. Wie in Wallraffs ›Ganz unten‹, so wird auch in Basel die ausländische Bevölkerung behandelt.

Ausländer und Ausländerinnen sind Menschen wie wir. Sie müssen ihre Pflichten wie jeder Schweizer und jede Schweizerin erfüllen. Warum dann nicht auch die Warnung vor dem Giftgas für alle? Die Großchemie ist fähig, innerhalb kurzer Zeit komplizierteste Vorgänge in den seltensten Sprachen übersetzen zu lassen. Diesen ›Service‹ hätten sie letzten Samstag ausnahmsweise auch einmal in den Dienst der gesamten Wohnbevölkerung stellen können!«

(teilweise leicht verändert aus der Zeitschrift »PIAZZA« der Schweizer Initiative Mitenande, 4. Jahrgang Nr. 13.

Was tun?

Umweltkatastrophen gibt es bekanntlich nicht nur in der Schweiz. Nach dem Atomreaktor-Unfall von Tschernobyl und der hohen Radioaktivität in der Bundesrepublik war die Information der ausländischen Einwohner kaum besser als in Basel. Die recht verspätet vorgenommenen Warnungen in den Nachrichtensendungen von Rundfunk und Fernsehen wurden nur in Deutsch verlesen. Ausländer mußten warten, bis die normalen Informationssendungen in ihrer Muttersprache ausgestrahlt wurden und diese Meldungen aufgriffen.

Druck auf die zuständigen Institutionen, Behörden und Politiker, scheint dringend notwendig zu sein. Denn es gibt keinen vernünftigen Grund, warum in solchen Situationen nicht wenigstens in den gängigen Sprachen der ausländischen Wohnbevölkerung diese sofort informiert wird. Die landesweiten/ regionalen Katastrophenschutzstäbe haben für den Gefahrenfall die Verpflichtung der notwendigen Warnung der Bevölkerung insgeamt. Als »Absender« solcher Warnungen und regional beziehungsweise örtlich bezogener Informationen sind sie auch für die Übersetzung ihrer Meldungen verantwortlich. Darüber hinaus sollte es aber auch die Pflicht eines/einer jeden sein, Ausländer (am Arbeitsplatz, in der Nachbarschaft, im Kindergarten, in der Schule und so weiter) sofort zu informieren, sofern man selbst etwas weiß.

Daß regelmäßige Informationen in einer anderen Sprache möglich sind, beweist der Norddeutsche Rundfunk, der zur Sommerreisezeit seine Verkehrshinweise im Rundfunk nicht nur in Deutsch, sondern auch in Dänisch für Touristen aus Dänemark gibt!)

Verbraucherberatung

»Das Angebot klang verlockend: Ein ganzes Sortiment feinster Edelstahltöpfe zum günstigen Preis; und alles in Raten zu zahlen. Die Unterschrift war schnell geleistet, und die ganze Familie Türkmen, die seit drei Jahren in Hannover wohnt, freute sich schon auf das Hirsepilaw aus dem neuen Topf. Das böse Erwachen kam bei Lieferung der blendenden Töpfe samt Rechnung: 2 000,00 DM sollte das Kochvergnügen kosten, und von Ratenzahlung war keine Rede mehr.«

Ausländische Verbraucher in der Bundesrepublik sind durch ihren Konsum hier und durch Einkäufe für Verwandte in den Herkunftsländern zu einem erheblichen »Wirtschaftsfaktor« geworden. Konsum ohne Verbraucherberatung? Das ist hier die Frage.

Täglich werden türkische und andere ausländische Verbraucher in der Bundesrepublik übers Ohr gehauen. Während für viele deutsche Verbraucher in einem solchen Fall der Gang in die örtliche Verbraucherberatungsstelle selbstverständlich ist, wenden die ausländischen Familien sich selten dorthin. Auch Familie Türkmen wäre nicht auf diese Idee gekommen, wenn ihnen ein Bekannter nicht ein Flugblatt gegeben hätte, auf dem die Verbraucherzentrale Niedersachsen auf ihr Beratungsangebot aufmerksam macht.

Ein türkischer Arbeits- und Sozialattaché hatte den Anstoß zu dieser Initiative gegeben, weil in seiner Rechtsberatung viele Türken mit Verbraucherproblemen kamen. Attraktive Angebote stellten sich als Betrug heraus, billige Kredite führten zu Überschuldung, und hartnäckige Vertreter schwatzten einen

Bausparvertrag oder eine Lebensversicherung auf. So wurde von einer Familie mit zehn Kapital-Lebensversicherungen berichtet, die jedoch keine Hausrat-, Haftpflicht- oder Unfallversicherung hatte.

Ein Trick, ausländische Familien übers Ohr zu hauen, sind private Verkaufsveranstaltungen. Findige Geschäftemacher bilden zum Beispiel türkische Vertreter aus, da diese leicht Einlaß in die Wohnungen ihrer Landsleute finden. Der Gast wird freundlich bewirtet, vielleicht kommen noch die türkischen Nachbarn dazu, und zum Schluß kann man dem neuen Freund nicht mehr die Unterschrift unter dem Kaufvertrag versagen.

Mit 10 000 Merkblättern in türkischer Sprache, vor allem verteilt an alle türkischen Arbeitnehmervereine, türkischen Betriebsräte, türkischen Beratungsstellen der Arbeiterwohlfahrt und die fast 20 Beratungsstellen der Verbraucherzentrale in Niedersachsen, mit Berichten in türkischen Zeitungen und Radio- und Fernsehsendungen versucht die Verbraucherzentrale Niedersachsen (VZN), den türkischen Verbrauchern die Beratungsstelle bekannt zu machen. Denn in all diesen Fällen hilft die Verbraucherberatung weiter. Sie nimmt zum Beispiel Kontakt mit der betreffenden Firma auf und versucht, den geschlossenen Vertrag wieder rückgängig zu machen. Allerdings ist es bisher für die Verbraucherzentrale schwierig gewesen, den ausländischen Familien klarzumachen, daß sie keine Behörde sind. Mit zwei türkischen Mitarbeitern, die als Dolmetscher eingesetzt werden, versucht die Verbraucherzentrale die Sprachbarriere und die Schwellenängste zu beseitigen. Ein Unterfangen, das sich bisher als nicht leicht erwiesen hat.

Außer in Berlin, wo seit fünf Jahren einmal pro Woche ein türkischer Berater zur Verfügung steht, konnte sich noch keine andere Verbraucherzentrale zu einer solchen Initiative entschließen. Außerdem wäre es wichtig, solch ein Angebot nicht nur auf Türken zu beschränken, sondern auch die anderen größeren ausländischen Gruppen in der Bevölkerung entsprechend zu berücksichtigen, zumindest in den Verbraucherzentralen, die in den Großstädten angesiedelt sind.

Als Grund für dieses bisher so schwache Angebot für ausländische Verbraucher wird die finanzielle Lage der Verbraucherzentralen angeführt. Da diese jedoch aus öffentlichen Mitteln und somit auch aus den Steuermitteln der ausländischen Familien finanziert werden, sind besonders die Politiker gefragt, diese Versorgungslücke möglichst bald zu schließen. Was sicher nur durch gemeinsame Initiativen deutscher und ausländischer Verbraucher gelingt.

Welche weiteren Materialien gibt es?
1978 hatte die Verbraucherzentrale Niedersachsen in mehreren Sprachen ein Faltblatt verbreitet, in dem sie über ihre Ziele und Beratungsangebote informierte.

Die Arbeitsgemeinschaft der Verbraucher e.V. (AgV) stellt seit 1982 kostenfrei, bei Übernahme des Portos, die Broschüre »Verbrauchertips für Türken« zur Verfügung, in der in Deutsch und Türkisch Themen wie Kaufen und Verkaufen, Vor dem Vertrag, Reklamation, Lebensmittel, Gebrauchsgüter und Geld behandelt sowie alle Verbraucherzentralen und -beratungsstellen aufgeführt sind.

Die Stiftung Verbraucherinstitut hat recht teure didaktische Materialien für den Sprachunterricht Deutsch für Ausländer zu den Bereichen Einkauf, Kreditprobleme, Möbelkauf speziell für Türken erstellt. Daneben kann dort ein Videofilm (zirka 25 Minuten, VHS) zum Thema Kredit, der »gemischt-sprachig« für türkische Jugendliche gedacht ist und bisher guten Anklang fand, gegen eine Gebühr ausgeliehen werden. Außerdem gibt es dort Hilfen für die Berater bei der Arbeiterwohlfahrt und den Gewerkschaften und eine Checkliste für den Autokauf und für Kredite in Serbokroatisch und in Türkisch.

Die Stiftung Warentest hat ein Heft »Richtig reklamieren« in Türkisch herausgebracht.

Auffällig ist, daß diese Materialien praktisch nur für Türken vorhanden sind, andere Nationalitäten völlig herausfallen, was sicher umgehend zu verändern ist.

Anschriften:
Verbraucherzentrale Niedersachsen, Georgswall 7, 3000 Hannover 1, Tel.: 05 11/12 40 60
Arbeitsgemeinschaft der Verbraucher, Heilsbachstr. 20, 5300 Bonn 1, Tel.: 02 28/64 10 11
Stiftung Verbraucherinstitut, 1000 Berlin, Tel.: 0 30/2 54 90 20

(teilweise und leicht verändert übernommen aus: ÖKO-Test-Magazin, Nr. 6/1987)

Rechtshilfe

Anfang 1987 gewährte ein katholischer Pfarrer in der Kirche »Sancta Maria« in Lahr neun Tage lang einer jungen Türkin Schutz vor der drohenden Abschiebung in ihr Herkunftsland. Der Pfarrer befand nämlich, daß es Situationen gebe, in denen »das Recht des Staates dem einzelnen Menschen nicht gerecht werden kann«. (Berichte gab es unter anderem in der »Stuttgarter Zeitung« vom 9. Januar, 16. Januar, 31. Januar und 17. März 1987).

Eine andere Art der Reaktion sind die Rechtshilfekomitees, die Hilfestellung bei der Vermittlung von Beratung und juristischer Vertretung von Ausländern gegen ausländerrechtliche Entscheidungen der Behörden und eine entsprechende Öffentlichkeitsarbeit dazu leisten. Informationen sind erhältlich und Mitarbeit ist erwünscht bei:

Verein zur Wahrung der Rechte von Ausländern in Baden-Württemberg e.V., Nordbahnhofstr. 49, 7000 Stuttgart 1 und Richard-Wagner-Str. 24, 7140 Ludwigsburg

Rechtshilfefonds für Ausländer München, Bräuhausstraße 2, 4. Stock, 8000 München 1, Tel.: 0 89/22 18 57

Rechtshilfefonds für Ausländer Hamburg, c/o Ev. Studentengemeinde, Grindelallee 9, 2000 Hamburg 13, Tel.: 0 40/44 32 45

Rechtshilfefonds für Ausländer Bonn, Postfach 19 01 35, 5300 Bonn 1, Tel.: 02 28/63 53 72 (H. Küster)

Rechtshilfekomitee für Ausländer, c/o Ev. Studentengemeinde, Lessingstraße 2, 6000 Frankfurt 1, Tel.: 0 69/72 91 61

Rechtshilfekomitee für Ausländer, c/o Otto Jänisch, Postfach 13 52, 6090 Rüsselsheim

Kostenlose Broschüren in sieben Sprachen mit Informationen zur Erlangung der für einen gesicherten Aufenthalt so notwendigen Aufenthaltsberechtigung sind beim Deutschen Gewerkschaftsbund und den drei Wohlfahrtsverbänden Arbeiterwohlfahrt, Caritasverband und Diakonisches Werk (Anschriften siehe Liste am Ende dieses Buches) zu beziehen.

Zur weiteren Information

Es gibt inzwischen eine Unzahl von Informations- und Arbeitsmaterialien zum Thema. Sie hier – wenn auch nur auszugsweise – aufzuzählen, hätte keinen Sinn. Aus diesem Grund lieber ein paar Hinweise und Anschriften, wo jeder sich weiter informieren kann.

Filme

Umfangreiche Kataloge mit der Beschreibung zahlreicher Filme sind unter anderem erhältlich bei:
- Kinder- und Jugendfilmzentrum in der Bundesrepublik Deutschland, Küppelstein 34, 5630 Remscheid, Tel.: 02191/79 42 33 oder 79 42 35
- Senator für Arbeit und Betriebe, Abteilung IV, An der Urania 4-10, 1000 Berlin 30, Tel.: 030/21 22 23 20 (10,00 DM).
- Diakonisches Werk Württemberg, Ausländerreferat, Heilbronner Str. 180, 7000 Stuttgart 1, Tel.: 0711/25 91-122 (3,00 DM in Briefmarken für Porto).

Außerdem informieren Landesbildstellen, Landesfilmdienste, Landeszentralen für politische Bildung, Evangelische Medienzentralen, Katholische AV-Medienzentralen und alle privaten Verleihe gern über ihr Angebot zum Thema.

Verlage und Vertriebe

Verlage und Vertriebe, die sich besonders um Material zu Themen wie »Ausländer bei uns«, »Herkunftsländer der ›Gastarbeiter‹«, um Übersetzungen bekannter Werke aus den Herkunftsländern sowie um »Gastarbeiter«-Literatur bemühen, sind:
- EXPRESS Edition, Kottbusser Damm 79, 1000 Berlin 61, Tel.: 030/6 93 20 64 (bietet auch Unterrichtsmaterialien, Kassetten und Schallplatten an)

- Neuer Malik-Verlag, Weitzstr. 6, 2300 Kiel 1, Tel.: 0431/ 577170
- E. B.-Verlag Rissen, Isenbarg 1, 2000 Hamburg 56, Tel.: 040/ 818042
- Zambon-Verlag, Leipziger Str. 24, 6000 Frankfurt/M. 90, Tel.: 069/779223

Kassettenprogramme

Bildungs-, Unterhaltungs- und Informationskassetten für Ausländer und Deutsche erstellt und verteilt:
- Kassettenprogramme für ausländische Mitbürger e.V., Landwehrstraße 37, 8000 München 2, Tel.: 089/592139

Informationsmaterial

Informationsmaterial für die Arbeit mit Ausländern und über Ausländer sowie über regionale und örtliche Stellen dieser Institutionen gibt es bei den folgenden in der Ausländerarbeit stehenden Verbänden, Kirchen, Gewerkschaften und Vereinen über die dortigen Ausländerreferate:
- Arbeiterwohlfahrt Bundesverband e.V., Oppelner Str. 130, 5300 Bonn 1, Tel.: 0228/66850
- Deutscher Caritasverband e.V., Karlstraße 40, 7800 Freiburg, Tel.: 0761/200-1
- Deutscher Gewerkschaftsbund, Bundesvorstand, Hans-Böckler-Str. 39, 4000 Düsseldorf, Tel.: 0211/43011
- Deutscher Paritätischer Wohlfahrtsverband Gesamtverband e.V., Heinrich-Hoffmann-Str. 3, 6000 Frankfurt 71, Tel.: 069/ 67061
- Deutsches Rotes Kreuz e.V., Friedrich-Ebert-Allee 71, 5300 Bonn 1, Tel.: 0228/5411
- Diakonisches Werk der EKD, Stafflenbergstraße 76, 7000 Stuttgart 1, Tel.: 0711/21591
- Ev. Frauenarbeit in Deutschland e.V. (EFD), Klingerstraße 24, 6000 Frankfurt/M.
- Interessengemeinschaft der mit Ausländern verheirateten deutschen Frauen e.V. (IAF) – Verband für bi-nationale Fami-

lien und Partnerschaften, Mainzer Landstr. 239–241,
6000 Frankfurt/M., Tel.: 0 69/73 78 98
● Kirchenamt der Evangelischen Kirche in Deutschland, Postfach 21 02 20, 3000 Hannover 1, Tel.: 05 11/7 11 10
● Kommissariat der Deutschen Bischöfe, Katholisches Büro Bonn, Kaiser-Friedrich-Str. 9, 5300 Bonn, Tel.: 02 28/21 80 15/ 16/17
● Zentrale Dokumentationsstelle der Freien Wohlfahrtspflege für Flüchtlinge (ZDWF), Hans-Böckler-Str. 3, 5300 Bonn 3, Tel.: 02 28/46 20 47

Weitere Anschriften, wo man unter anderem Material zum Thema beziehen kann:
● Arbeitsgemeinschaft Missionarische Dienste, Postfrach 476, 7000 Stuttgart 1, Tel.: 07 11/2 15 91
● Beauftragte der Bundesregierung für Ausländerfragen, Postfach 14 02 80, 5300 Bonn, Tel.: 02 28/52 71
● Evangelisches Missionswerk, Mittelweg 143, 2000 Hamburg 13
● Gemeinschaftswerk der Ev. Publizistik e.V., Friedrichstr. 2–6, 6000 Frankfurt/M. 17, Tel.: 0 69/7 15 70 (zum Beispiel zahlreiche epd-Dokumentationen zum Thema)
● Institut für Sozialarbeit und Sozialpädagogik (ISS), Am Stockborn 5–7, 6000 Frankfurt/M. 50, Tel.: 0 69/58 20 25-8
● terre des hommes Deutschland e.V., Postfach 41 26, 4500 Osnabrück, Tel.: 05 41/7 10 10

Die neue Buchreihe

Süd-Nord

»Wir sprechen von der industrialisierten Welt, von der Dritten und Vierten Welt. Doch in Wahrheit gibt es nur eine Welt. Wir in den ärmsten Ländern sind uns dieser Einheit der Welt sehr deutlich bewußt, weil wir Tag für Tag von Ereignissen und Entscheidungen betroffen sind, die Tausende von Meilen weit von unseren Grenzen stattfinden. Doch letzten Endes ist niemand von den Rückwirkungen von Armut und wirtschaftlicher Ungleichheit in der Welt ausgenommen.«

Julius K. Nyerere

Lamuv Verlag

Martinstraße 5, 5303 Bornheim 3
ab 1. Juli 1988: Düstere Straße 3, 3400 Göttingen

Süd-Nord

Zum Beispiel Soja

Redaktion: Siegfried Pater/
Boris Terpinc

SÜD-NORD 5, 7,80 DM
ISBN 3-88977-131-9

Soja, ein Grundnahrungsmittel, mit dem der Hunger in der Welt bekämpft werden könnte, wird hierzulande als Viehfutter verschwendet. Soja, ein Markt, der von den USA beherrscht und von Konzernen dirigiert wird, ein Geschäft, von dem Länder wie Brasilien profitieren wollen.

Zum Beispiel Entwicklungshelfer

Redaktion: Siegfried Pater

SÜD-NORD 6, 7,80 DM

ISBN 3-88977-132-7

Die Entwicklungsdienste – Erfahrungsberichte von Entwicklungshelfern, Konsequenzen, die sie aus ihrer Arbeit ziehen – mit Kontaktadressen, Literatur- und Medienhinweisen.

Zum Beispiel Flüchtlinge

Redaktion: Robin Schneider

SÜD-NORD 7, 7,80 DM
ISBN 3-88977-146-7

Warum Millionen von Menschen auf der Flucht sind – Das Recht auf Asyl und der Versuch, Flüchtlinge abzuschrecken – Wo Betroffene Rat erhalten und wie jeder für das Überleben von Flüchtlingen eintreten kann.

Zum Beispiel Bangladesh

Redaktion: Uwe Hoering

SÜD-NORD 8, 7,80 DM
ISBN 3-88977-147-5

Wie aus einem reichen Land eines der ärmsten der Welt gemacht worden ist – Bangladesh, ein Testfall für die Entwicklungshilfe.

Zum Beispiel Bevölkerungspolitik

Redaktion:
Christa Wichterich

SÜD-NORD 9, 7,80 DM
ISBN 3-88977-148-3

Was ist dran am Gerede von der Bevölkerungsexplosion? – Welche Ursachen hat das Bevölkerungswachstum? – Familienplanung und Geburtenkontrolle

Zum Beispiel Kinderarbeit

Redaktion: Uwe Pollmann

SÜD-NORD 10, 7,80 DM
ISBN 3-88977-149-1

Auswirkungen, Ursachen und Nutznießer der Kinderarbeit – Was ist zu tun: terre des hommes, UNICEF, Anti-Slavery-Society...

Zum Beispiel Blut

Redaktion: Siegfried Pater

SÜD-NORD 11, 7,80 DM
ISBN 3-88977-150-5

Die Bundesrepublik hat den größten Blutprodukte-Verbrach der Welt; über die Hälfte davon wird importiert, auch aus der »Dritten Welt« – Arme, die mit ihrer Plasmaspende ihr Einkommen verbessern wollten, aber ihren Lebenssaft verkauften und starben.
Die Pharmakonzerne oder der Weg des Blutes aus der »Dritten Welt« in die Spritzen für die Wohlstandsbürger – Jeder zweite Bluter hat AIDS; ohne Blut-Importe hätte das verhindert werden können – Die Kampagne gegen die Blutsauger.

AKTION SÜHNEZEICHEN FRIEDENSDIENSTE E.V.

BUCH- UND MEDIENDIENST

Alle Menschen sind Ausländer. Fast überall.

Dieser Satz von Elke und Jannes Tashiro ist zur Unterstützung unseres Engagements gegen Ausländerfeindlichkeit entstanden.
Er ist als Aufkleber und Anstecker bei uns erhältlich!

Aufkleber: 28 x 8,5 cm
2 farbig, Bestell. Nr. 1014
DM 1,--
(siehe Abbildung oben)

Anstecker: O 5,5 cm,
2-farbig, Bestell Nr. 1024
DM 2,--

Ab 10 Ex 10 %, ab 20 Ex, 20 %, ab 50 Ex. 30 %, ab 100 Ex 40 % Rabatt
auch bei kombinierter Bestellung

Bestellungen an: Aktion Sühnezeichen Friedensdienste Buch und Mediendienst, Beienroder Hauptstr. 2, 3308 Königslutter, Telefon 05353/8817.

Bitte fordern Sie auch Informationsmaterial über die Arbeit der Aktion Sühnezeichen Friedensdienste e.V. an!

Nabo Gass/
Gabi Gass

Wir machen Druck

Ein Handbuch für alle, die Informationen verbreiten wollen

Vorwort von Klaus Staeck

160 Seiten
DM 15,00

Das Handbuch für alle, die Informationen verbreiten wollen: Wie man Plakate gestaltet, Farben- und Formenlehre, wie man Buttons selber macht, Drucktechniken ohne teure Maschinen, Fotografie/Fotomontagetechniken, wie eine Ausstellung entsteht und Flugblätter wirksam gestaltet werden können.

Klaus Staeck schreibt in seinem Vorwort: »Dieses Buch will vor allem praktische Anleitungen geben, die Furcht davor nehmen, selber aktiv zu werden. Es ist von Praktikern aus dem gewerkschaftlichen Raum für die Praxis geschrieben. Hier werden Erfahrungen im Umgang mit selbstbestimmter Öffentlichkeit an andere weitergegeben. Schlagen wir den Medienriesen ein Schnippchen und schaffen uns unsere eigene Öffentlichkeit. Da sie mit Widerstand kaum noch rechnen, werden sie um so verblüffter und wir um so erfolgreicher sein.«

Bitte fordern Sie unser kostenloses Gesamtverzeichnis an!

Steidl Verlag · Düstere Straße 4 · 3400 Göttingen